ADAC Reiseführer

W0094661

Prag

**Architektur · Kirchen · Stadtbilder · Museen
Bühnen · Cafés · Nachtleben · Hotels · Restaurants**

Die Top Tipps führen Sie zu den Highlights

von Anneliese Keilhauer

☐ Intro

☐ Unterwegs

Leserforum

Die Meinung unserer Leserinnen und Leser ist wichtig, daher freuen wir uns, von Ihnen zu hören. Wenn Ihnen dieser Reiseführer gefällt, wenn Sie Hinweise zu den Inhalten haben – Ergänzungs- und Verbesserungsvorschläge, Tipps und Korrekturen –, dann kontaktieren Sie uns bitte:

Redaktion ADAC Reiseführer
ADAC Verlag GmbH & Co. KG
Hansastraße 19, 80686 München
reisefuehrer@adac.de
www.adac.de/reisefuehrer

☐ Service

Prag multimedial erleben

Mit Ihrem Smartphone, Tablet-PC oder Computer können Sie viele Sehenswürdigkeiten von Prag nun auch in bewegten Bildern erleben. Ergänzt wird das multimediale Angebot durch Hörstücke voller Hintergrundinformationen über Tschechiens Hauptstadt.

Im Buch finden Sie bei ausgewählten Sehenswürdigkeiten QR-Codes sowie Internet-Adressen.

 ▶ **Reise-Video
Prag**
QR-Code scannen oder dem Link folgen:
www.adac.de/rf0586

Öffnen Sie den QR-Code-Scanner auf Ihrem Handy und scannen Sie den Code. Gut geeignet sind Apps wie barcoo oder Scanlife.

Die meisten Apps schlagen Ihnen nun ein Programm zum Öffnen des Films vor. Das iPhone startet ihn automatisch. Am flüssigsten laufen die Filme bei einer WLAN- oder 3G-Verbindung.

Sollten Sie kein Smartphone besitzen, dann nutzen Sie bitte die neben dem QR-Code stehende Internet-Adresse.

Bitte beachten Sie, dass beim Aufruf der Reise-Videos und Audio-Features über das Handy Kosten bei Ihrem Mobilfunkanbieter entstehen können. Im Ausland fallen Roaming-Gebühren an.

Prag Impressionen
Die Stadt, deren Ruhm die Sterne berührt

»Ich sehe eine Stadt, deren Ruhm einst die Sterne berühren wird«, mit diesen Worten soll die mythische Stammmutter der Tschechen, Libussa, die Gründung der Stadt Prag (1,3 Mio. Einw.) prophezeit haben. Und die Weissagung erfüllte sich: Mit ihrer malerischen Lage an der Moldau, ihrer architektonischen Schönheit und ihrer reichen Geschichte ist die tschechische Hauptstadt seit Jahrhunderten ein Anziehungspunkt für Menschen aus aller Welt.

Kunterbuntes Weltkulturerbe

4 Mio. Reisende besuchen jedes Jahr die Moldaumetropole, deren Altstadt seit 1992 den Titel UNESCO-Weltkulturerbe trägt, ein faszinierendes Schatzhaus der Kunst und Architektur voll sprühendem jugendlichen Charme. Tradition und Moderne, liebevolle Restaurierung und kreativer Schick, tschechische Kultur und multikulturelles Flair gehen in Prag Hand in Hand und sorgen für reizvolle Kontraste: Ganz selbstverständlich eröffnen in historischen Gemäuern Museen und Galerien für Moderne Kunst, in mittelalterlichen Gewölbekellern haben durchgestylte Bars und Klubs Platz gefunden, und die altehrwürdige Prager Burg wird alljährlich Kulisse für zeitgenössische Musik- und Theaterproduktionen. Seit der ›Samtenen Revolution‹ 1989 haben nicht nur tschechische sondern auch immer mehr internationale Literaten, Musiker und Künstler Prag zu ihrer Wahlheimat, zu ihrem Atelier und ihrer Bühne erkoren. So ist es nicht ungewöhnlich, wenn sich in einem Klub die Musiker während einer Jam-Session in einer Mischung aus Tschechisch, Englisch und Spanisch absprechen, eine amerikanische Goldschmiedin ein Schmuckgeschäft in der Altstadt betreibt oder sich der Karikaturenmaler auf der Karlsbrücke mit einem fröhlichen ›Grazie‹ beim Porträtierten bedankt.

Rechts oben: *Musik liegt in der Luft! Nicht nur auf der Karlsbrücke – überall in Prag*
Rechts Mitte: *Zeitreise – Die Jugendstilfresken im Gemeindehaus erzählen Geschichte*
Rechts unten: *Parade der Kraftkerle – Barockskulpturen im Waldstein Garten*
Unten: *Wie ein Schattenriss – die Karlsbrücke im Licht der untergehenden Sonne*

Die bunte Vielfalt Prags entdeckt man am schönsten zu Fuß – und zwar bei einem Spaziergang durch die vier historischen Stadtteile Hradschin, Kleinseite, Altstadt und Neustadt.

Vom Hradschin in die Neustadt

Als Ausgangspunkt bietet sich der Burgberg **Hradschin** (Hradčany) an, denn hier oben hat auch die Stadtgeschichte ihren Anfang genommen: Im 9. Jh. gründete der erste Fürst der Tschechen, Bořivoj, auf dem lang gestreckten Höhenrücken am linken Moldauufer die **Prager Burg**. Im Lauf der Jahrhunderte wurde sie als Residenz der Herzöge und Könige von Böhmen immer weiter ausgebaut, und so präsentiert sie sich heute als imposantes Zeugnis von Macht, Reichtum und Kunstwollen. Unbedingt sehenswert ist der opulent ausgestattete **Dom St. Veit**, in dem einst die Herrscher gekrönt wurden, sowie der **Alte Königspalast** mit dem Wladislawsaal, dem größten und wohl schönsten Saalbau des späten Mittelalters. Im niedlichen Kontrast zu all dieser Grandezza steht das **Goldene Gässchen** mit seinen Puppenstubenhäuschen.

Von den Rampen der Burg hat man einen schönen Blick auf die **Kleinseite** (Malá Strana), die sich in die Talmulde zwischen Burghügel, Laurenziberg und Moldau schmiegt. Über die malerische **Nerudagasse** gelangt man hinunter in

nunter in die mittelalterlichen Gassen der Altstadt. Eine davon, die von Geschäften, Restaurants und Hotels gesäumte **Karlsgasse**, führt geradewegs auf den **Altstädter Ring** zu. Dieser Platz im Zentrum der Altstadt dient seit jeher als grandiose Bühne aller bedeutenden politischen und festlichen Ereignisse Prags. Mit etwas Glück kann man hier eine Tanzaufführung bewundern oder über einen bunten Markt schlendern. Schön und lehrreich ist der Blick hinauf zur Fassade des **Altstädter Rathauses** mit der Astronomischen Uhr, einem kunstvollen, reich bebilderten Meisterwerk der Technik.

Nördlich des Altstädter Rings breitet sich die **Josefstadt** aus, das einstige jüdische Getto. Der Alte Jüdische Friedhof und mehrere Synagogen sind heute als **Jüdisches Museum** organisiert und dokumentierten mittels interessanter Ausstellungen die Geschichte, Religion und Kultur der Prager Juden.

Nun geht es zurück zum Altstädter Ring und anschließend durch die pittoreske **Zeltnergasse**, deren Bebauung auf Romanik und Gotik zurückgeht. Mit einer Ausnahme: Das **Haus zur Schwarzen Muttergottes** aus dem Jahr 1911 ist der

diese einstige Wohnstadt des Adels, die verträumte Gässchen ebenso prägen wie barocke Prachtbauten, allen voran die majestätische kuppelbekrönte Kirche **St. Niklas auf der Kleinseite**. Für Freunde moderner Kunst bietet sich nun ein Besuch des **Museum Kampa** in einer alten Mühle auf der Moldauinsel Kampa an. Erholungsbedürftige können in einem der wunderschönen **Palastgärten** eine kleine Ruhepause einlegen. Und wer schon jetzt auf die Suche nach hübschen Souvenirs gehen möchte, wird sicherlich in der **Brückengasse** mit ihren zahlreichen kleinen Geschäften fündig.

Auf dem Weg in die **Altstadt** (Staré Město) überquert man die imposante **Karlsbrücke**, die nicht nur von vielen beeindruckenden **Barockskulpturen**, sondern auch von Musikern, Malern und Andenkenhändlern bevölkert wird. Unbedingt empfehlenswert ist der Aufstieg auf den **Altstädter Brückenturm**. Von oben eröffnet sich ein herrlicher Blick hi-

erste bedeutende Bau des Kubismus, eine Architekturform, die nur in Tschechien zu finden ist.

Schließlich erreicht man die **Neustadt** (Nové Město) mit dem Platz der Republik, auf dem das schönste Jugendstil-Gebäuren stammen vom berühmten Jugendstilkünstler **Alfons Mucha**, dem nahebei ein eigenes Museum gewidmet ist. Die belebte Einkaufsstraße **Am Graben** führt weiter zum lang gestreckten **Wenzelsplatz**, dem Herz der Neustadt, auf dem

de Prags die Blicke auf sich zieht: das prachtvolle **Gemeindehaus** mit Restaurants, Café und dem Smetana-Saal, einem der wichtigsten Konzertsäle der Stadt. Einige der Mosaike und Fresken im Inne-

Links oben: *Tradition mit Schwung – Eine Folkloregruppe tanzt auf dem Altstädter Ring*
Links unten: *Noch ein Stück Torte? In den Kaffeehäusern fällt das Widerstehen schwer*
Rechts oben: *Café mit Aussicht – und zwar auf Teynkirche und Astronomische Uhr*
Mitte: *Bunte Stilkunde v. li. n. re.: Jugendstilmosaik im Gemeindehaus, das dekonstruktivistische Tanzende Haus, Kuppel des Nationalmuseums im Zeichen der Neorenaissance*

das Leben tagsüber in Kaufhäusern und Passagen, nach Einbruch der Dunkelheit in zahlreichen Klubs, Kasinos und Bars bunte Blüten treibt.

Kulinarisches und Kulturelles

Eine Stadtbesichtigung macht Appetit, und an Einkehrmöglichkeiten herrscht in Prag wahrlich kein Mangel. Urgemütliche böhmische **Bierkeller** sorgen mit Schweinebraten, Knödeln und frisch gezapftem, oft selbst gebrautem Bier für neue Energie. Wer es schicker mag wählt vielleicht eine minimalistisch-moderne Sushibar, und für den erlesenen Geschmack halten exquisite Feinschmeckerrestaurants kulinarische Höchstleistungen bereit. Keinesfalls entgehen lassen sollte man sich einen Besuch in einem der traditionsreichen **Kaffeehäuser**. Wo einst Franz Kafka, Max Brod und Franz Werfel über ihre literarischen Werke diskutierten, besprechen heute Studenten der Karlsuniversität ihre Seminararbeiten, blättern Intellektuelle in Zeitungen, und Gäste aus aller Herren Länder lassen sich bei leiser Klaviermusik Latte Macchiato und Palatschinken schmecken.

Ausgeruht und frisch gestärkt kann man sich nun dem Abendprogramm zuwenden. Wie wäre es zum Beispiel mit einem klassischen **Konzert** im Rudolfinum, Heimstatt der hochgelobten Tschechischen Philharmoniker? Oder doch lieber Jazz? Nicht erst seit Bill Clinton 1994 sein Saxofon im Reduta Club erklingen ließ, ist Prag als Metropole des **Jazz** weltberühmt. Theaterfans haben die Qual der Wahl zwischen so renommierten Bühnen wie dem **Nationaltheater** und dem **Ständetheater**. Wer es experimenteller mag, wird von der fantastischen Bühnenshow der **Laterna Magika** begeistert sein, einer Prager Institution.

Der Reiseführer

Dieser Band stellt Prag in sechs Kapiteln vor. Von den geschichtsträchtigen Bezirken im Herzen der Metropole bis zu den Highlights rund um Prag gibt die Autorin ein umfassendes Bild. Übersichtskarten, Pläne und Grundrisse erleichtern die Orientierung. Besondere Empfehlungen zu Sehenswürdigkeiten, Hotels, Restaurants, Bierkellern und Cafés, aber auch zu Einkaufsmöglichkeiten und den Bühnen der Stadt bieten die Top Tipps. Auf den letzten Seiten informiert Prag aktuell A bis Z über Anreise, Schiffstouren und Stadtführungen, Einkaufsmöglichkeiten und Galerien, Essen und Trinken, Festivals und Events, Sport und Nachtleben, Unterkunft und Verkehrsmittel. Hinzu kommt

Oben: *Fernblick vom Altstädter Brückenturm – Westlich der Moldau gilt es, die Kleinseite und den Hradschin zu entdecken*
Links: *Shoppinggelüste? Wie wäre es mit kecken Kreationen in einer Boutique, böhmischem Glas im Traditionsgeschäft oder bunter Vielfalt im modernen Einkaufszentrum?*
Rechts Mitte: *Mozart live! Noch dazu in der Villa Bertramka, wo er einst als Gast weilte*
Rechts unten: *Klangmeister – die Tschechischen Philharmoniker im Rudolfinum*

ein praktischer Sprachführer. Im Rahmen des Kaleidoskops runden Kurzessays zu verschiedenen interessanten Themen den Reiseführer ab. Hinweise für Kurzbesucher bietet die Rubrik 1 Tag und 1 Wochenende in Prag.

 ▶ **Reise-Video**
Prag
QR-Code scannen [s.S.5]
oder dem Link folgen:
www.adac.de/rf0432

Geschichte, Kunst, Kultur im Überblick

Stadt der Kaiser und Könige, Kaufleute und Künstler

8000–5000 v. Chr. Besiedlung des Prager Beckens.

4. Jh. v. Chr. Einwanderung der keltischen Boier aus dem Stammeszentrum Bononia in das ›Heim der Boier‹, also nach Böhmen, lateinisch Bohemia.

1.–5. Jh. n. Chr. Besiedlung durch germanische Stämme.

6. Jh. Unter dem Druck der turko-mongolischen Awaren dringen slawische Stämme in das Innere des Böhmischen Beckens vor.

623–658 Slawischer Stammesbund unter Führung des Kaufmanns Samo.

um 830 Das westslawische Großmährische Reich entsteht.

9. Jh. Den westslawischen Stamm der Tschechen (namengebend war der sagenhafte Ahnherr Čech) führt das Geschlecht der Přemysliden an. Dessen sagenhafte Ahnherrin Libussa (Libuše) prophezeit Gründung und Ruhm der Stadt Prag (tschechisch: Praha, Schwelle oder Stromschnelle).

871–894 In der Regierungszeit von Bořivoj I., dem ersten historisch bezeugten Fürst der Tschechen, wird der Fürstensitz von Levý Hradec (nördlich von Prag) auf den Hradschin verlegt und die Prager Burg sowie die erste Steinkirche errichtet. Bořivoj I. und seine Gemahlin Ludmila werden von Slawenapostel Method getauft und nehmen die slawisch-byzantinische Liturgie an.

10. Jh. Prag entwickelt sich zur internationalen Handelsstadt. Der spanisch-jüdische Kaufmann Ibrahim Ibn Jakub schildert Prag als »aus Stein und Kalk erbaut und eine der reichsten Handelsstädte weit und breit«.

920–935 Fürst Wenzel (Václav) der Heilige erkennt sowohl die Lehnshoheit der deutschen Könige als auch die lateinische Liturgie an. Prag untersteht dem Bistum Regensburg. 929 wird Wenzel von seinem Bruder Boleslav I., dem Grausamen, ermordet und wenig später

Miniatur Kaiser Karls IV. in der Goldenen Bulle, um 1400

als erster Märtyrer zum Landesheiligen erhoben. Seine Großmutter Ludmila wird erste Landespatronin.

973 Prag wird Bischofssitz und untersteht dem Erzbistum Mainz. – Mlada, die Schwester von Fürst Boleslav II., gründet auf dem Burgberg das Benediktinerinnenstift St. Georg, das älteste Kloster Böhmens.

993 Adalbert (Vojtěch), Bischof von Prag, gründet das Benediktinerstift Breunau (Břevnov).

1085 Kaiser Heinrich IV. verleiht Fürst Vratislav II. (reg. 1061–92) für seine Hilfe im Investiturstreit die böhmische Königswürde. Deutsche, französische, jüdische Kaufleute und Handwerker siedeln an der Moldau.

1140–72 Während der Regierungszeit von Fürst Vladislav II., ab 1158 König Vladislav I., wird das Prämonstratenserstift Strahov als bedeutendes Kulturzentrum gegründet und die steinerne Judith-Brücke über die Moldau gebaut.

1197–1230 König Ottokar I. (Přemysl I. Otakar) erhält 1212 von Kaiser Friedrich II. die Bestätigung Böhmens als erbliches Königreich. Grundlage der wirtschaftlichen Macht ist die Silberförderung.

1230–53 Wenzel I. lässt die ›Erste‹ oder ›Alte Stadt Prag‹ (Altstadt) erweitern und befestigen.

1253–78 Unter Ottokar II. (Přemysl II. Otakar), der ›eiserne‹ oder ›goldene König‹, wird Böhmen Großmacht. 1278 fällt er in der Schlacht gegen Rudolf von Habsburg auf dem Marchfeld.

1257 Stadtrecht für die ›Kleinere Stadt Prag‹ (Kleinseite).

1306 Ermordung des siebzehnjährigen Königs Wenzel III. Das Königsgeschlecht der Přemysliden erlischt im Mannesstamm.

1310 Johann von Luxemburg (1296–1346) vermählt sich mit Elisabeth (1292–1330), der letzten Vertreterin aus dem Geschlecht der Přemysliden.

1344 Prag wird Erzbistum, Baubeginn des Veitsdomes.

1348 Gründung der ersten Universität Mitteleuropas (Collegium Carolinum) nach dem Vorbild von Paris und Bologna. Gründung der Neustadt als Wohnsitz für Handwerker.

1355 Karl IV. (römisch-deutscher König 1346–78) wird zum Kaiser gekrönt. Prag, die ›Goldene Stadt‹, wird zum politischen und kulturellen Mittelpunkt des Heiligen Römischen Reiches, mit 40 000 Einwohnern die größte Stadt Mitteleuropas. Überführung der Reichskleinodien auf die Burg Karlstein.

1356 Goldene Bulle: Unabhängigkeit der Staatsmacht vom Papsttum, Regelung der Königswahl.

1378–1419 Wenzel IV. (römisch-deutscher König 1376–1400) übernimmt nach dem Tod seines Vaters Karl IV. die Herrschaft. Streitigkeiten mit Hochadel und Klerus. Soziale Unruhen, religiöse und nationale Spannungen zwischen Tschechen und Deutschen.

1383–1483 Die böhmischen Herrscher residieren im Königspalast in der Neustadt. Aus Sicherheitsgründen wird dieser schließlich wieder zugunsten der Prager Burg aufgegeben.

1393 Johannes von Pomuk (Nepomuk), Generalvikar des Erzbistums Prag, wird auf königliches Geheiß gefoltert, sein Leichnam in die Moldau geworfen. 1729 wird er heilig gesprochen.

1409 Das Kuttenberger Dekret sichert der von dem Kirchenkritiker Jan Hus geführten ›tschechischen Nation‹ bestimmenden Einfluss auf die Universität zu. Abwanderung zahlreicher deutscher Professoren und Studenten nach Leipzig.

1415 Jan Hus wird auf dem Konzil von Konstanz als Ketzer verbrannt. Protestbriefe fordern die Spendung des Abendmahls »unter beiderlei Gestalt«. Der Laienkelch wird das Symbol der hussitischen Revolution.

1419 Erster Prager Fenstersturz am 30. Juli: Hussiten stürmen das Neustädter Rathaus und werfen katholische Ratsherren aus dem

Die Krone Kaiser Rudolfs II. ist ein Werk Jan Vermeyens

Fenster. Beginn der Hussitenkriege. Spaltung der Hussiten in den gemäßigten Prager Städtebund (Utraquisten) und Kalixtiner (Universität, Hochadel, Bürgertum) einerseits sowie die radikalen Taboriten (Kleinadel, Bürger, Bauern).

1420 Sieg der Taboriten unter Jan Žižka am 14. Juli bei der Schlacht auf dem Vítkov bei Prag. Sie weisen Kaiser Sigismunds Ansprüche auf den böhmischen Thron zurück, der sich trotzdem zum König von Böhmen krönen lässt.

1433 Konzil von Basel: Die Utraquisten schließen einen Kompromiss mit der katholischen Kirche, Zugeständnis des Laienkelches und weitgehender Religionsfreiheit (Baseler Kompaktate).

1434 Bei der Schlacht von Lipany besiegt das Adelsheer der Utraquisten das Volksheer der Taboriten.

1436 Kaiser Sigismunds wird als König von Böhmen anerkannt und gekrönt.

1458–71 Regentschaft Georgs von Podiebrad, des ›Hussitenkönigs‹.

1471–1526 Die polnisch-litauischen Jagiellonen führen die Regentschaft: Wladislaw II. und Ludwig I., der 1526 bei Mohacs fällt. Böhmen und Ungarn fallen im Erbgang an die Habsburger.

1526–64 In der Regierungszeit Ferdinands I. entsteht das königliche Lustschloss Belvedere 1538–60 als erster echter Renaissancebau Prags. 1556 Berufung der Jesuiten nach Böhmen.

1564–76 Regierungszeit Maximilians II.

1576–1612 Rudolf II. führt das Land zu erneutem kulturellen Aufschwung, Prag wird wieder Hauptstadt, ein Zentrum der Spätrenaissance und des Frühbarock. Rudolf richtet auf der Burg eine bedeutende Kunstsammlung mit Gemäldegalerie ein und zieht Künstler und Gelehrte aus aller Herren Länder an seinen Hof, z. B. die Astronomen Johannes Kepler und Tycho Brahe. Blüte des Prager Judentums mit Rabbi Löw. 1609 sichert der Majestätsbrief die Religionsfreiheit.

Deutlich erkennbar sind die Türme des Burgbergs auf einem Kupferstich von 1618

1612–19 Matthias I. erhält die Krone. Am 23. Mai 1618 kommt es zum zweiten Prager Fenstersturz: Weil Matthias die Religionsfreiheit immer mehr beschneidet, werfen protestantische Adlige drei katholische Beamte aus dem zweiten Stock der Hofkanzlei. Beginn des Aufstands der böhmischen Prostestanten und des Dreißigjährigen Krieges. 1619 wird Kurfürst Friedrich V. von der Pfalz zum böhmischen König gewählt (›Winterkönig‹).

1619–37 Regierungszeit Ferdinands II.

1620 Am 8. November Schlacht am Weißen Berge bei Prag: Das kaiserliche Heer und die Katholische Liga unter Maximilian von Bayern schlagen die protestantischen böhmisch-mährischen Stände unter Führung Christians von Anhalt. Über Böhmen bricht ein Strafgericht herein – 150 000 Flüchtlinge, Enteignung vieler Adeliger, Gegenreformation und Rekatholisierung.

1621 21. Juni: Hinrichtung der 27 Anführer des Aufstandes von 1618 vor dem Altstädter Rathaus.

1623–27 Durch die Verlegung der böhmischen Hofkanzlei nach Wien verliert Prag an Bedeutung. Böhmen wird gemäß der ›Verneuerten Landordnung‹ Erbland Habsburgs. Generalissimus Albrecht von Wallenstein lässt das erste Prager Barockpalais errichten.

1648 Schwedische (protestantische) Truppen besetzen den Hradschin und die Kleinseite. Der Westfälische Friede beendet den Dreißigjährigen Krieg.

nach 1650 Zunehmender wirtschaftlicher Aufschwung führt zu reger Bautätigkeit. Durch italienische Wanderkünstler wird das Böhmische Barock eingeleitet.

1740–80 Maria Theresia wird Königin von Böhmen und Ungarn, Regentin der habsburgischen Erblande. Im Österreichischen Erbfolgekrieg und im Siebenjährigen Krieg wird Prag von Franzosen und Preußen dreimal belagert. Ausbau der Prager Burg.

1780–90 Joseph II., Reformkaiser des aufgeklärten Absolutismus, hebt die Leibeigenschaft auf und säkularisiert zahlreiche Klöster. Das Toleranzpatent von 1781 gewährt Angehörigen nichtkatholischer Konfessionen beschränkte Religionsfreiheit, die Lage der Juden verbessert sich. Das Jüdische Getto entwickelt sich zur ›Josefstadt‹.

Protestanten stürzen 1618 katholische Beamte in die Tiefe

1784 Vereinigung der Prager Städte Hradschin, Kleinseite, Altstadt und Neustadt zur Großstadt Prag (72 000 Einwohner). Die Spannungen zwischen Tschechen und Deutschen wachsen.

1792–1835 Franz II. wird 1804 als Franz I. Kaiser von Österreich. Staatskanzler Fürst Metternich unterdrückt alle Freiheitsbewegungen. Während der Napoleonischen Kriege sind französische und russische Truppen in Prag stationiert.

1845 Eröffnung der Eisenbahnlinie Wien – Prag. Belebung der Industrie, erste Arbeiterviertel entstehen.

1848 Slawenkongress unter Leitung des national orientierten Historikers František Palacký. Der antihabsburger ›Prager Pfingstaufstand‹ wird blutig niedergeschlagen.

1848–1916 Unter Franz Joseph I. kommt es zum nationalen Aufbruch, Besinnung auf tschechische Identität. Bedeutende Schriftsteller und Künstler wirken in Prag (›Generation des Nationaltheaters‹). Historismus und Sezession.

1861 Die Deutschen verlieren ihre Mehrheit im Stadtparlament.

1866 Friede von Prag zwischen Preußen und Österreich am 23. August. Ende des Deutschen Bundes.

1868 Gründung des Nationaltheaters.

1882 Spaltung der Universität in eine tschechische und eine deutsche.

1891 Bei der Jubiläumsausstellung präsentiert sich Böhmen als industrielles Kernland der Donaumonarchie betont tschechisch-nationalistisch.

1918 Am 28. Oktober wird in Prag die Tschechoslowakische Republik ausgerufen. Erster Präsident ist Thomás G. Masaryk.

1939 Deutsche Truppen besetzen das ›Reichsprotektorat Böhmen und Mähren‹.

1942 Am 27. Mai wird im Prager Vorort Libeň auf den stellvertretenden Reichsprotektor Reinhard Heydrich ein Bombenattentat verübt. Als Vergeltungsschlag folgt die Vernichtung des Dorfes Lidice (Liditz) bei Prag. Insgesamt 36 000 Prager Juden werden während des Zweiten Weltkriegs ermordet.

1945 Prager Aufstand am 5. Mai, vier Tage später rückt die Rote Armee ein. Vertreibung der Prager Deutschen und Ungarn aus der Stadt.

1948 Die Tschechoslowakei wird zur Volksrepublik erklärt. Klemens Gottwald wird Staatspräsident.

1954 Prag zählt 1 Million Einwohner.

1960 Neue Verfassung: Sozialistische Republik (ČSSR).

1968 Reformprogramm eines »Sozialismus mit mensch-

Panzer setzen der friedlichen Reformbewegung ›Prager Frühling‹ 1968 ein Ende

lichem Antlitz« unter Parteichef Alexander Dubček. Am 21. August wird der ›Prager Frühling‹ durch Truppen des Warschauer Pakts (UdSSR, DDR, Polen, Ungarn, Bulgarien) niedergeschlagen.

1969 ČSSR wird tschechisch-slowakischer Bundesstaat. Parteichef ist Gustav Husák, seit 1975 auch Staatspräsident.

1974 Erste Metro-Strecke in Prag.

1977 Gründung der Bürgerrechtsgruppe ›Charta 77‹.

1988 Regierungsumbildung als Folge der von Michail Gorbatschow in der UdSSR eingeleiteten ›Perestrojka‹.

1989 Demokratie-Kundgebungen am Wenzelsplatz werden von der Polizei gewaltsam niedergeschlagen. Alexander Dubček und Václav Havel, Schriftsteller und Dissident, sprechen am 24./25. November vor 500 000 Demonstranten. Präsidium und Sekretariat der KPČ treten zurück. Nach der ›Samtenen Revolution‹ wird am 10. Dezember ein mehrheitlich nichtkommunistisches Kabinett mit Marián Čalfa als Regierungschef gebildet. Alexander Dubček wird Präsident der Bundesversammlung und Václav Havel erster nichtkommunistischer Staatspräsident seit 1948. – Bereits im Herbst suchen Tausende DDR-Bürger Zuflucht in der bundesdeutschen Botschaft im Palais Lobkowitz in Prag, von wo aus sie in die Bundesrepublik ausreisen wollen.

1990 Seit 20. April lautet der Staatsname: Tschechische und Slowakische Föderative Republik (ČSFR).

– Im Juni siegt das Bürgerforum bei den ersten freien Parlamentswahlen des Landes seit 44 Jahren.

1992 Die Altstadt von Prag wird zum UNESCO-Weltkulturerbe ernannt. – Václav Havel legt sein Amt als Staatspräsident der ČSFR nieder. Zum Jahresende erfolgt die Teilung in zwei souveräne Staaten, die Tschechische und die Slowakische Republik.

1993 Prag wird die Hauptstadt der Tschechischen Republik. Václav Havel wird zum ersten tschechischen Präsidenten gewählt.

1997 Der deutsche Bundeskanzler Helmut Kohl und der tschechische Ministerpräsident Václav Klaus unterzeichnen in Prag den deutsch-tschechischen Aussöhnungsvertrag.

1999 Die Tschechische Republik tritt der NATO bei.

2000 Prag ist Kulturhauptstadt Europas.

2002 Im August werden weite Teile Prags durch die Jahrhundertflut der Moldau überschwemmt.

2004 Am 1. Mai tritt die Tschechische Republik der EU bei.

2007–2011 Die Karlsbrücke erhält bei ihrer Restaurierung neue Mauern und Gaslaternen.

2011 Neueröffnung der Antiken- und Orientsammlung der Nationalgalerie im Palais Kinský – Am 18. Dezember stirbt Ex-Präsident Václav Havel mit 75 Jahren, seine Urne wird auf dem Friedhof Vinohrady beigesetzt.

2013 Im März wird der Sozialdemokrat Miloš Zeman (* 1944) zum tschechischen Staatspräsidenten gewählt, erstmals direkt statt vom Parlament. – Anfang Juni überflutet die Moldau viele Stadtteile Prags, die Altstadt bleibt dank mobiler Schutzwände verschont.

Ein DDR-Bürger versucht 1989 über den Zaun der Deutschen Botschaft in Prag zu klettern

Unterwegs

Verkehrsweg und Zierde zugleich:
die Moldaubrücken Prags

Hradschin – ein Jahrtausend von Reichtum, Glanz und Herrlichkeit

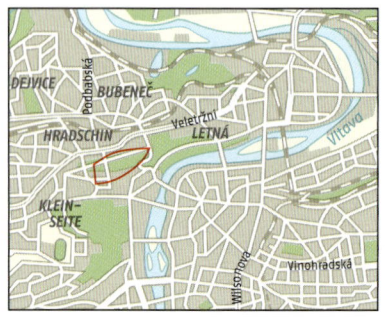

Der Stadtteil Hradschin (Hradčany) umfasst den Gebäudekomplex der **Prager Burg** mit dem königlichen Lustschloss **Belvedere** im Nordosten sowie die einstigen Vorstädte bis hin zum **Kloster Strahov** im Südwesten des Burghügels. Burgpalast, Kirchen, Klöster, und Palais spiegeln eindrucksvoll die mehr als tausendjährige Geschichte des tschechischen Staates wider. Die Anfänge der Prager Burg reichen ins 9. Jh. zurück, im 14. Jh. erkor sie Kaiser Karl IV. zum Mittelpunkt des Heiligen Römischen Reiches und den **Veitsdom** zur Kathedrale des Erzbistums Prag. König Wladislaw II. ließ im 15. Jh. den **Alten Königspalast** großzügig ausbauen. Die ersten Habsburger fügten ausgedehnte Parkanlagen und das Belvedere hinzu. Unter Kaiser Rudolf II. erblühte die Prager Burg als politischer und kultureller Mittelpunkt der Spätrenaissance, im 18. Jh. folgte die Umgestaltung weiter Bereiche im Stil des Barock. Ab 1918 residierte auf dem **Hradschin** der Staatspräsident der Tschechoslowakei, seit 1993 ist der Staatspräsident der Tschechischen Republik im Burgpalast ansässig.

1 Prager Burg
Pražský hrad

Die einstige Königsresidenz mit dem Veitsdom über der Moldau.

Tel. 224 37 33 68, www.hrad.cz
Burgareal: April–Okt. tgl. 5–24,
Nov.–März tgl. 6–23 Uhr
Info- und Kartenverkaufsstellen im
2. u. 3. Burghof, Historische Gebäude
und Ausstellungen:
April–Okt. tgl. 9–17,
Nov.–März tgl. 9–16 Uhr
Metro A Hradčanská
Straßenbahn 22 Pražský hrad

Die Prager Burg thront weithin sichtbar über der Stadt und ist mehr als eine Burg im herkömmlichen Sinne. Auf einem von Mauern und Graben umgebenen riesigen Areal scheint die Geschichte Prags in all ihrer Pracht zu Stein geworden zu sein. Besucher wandeln wie in einem Museum durch die Epochen der Macht Zudem wird die Burg regelmäßig zur imposanten Kulisse für Kultureranstaltungen, darunter die Konzertreihe ›Jazz auf der Burg‹ (www.jazznahrade.cz) und das Shakespeare Sommerfestival [s. S. 123].

Herzstück der Prager Burg: der Dom St. Veit

Erster Burghof **1**

První nádvoří

Schon der Eingang zur Prager Burg beeindruckt mit seinem Anblick. Und wählt man für den Besuch die Mittagsstunde, präsentiert sich der erste Burghof, auch Ehrenhof genannt, mit einem besonderen Spektakel: Eine Menschenmenge drängt sich vor dem **Eingangstor** und an die schmiedeeiserne Umzäunung, um die von Fanfaren begleitete Zeremonie der **Großen Wachablösung** zu beobachten. Wer dieses tägliche Ritual der uniformierten Burgwache um Punkt 12 Uhr versäumt hat, kann eine kleinere Version davon zu jeder vollen Stunde miterleben. Ist das Schauspiel vorüber und jeder Protagonist wieder an seinem Platz, kann man den Ersten Burghof und dessen Pracht in Ruhe auf sich wirken lassen.

Mitte des 18. Jh. ließ Kaiserin Maria Theresia den tiefen Burggraben an der Westseite zuschütten, einige mittelalterliche Gebäude abtragen oder wieder herstellen und 1756–74 die ›Königliche Hofburg‹ nach Plänen des Wiener Oberhofarchitekten *Nikolaus (Nicolo) von Pacassi* ausbauen. Die hinter einheitlichen Fassa-

den zusammengefassten **West-** und **Süd-flügel** des Burgpalastes – die Theresianischen oder Pacassi-Trakte – markieren das Ende des Prager Barock, die Wende zum nüchternen Klassizismus. *Ignaz Platzer*, der führende Bildhauer des Prager Rokoko, fertigte den plastischen Schmuck an: kämpfende Giganten am Eingangstor zum Ehrenhof, Vasen und militärische Embleme auf der Attika (weitgehend durch Kopien ersetzt).

Das **Matthias-Tor** (1614) von Giovanni Maria Filippi war ursprünglich ein Teil der Befestigungen aus Kaiser Matthias' Zeit. Später ließ Pacassi die monumentale Pforte in den Eingangsflügel einfügen. Der flächige Aufbau und die horizontalen Rustikagurte erinnern an manieristische Festungsanlagen in Norditalien Ende des 16. Jh. Der gewaltige Höhendrang – bis zum vierten Geschoss des Pacassi-Flügels – und die geschwungenen Seitenteile des Giebels nehmen dieses für baro-

▶ **Audio-Feature**
Prager Burg
QR-Code scannen [s.S.5]
oder dem Link folgen:
www.adac.de/rf1021

An Wächtern und kraftstrotzenden Giganten vorbei gelangt man in die Innenhöfe der Burg

cke Kirchenfassaden beliebte Motiv um Jahrzehnte vorweg (Salvator-Kirche in der Altstadt, s. S. 66). So gilt das Matthias-Tor als frühestes Beispiel des *Prager Barock*, durch das – bildlich gesprochen – die neue Stilrichtung ihren Einzug in Böhmen hielt. Hinter einer Glaswand im Durchgang zum Zweiten Burghof befinden sich die 1950 freigelegten Fundamente der ältesten Kirche der Burg, der von Fürst Bořivoj I. um das Jahr 890 gestifteten Marienkirche.

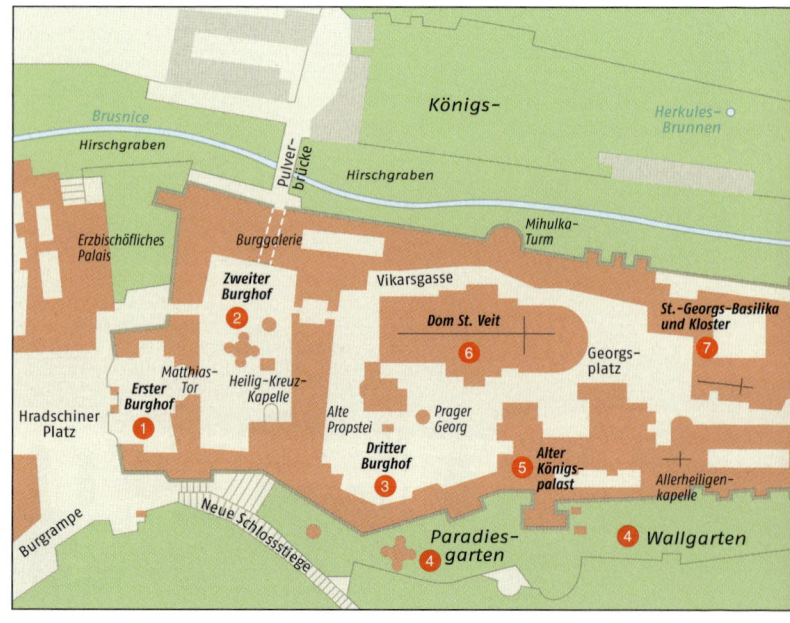

Zweiter Burghof ❷
Druhé nádvoří

Die umlaufenden Palastflügel entstanden zum Großteil im 16. Jh., die Fassaden wurden nach Entwürfen von Nikolaus von Pacassi im 18. Jh. umgestaltet. Der frühbarocke **Brunnen** (1686) des Prager Bildhauers Hieronymus Kohl und des italienischen Steinmetzen Francesco della Torre greift das klassische Muschelmotiv auf. Den Säulenfuß umringen Figuren des Merkur, Neptun, Herkules und Vulkan sowie einige Tritonen und Löwen.

Die **Gemäldegalerie** der Prager Burg (Tel. 224373531, www.kulturanahrade.cz) in den früheren Marställen birgt die wieder aufgefundenen Werke der habsburgischen Kunstsammlung des 16./17. Jh., darunter einige Stücke aus der Rudolfinischen Sammlung. Neben Gemälden von Holbein d. J., Cranach d. Ä., von Tizian, Tintoretto, Veronese, Pordenone, Palma il Vecchio, Reni und der Künstlerfamilie Bassano sind Arbeiten böhmischer Maler des 17./18. Jh. wie Brandl, Fetti, Kupecký, Grund vertreten. Zu den Höhepunkten gehören Werke der beiden Hofmaler Kaiser Rudolfs II., Bartholomäus Spranger und Hans von Aachen, ein Bronzepferd von Adriaen de Vries, sowie Peter Paul Rubens' ›Verkündigung‹ und ›Versammlung der olympischen Götter‹.

Der Prager Georg im Kampf mit dem Drachen auf dem Brunnen im Dritten Burghof

Die spätbarocke **Heilig-Kreuz-Kapelle** (Kaple svatého Kříže) erbaute Anselmo Lurago um 1760 nach Plänen von Pacassi. Der im 19. Jh. neobarock veränderte Bau birgt heute die Schatzkammer von St. Veit mit wertvollen Reliquien und liturgischem Gerät.

Dritter Burghof ❸
Třetí nádvoří

Gegenüber dem Durchgang zum Dritten Burghof ragt die erst 1929 fertiggestellte neugotische **Westfassade** des Domes St. Veit [s. S. 24] empor. Die *Bronzetüren* zeigen die Baugeschichte (Mitte), die Legenden des hl. Wenzel (rechts) und des hl. Adalbert (links). Die *Tympanonreliefs* mit der Kreuzigung wurden 1952 vollendet.

Nach rechts folgt die **Alte Propstei** mit einer Eckstatue des hl. Wenzel (1662), geschaffen von *Johann Georg Bendl*, Böhmens erstem bedeutenden Barockbildhauer. An der Ostseite der Propstei kamen bei Renovierungsarbeiten Mauer- und Fensterreste des romanischen Bischofspalastes zum Vorschein. Eine Überdachung schützt die Grundmauern der Bischofskapelle St. Mauritius und der Basilika St. Veit aus dem 11. Jh. Ein fast 17 m hoher Granit-Obelisk ehrt seit 1928 die Opfer des Ersten Weltkrieges.

Das gotische Reiterstandbild des **Prager Georg** (1373), ein Meisterwerk der Brüder *Martin* und *Georg von Klausenburg*

1 Prager Burg

0   50   100 m

garten

Brusnice

Singender Brunnen

2 Belvedere – Lustschloss der Königin Anna

Weißer Turm

Goldenes Gässchen **8**

Turm Daliborka

11 Spielzeugmuseum im ehem. Burggrafenamt
Georgsgasse

Schwarzer Turm

9
Palais Rosenberg

Palais Lobkowitz

10

Alte Schlossstiege

aus Siebenbürgen, fand nach mehrfachem Standortwechsel hier als Brunnenfigur (Kopie) Aufstellung. Es handelt sich um das erste frei stehende Reiterstandbild seit dem ›Magdeburger Reiter‹ von 1240 – doch welche Entwicklung! Mit spielerischer Anmut wird der Augenblick des Drachenstichs festgehalten.

Nördlich des Veitsdomes ragt der walzenförmige **Mihulka-Turm** aus dem Hirschgraben empor. Er wurde 1496 von Benedikt Ried als Teil der spätgotischen Befestigungen errichtet und diente den Alchemisten und Magiern Kaiser Rudolfs II. als Labor. Sie suchten nach Gold, dem Stein der Weisen und dem Lebenselixier. Heute widmet sich hier eine Ausstellung des Militärhistorischen Museums der tschechischen Militärgeschichte.

Wall- und Paradiesgarten ❹
Zahrada Na Valech a Rajská zahrada

Zugang: überdachte Plečnik-Treppe in der Südostecke des Dritten Burghofes
April–Okt tgl. 10–18 Uhr

Von den Aussichtspromenaden am Südhang der Prager Burg öffnen sich reizvolle Blickwinkel. Der Wallgarten entstand Mitte des 19. Jh. auf dem zugeschütteten Wallgraben, die weitere Umgestaltung leitete der slowenische Architekt *Josip Plečnik* in den 1920er-Jahren. Unterhalb der Ludwigsflügel des Alten Königspalastes bezeichnen zwei Obelisken die Stelle des Prager Fenstersturzes von 1618. Den Paradiesgarten ließ 1562 der damalige Statthalter Erzherzog Ferdinand von Tirol anlegen.

Alter Königspalast ❺
Starý královský palác

Hinter einer Fassade und Eingangsrampe von Pacassi, die Putti (1760) von Ignaz Platzer zieren, erhebt sich der dreigeschossige Alte Königspalast. Bereits der älteste Fürstensitz vom Ende des 9. Jh. befand sich an dieser Stelle, seine baulichen Überreste ziehen sich aber noch bis unter den Dritten Burghof hin (Ausgrabungen nicht zugänglich). An der Seitenfront des *Wladislaw-Saales* (gegenüber dem Chor des Veitsdomes) lässt sich die Baugeschichte gut ablesen: Die offenen Arkaden stammen vom frühgotischen Palast König Ottokars II. (1253–78), die Strebepfeiler sind spätgotisch, die Fenster zeigen dagegen schon reine Renaissanceformen – erstmals in Böhmen!

Im Inneren sind die romanischen und gotischen Säle aus der Přemysliden- und Luxemburger-Zeit (11.–14. Jh.) im Unter- und Mittelgeschoss teilweise zugänglich. Auch das oberste, spätgotische Geschoss aus der Zeit des letzten großen baulichen Eingriffs unter König Wladislaw II. Jagiello Ende des 15. Jh. kann besichtigt werden.

Zunächst betritt man den *Vorraum* (Kassenraum), der Mauerteile des unter Herzog Soběslav I. um 1140 erbauten romanischen Palastes bewahrt. Die *Grüne Stube* (Buchladen, links vom Vorraum) diente einst als Sitz des Kammer- und Hofgerichtes, unter Kaiser Ferdinand I. als Audienzsaal; das barocke Deckenfresko ›Salomos Urteil‹ wurde aus dem Burggrafenamt übertragen. Selten zugänglich ist die anschließende *Wladislaw-Stube*, das Schlaf- und Audienzgemach Wladislaws II., ein reizvoller Raum mit Rautensterngewölbe (1493) von Benedikt Ried, das blau, rot und gold gefasst ist.

Der **Wladislaw-Saal**, ein stützenloser Raum majestätischer Maße – 62 m lang, 16 m breit, bis 13 m hoch – besticht gleichermaßen als technische wie künstlerische Meisterleistung. *Benedikt Ried* (Rejt, Rieth) aus Piesting in Österreich, der geniale Hofbaumeister König Wladislaws II., hat ihn 1493–1502 errichtet. Er führte die Prager Gotik zum letzten Höhepunkt und zur Schwelle der Renaissance. Reiterspiele, Gastmähler, Krönungsfeierlichkeiten und Märkte erfüllten den Saal einst mit glanzvollem, buntem Leben. Heute findet hier die Wahl des Staatspräsidenten statt. Berühmtheit genießt das ›wogende‹ Schlingrippen-Gewölbe, entwickelt aus sechs Paar Strebepfeilern. Es ist ein prägnantes Beispiel der letzten Phase der Hallengotik in Tschechien. Fenster und Portale dagegen folgen schon dem neuen Zeitgeist, der Renaissance.

Den nach Süden anschließenden **Ludwigstrakt** errichtete Benedikt Ried bereits ganz in diesem Stil. Benannt ist er nach König Ludwig II., dem Sohn Wladislaws II., der 1509 im Alter von drei Jahren zum König von Böhmen gekrönt wurde. An dieses Ereignis erinnert das Monogramm am Portal des Schreibergemaches in der **Böhmischen Kanzlei.**

Weltgeschichte wurde im nächsten Raum ›geschrieben‹, im **Statthalter-Saal.** Vom östlichen (linken) Fenster warfen Vertreter der protestantischen Stände am 23. Mai 1618 die kaiserlichen Räte Jaroslav Martinic und Vilém Slavata sowie deren Geheimschreiber Philipp Fabricius

Ein außergewöhnliches Schlingrippen-Gewölbe ziert den großen Wladislav-Saal

in den 16 m tiefen Wallgraben. So bestrafte man ›nach alttschechischem Brauch‹ Landesverräter! Martinic und Fabricius kamen mit dem Schrecken davon, Slavata wurde schwer verletzt; sein anschaulicher Bericht ist erhalten. Dieser ›Zweite Prager Fenstersturz‹ löste den Dreißigjährigen Krieg aus.

Neben der Wendeltreppe im Ludwigstrakt führt ein schmaler Gang zum Königlichen Oratorium im Veitsdom. Die **Reichshofkanzlei** (selten geöffnet) im Obergeschoss bewahrt die Ausstattung aus der Zeit Kaiser Rudolfs II. (reg. 1576–1612), als von hier aus das Heilige Römische Reich verwaltet wurde.

Im Ostteil des Wladislaw-Saales öffnet sich eine Aussichtsterrasse mit prachtvollem Blick auf die Stadt. Ein Renaissanceportal von Giovanni Gargiolli führt auf die Empore der königlichen **Allerheiligen-Kapelle**. Die romanische, von Peter Parler gotisch veränderte Palastkapelle wurde 1570/71 von Udalrico Aostalis im Renaissancestil erneuert und bis zum Wladislaw-Saal verlängert; seit 1755 gehörte sie zum Adligen Damenstift. Ältestes Gemälde ist die ›Kreuzabnahme‹ am rechten Seitenaltar von Hans von Aachen, Hofmaler Rudolfs II. Das barocke Hochaltarblatt ›Allerheiligen‹ malte Wenzel Lorenz Reiner 1729, den Schnitzrahmen fügte Peter Prachner um 1765 hinzu. Ein Barockschrein an der Nordseite des Langhauses birgt die Gebeine des hl. Prokop(ius) († 1052), Abt des slawischen Benediktiner-Klosters Sázava und einer der vier böhmischen Landespatrone. Ein Gemäldezyklus (1699) von Christian Dittmann schildert sein Leben.

Links von der Allerheiligen-Kapelle geht es durch ein Renaissanceportal zur **Alten Landrechtsstube**, Ort der Ständeversammlung und Königswahl, bis 1847 Tagungsstätte des Obersten Landesgerichts. Benedikt Ried führte den spätgotischen Umbau durch, die Renaissancetribüne für den obersten Landesschreiber steuerte Bonifaz Wolmut bei. Rechts vom Königsthron saßen der Erzbischof und die hohe Geistlichkeit, links die Landesbeamten, auf den übrigen Bänken die Herren und Ritter, auf der Galerie die Vertreter der privilegierten (aber nicht

Kunstvolle Heraldik: Die Räume der Landtafeln sind mit Landeswappen bemalt

stimmberechtigten) Städte. Die *Gemälde* zeigen Habsburger: Maria Theresia und ihren Gemahl Franz Stephan von Lothringen (Kaiser Franz I.), ihre Söhne Joseph II. und Leopold II. sowie Franz II.

Im 1. Obergeschoss (Portal neben der Reitertreppe) befinden sich die **Räume der Landtafeln**, wo seit dem 16. Jh. die Besitzverhältnisse des Adels, des Klerus und der Städte sowie die wichtigsten Landtagsbeschlüsse registriert wurden. Im wappengeschmückten Sitzungssaal des Präsidiums wurde 1838 das Kronarchiv eingerichtet.

Ein Schlingrippen-Gewölbe von Benedikt Ried ziert die **Reitertreppe**, deren flache Stufen es den Turnierreitern ermöglichten, in voller Rüstung vom Burghof in den Wladislaw-Saal einzureiten.

 Dom St. Veit ❻

Katedrála sv. Víta

April–Okt. Mo–Sa 9–17, So 12–17,
Nov.–März Mo–Sa 9–16, So 12–16 Uhr
Südturm (Glockenturm):
tgl. 10–18/16 Uhr

Ein Muss für jeden Prag-Besucher ist ein Rundgang durch die Krönungskirche und Grablege der böhmischen Könige, den Dom St. Veit. Der lichtdurchflutete Hochchor mit dem ersten Netzrippenge-

Der Dom St. Veit ist Krönungskirche und Grablege, Pilgerort und Wahrzeichen Prags

wölbe und die Porträtbüsten von Peter Parler bedeuten einen Höhepunkt europäischer Gotik!

Baugeschichte: Der Kirchenpatron Vitus oder Veit, ein Märtyrer des 4. Jh., der auf Sizilien lebte, war der wichtigste Heilige für die Slawen. König Heinrich I. schenkte Fürst Wenzel (dem Heiligen) eine kostbare Armreliquie, die in der um 930 erbauten St.-Veits-Rotunde verwahrt wurde. Als dann Kaiser Karl IV. in Pavia die übrigen Gebeine des Heiligen erwarb und überführen ließ, wurde Prag zu einer Kultstätte des Nothelfers.

Nach Prags Erhebung zum Erzbistum 1344 legte Karl IV. den Grundstein für die gotische Kathedrale. Planung und Bauleitung oblagen dem nordfranzösischen Architekten *Matthias von Arras*, der sich die Kathedralchöre von Narbonne und Rodez im Süden Frankreichs zum Vorbild nahm. Bis zu seinem Tode 1352 konnte er acht polygonale Chorkapellen und die anschließenden Teile des Umgangs fertigstellen. 1352–99 führte *Peter Parler* aus Schwäbisch-Gmünd den Dombau weiter und vollzog einen bedeutenden Stilwandel hin zur Spätgotik, besonders in der Einwölbung und in der Gestaltung der Südfassade. Zunächst stellte er die restlichen, nun rechteckigen Chorkapellen fertig, dann die Alte Sakristei, den Hochchor (Weihe 1385), die Südfront mit der Goldenen Pforte und die Wenzelskapelle.

Im Jahr 1421 unterbrachen die Hussitenkriege die Bauarbeiten und der Dom blieb bis ins 19. Jh. ein Torso. Erst 1872–1929 vollendeten die Dombaumeister *Josef Mocker* und *Kamil Hilbert* das dreischiffige Langhaus und die Westfassade im Sinne der Kathedralgotik mit zwei Türmen und drei Portalen.

Fassade: Die künstlerisch bedeutendste Außenansicht bietet die **Südseite**, von

Das Glasmosaik über der Goldenen Pforte gemahnt an den Tag des Jüngsten Gerichts

Peter Parler zur Hauptfassade bestimmt und in Beziehung zur Stadt und zum Alten Königspalast gesetzt. Durch die **Goldene Pforte** (Zlatá brána) schritten die Könige bei den Krönungsfeierlichkeiten.

Einzigartig in Mitteleuropa war zur Entstehungszeit (1370/71) das venezianisch-byzantinisch beeinflusste *Mosaikbild* des Jüngsten Gerichts, nach einem Karton von Nicoletto Semitecolo in böhmischem Glasmosaik ausgeführt. Neben Christus in der Mandorla knien Maria und Johannes der Täufer (Deësis – Fürbitte), darunter die böhmischen Landesheiligen Prokop, Sigismund und Veit, Adalbert, Ludmila und Wenzel; in den Bogenzwickeln sieht man Kaiser Karl IV. und seine vierte Gemahlin Elisabeth von Pommern.

Den **Südturm** (Glockenturm) führten Peter Parlers Söhne Johann und Wenzel bis 1406 zur Höhe der Arkaden empor. Bonifaz Wolmut krönte ihn 1562 mit Galerie und Haube im Renaissancestil. Nach Beschuss durch die Preußen im Siebenjährigen Krieg wurde er um 1770 barock verändert. Von der Galerie des Glockenturms bietet sich ein herrlicher Blick auf Burgareal und Stadt.

Inneres: Peter Parlers schöpferische Kraft entfaltete sich am eindrucksvollsten im Chor: Über dem Umgang öffnet sich der lichtdurchflutete **Hochchor** – Abbild des Himmlischen Jerusalem – mit seinem feingliedrigen Maßwerk und herrlichen *Netzgewölbe*. Trotz aller Steilheit des Raumes

betonte Parler die Horizontale: Über die Arkadenzone legte er ein *Triforium*, einen Laufgang, der wiederum von einem Horizontalgesims abgeschlossen wird.

An den Durchgängen befindet sich eine Galerie von **Porträtbüsten**, gearbeitet 1374–85 zum Teil von Peter Parler und seiner Bauhütte. Am **Chorhaupt** beginnt die Königsgalerie der Luxemburger mit den Büsten Karls IV. und seiner vierten Gemahlin Elisabeth von Pommern, nach rechts und links folgen weitere Mitglieder seiner Familie. Beidseitig sind Büsten von Baurektoren und Erzbischöfen angebracht, am zweiten Pfeiler das Selbstporträt Peter Parlers sowie die Büste Matthias' von Arras.

Den Auftrag zum **Habsburger-Mausoleum** im Chor vergab Rudolf II. an den niederländischen Bildhauer *Alexander Colin*. Auf der Marmortumba sind liegend dargestellt Kaiser Ferdinand I., seine Gemahlin Anna Jagiello und ihr Sohn, Kaiser Maximilian II. Seitliche Reliefplatten zeigen Porträts jener Verstorbenen, die in der Königsgruft beigesetzt sind: Kaiser Karl IV. und seine vier Gemahlinnen (Blanche von Valois, Anna von der Pfalz, Anna von Schweidnitz, Elisabeth von Pommern), die Könige Wenzel IV., Ladislaus Postumus und Georg von Podiebrad sowie Kaiser Rudolf II. Das prachtvolle Renaissancegitter schmiedete der Prager Hofschlosser Georg Schmidthammer.

Die **Königsgruft** (Zugang von der Heilig-Kreuz-Kapelle) in der Krypta wurde anlässlich des Millenniums des hl. Wenzel 1929 neu gestaltet. Im Bronze-

Sarkophag ruht Kaiser Karl IV. (Karel), links König Ladislaus Postumus (1440–57), der Sohn der Luxemburgerin Elisabeth und König Albrechts von Habsburg, rechts der ›Volkskönig‹ Georg von Podiebrad (1420–71), dahinter die beiden Söhne Karls IV., Wenzel IV. (1361–1419) und Johann von Görlitz (1370–96). Eine gemeinsame letzte Ruhestätte teilen sich jeweils die vier Gemahlinnen und die Kinder Karls IV. In einem Zinnsarkophag der Renaissance liegt Kaiser Rudolf II. (1552–1612) gebettet, im Empiresarg Erzherzogin Maria Amalia von Parma (1746–1804), eine Tochter der Herrscherin Maria Theresia. **Ausgrabungen** legten Teile der St.-Veits-Rotunde frei, in der 935 Fürst Wenzel beigesetzt wurde, sowie Reste des romanischen Domes, einer dreischiffigen Basilika des 11. Jh.

Chorumgang und **Kapellenkranz** bewahren eine Fülle erlesener Kunstschätze von der Gotik bis zum Barock: Das marmorne **Grabmal des Grafen Leopold Schlick** [1], Feldmarschall und Oberster Kanzler von Böhmen, zählt zu den besten Porträtwerken des böhmischen Hochbarock, geschaffen um 1723 vom Tiroler Bildhauer Matthias Bernhard Braun.

Im **Wladislawschen Oratorium** [2] – der mit dem Alten Königspalast verbundenen Königsempore von 1493 – finden sich am hängenden *Schlussstein* das Monogramm des Auftraggebers, König Wladislaw II. Jagiello, am vorspringenden Erker die *Wappen* Ungarns und Böhmens, an der Brüstung (von links) die Wappen von Dalmatien, Niederlausitz, Slawonien, Polen, Mähren, Luxemburg, Schlesien und Oberlausitz. Als Schöpfer dieses pracht-

An sonnigen Tagen tanzen bunte Lichtpunkte im imposanten Innenraum des Doms St. Veit

Alfons Mucha schuf das Glasfenster mit Szenen aus dem Leben der hl. Kyrill und Method

meister Matthias von Arras und Peter Parler. Zwei große **Holzreliefs** [4], um 1630 im Auftrag von Kaiser Ferdinand II. geschnitzt, bestechen als Zeitdokumente aus dem Dreißigjährigen Krieg: An der Südseite ist die Verwüstung des Veitsdomes durch calvinistische Bilderstürmer (1619) geschildert, an der Nordseite die Flucht des ›Winterkönigs‹ Friedrich V. von der Pfalz nach der Schlacht am Weißen Berge im Jahr 1620.

Den silbernen **Reliquienaltar des hl. Johannes Nepomuk** [5] stiftete Kaiser Karl VI. anlässlich der Heiligsprechung des einstigen Generalvikars des Erzbistums Prag. Johannes Nepomuk war 1393 wegen eines kirchenrechtlichen Streits mit König Wenzel IV. in der Moldau ertränkt und 1729 auf Betreiben der Jesuiten kanonisiert worden [s. S. 63]. Der Silbersarkophag enthält seine Gebeine und die angeblich unverwest geborgene Zunge. Die Metallarbeiten schuf 1736 der Wiener Gold- und Silberschmied Joseph Johann Würth. Marmorbalustrade, allegorische Figuren, Baldachin und schwebende Engel sind *spätbarocke Zutaten* des Kleinseitener Silberschmieds Ignaz Novak aus der Zeit um 1770.

Die **Johannes-Nepomuk-Kapelle** [6] wählte Jan Očko von Vlašim, Kardinal-Erzbischof von Prag und langjähriger Ratgeber Karls IV., als Grablege. Gotische

vollen Beispiels der Astwerkgotik, einer süddeutschen Spielart der Spätgotik mit naturalistischen Anklängen, gilt Hans Spieß aus Frankfurt.

Die **Maria-Magdalena-Kapelle** [3] (um 1400) birgt die Grabplatten der Dombau-

Dom St. Veit

1 Grabmal des Grafen
   Leopold Schlick
2 Wladislawsches Oratorium
3 Maria-Magdalena-Kapelle
4 Holzreliefs
5 Reliquienaltar des
   hl. Johannes Nepomuk

6 Johannes-Nepomuk-Kapelle
7 Reliquien- oder
   Sächsische Kapelle
8 Marien-Kapelle
9 Kapelle Johannes des Täufers
10 Mucha-Fenster
11 Wenzelskapelle

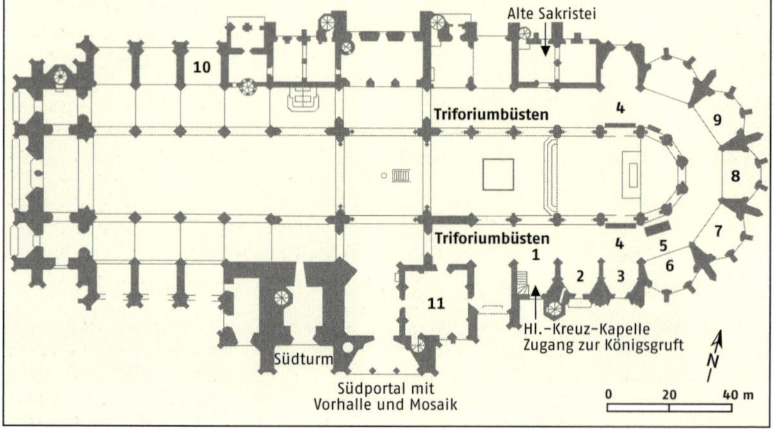

Alte Sakristei

Triforiumbüsten

10

4

9

8

7

Triforiumbüsten

4

5

6

1

11

2   3

Hl.-Kreuz-Kapelle
Zugang zur Königsgruft

Südturm

Südportal mit
Vorhalle und Mosaik

N

0   20   40 m

Goldplättchen und Halbedelsteine schimmern an den Wänden der Wenzelskapelle

Wandmalereien des Hofmalers Oswald zeigen die Enthauptung der hl. Katharina die Taufe der hl. Ottilia durch den hl. Bischof Erhard von Regensburg, denen die Kapelle ursprünglich geweiht war.

In den drei angrenzenden Kapellen sind schöne **Přemysliden-Gräber** zu sehen: Karl IV. ließ die aus der romanischen Domkrypta gehobenen Gebeine seiner Vorfahren in Kalkstein-Tumben betten, weihevolle und ausdrucksstarke Werke Peter Parlers und seiner Bauhütte (Beschädigungen durch die Calvinisten). Die zwei bedeutendsten Liegefiguren befinden sich in der **Reliquien- oder Sächsischen Kapelle** [7], geweiht den hll. Adalbert und Dorothea: rechts König Ottokar I. (um 1155–1230), links Ottokar II. (um 1232–1278). Das *Dreikönigsfresko* (um 1372) von Meister Oswald zählt zu den größten Wandmalereien der böhmischen Hochgotik. In der **Marien-Kapelle** [8] und der **Kapelle Johannes des Täufers** [9] ruhen Herrscher des 11. Jh.: Břetislav I. in Kriegsrüstung sowie Spitihněv II., Břetislav II. und Bořivoj II.

Die **Glasmalereien** im Dom schufen bedeutende tschechische Künstler des 20. Jh., wobei sich das berühmteste, das **Mucha-Fenster** [10], in der 3. Seitenkapelle links befindet: In leuchtenden Farben schildert der Jugendstilkünstler Alfons Mucha Szenen aus dem Leben der Slavenheiligen Kyrill und Method.

Einen überwältigenden Eindruck von der einstigen Pracht und Herrlichkeit Prags gibt die **Wenzelskapelle** [11], einer der bedeutendsten Innenräume der europäischen Hochgotik, in dem der edelsteinverkleidete Reliquienschrein des böhmischen Nationalheiligen steht.

Fürst Wenzel (Václav, reg. 920–935) wurde bald nach seinem gewaltsamen Tode – sein Bruder Boleslav hatte ihn in Altbunzlau erschlagen – als erster Märtyrer aus dem Přemysliden-Geschlecht hoch verehrt. Als Sühne für den Brudermord verfügte Boleslav I., genannt der Grausame, die Überführung des Leichnams in die St.-Veits-Rotunde der Prager Burg. An dieser Stelle ließ Karl IV. 1358–67 durch *Peter Parler* die Grab- und Reliquienkapelle seines Vorfahren errichten und »so kostbar, wie es sich auf der ganzen Welt nicht findet« ausstatten. Reliquien und Kunstschätze galten dem Kaiser als wichtige Stütze der Herrschermacht ›von Gottes Gnaden‹. So stiftete er Burg Karlstein [Nr. 87] als Hort der Reichskleinodien und Christusreliquien, und in der Wenzelskapelle sollten die Gebeine des Landespatrons in engster Verbindung mit dem Altarsakrament und den böhmischen Krönungsinsignien ruhen. Wie auf Karlstein schimmern an den Wänden *Goldplättchen* und polierte böhmische *Halbedelsteine* – Amethyst, Achat, Karneol, Chrysopras – mehr als 1300 hat man gezählt! Nur Auserwählte durften diese überirdisch anmutenden Räume betreten, teilhaben am mystischen Abglanz des Himmlischen Jerusalem, wie es der Evangelist Johannes in der Offenbarung (Apokalypse) visionär verhieß.

Bauplastik und Ausstattung der Wenzelskapelle zählen zu den bedeutendsten Werken der mittelalterlichen Kunst Prags. Am rundbogigen **Nordportal** am Chorumgang hat sich Peter Parler selbst ein Denkmal gesetzt: als bärtiger Greis an der linken Konsole, gedeutet als Petrus, der Christus verleugnet, im Gespräch mit der Magd. Auf der rechten Konsole ist der Verräter Judas zu sehen, dem der Teufel die Zunge (Seele) aus dem Mund reißt. Die gotische Tür von Meister Wenzel trägt als *Türklopfer* einen prachtvollen spätromanischen Löwenkopf (um 1200). Das spitzbogige Portal am **Querhaus** zeigt im Bogenfeld Christus als Erlöser der Welt (Salvator mundi), an der Innenseite die Apostel Petrus und Paulus. Die **Grabtumba** des hl. Wenzel aus dem 14. Jh. wurde 1911 restauriert und ergänzt. Den außerordentlich kostbaren Goldsarkophag, behängt mit Edelsteinen, Perlen und Kameen, hatte König Sigismund zur Finanzierung seines Heeres gegen die Hussiten plündern lassen.

Die *Wandmalereien* (um 1378) des Hofmalers Oswald zeigen in der Edelsteinzone die *Leidensgeschichte Christi*, an der Altarwand die Kreuzigung mit Maria und Johannes, seitlich kniend Kaiser Karl IV. und seine vierte Gemahlin Elisabeth von Pommern. Die vorzügliche Kalksteinfigur des hl. Wenzel, geschaffen 1373 von Heinrich Parler, entspricht dem Typus des edlen Ritters, zeigt aber schon lebensnahe Züge. Der milde Gesichtsausdruck und die Neigung des Hauptes widersprechen dem kriegerischen Geist seiner Rüstung.

Der Freskenzyklus in der oberen Zone – gemalt um 1506 vom Meister des Leitmeritzer Altars – schildert die *Wenzel-Legende*, die seit dem 10. Jh. in typologische Beziehung zum Leiden Christi gesetzt wurde. An der Altarwand, allerdings stark übermalt, ist das Stifterpaar verewigt: König Wladislaw II. Jagiello und Anna de Foix-Candale. Die Ermordung des hl. Wenzel ist auch auf dem Tafelbild (1543) neben dem Nordportal dargestellt, dem Werk eines unbekannten böhmischen Malers. Der Bronzeleuchter mit Wenzelsfigur stammt aus der Peter-Vischer-Werkstatt in Nürnberg.

Im Obergeschoss liegt die mit sieben Schlössern versiegelte **Kronkammer**, in der die böhmischen Kroninsignien verwahrt werden: Zepter, Reichsapfel, Krönungsmantel, Stola und natürlich die Krone. Vor jeder Krönung musste sie auf der Reliquienbüste des hl. Wenzel ruhen, daher die Bezeichnung ›Wenzelskrone‹. Karl IV. hatte sie anlässlich seiner Krönung 1346 aus der alten Přemysliden-Krone umgestalten lassen. Goldlilien, Perlen und 91 Edelsteine (Rubine, Saphire, Smaragde, Spinelle) umgeben eine kostbare Reliquie: einen Splitter der Dornenkrone Christi. Die Öffentlichkeit kann die Kostbarkeiten nur sehr selten bewundern; 2013 wurden sie erstmals nach 5 Jahren für ein paar Tage ausgestellt. Die Entscheidung liegt beim tschechischen Präsidenten, der wie der Prager Erzbischof und Bürgermeister einen der sieben Schlüssel bewahrt.

Blick aufs Detail: Fresko eines Heiligen in der opulent ausgestatteten Wenzelskapelle

St.-Georgs-Basilika und -Kloster 7
Bazilika svatého Jiří
Jiřské náměstí
Tel. 224 37 24 34

Auf das filigrane Äußere des Domchors blickt die barocke Schauseite der St.-Georgs-Basilika, hinter der sich der bedeutendste romanische Kirchenbau Prags verbirgt. Fürst Vratislav I. (der Vater des hl. Wenzel) stiftete noch vor dem Jahr 921 die zweite Steinkirche innerhalb der Burg, wohl als Grablege der Přemysliden. Nach Prags Erhebung zum Bischofssitz (973) ließ Fürst Boleslav II., der Fromme, sie zu

Blick vom Wenzelsturm auf die barocke Fassade der romanischen St.-Georgs-Basilika

einer kleinen Basilika ausbauen, seine Schwester *Mlada* wurde die erste Äbtissin des angeschlossenen Klosters [s. S. 32].

Der heutige Kirchenbau entstand im Wesentlichen nach dem Burgbrand von 1142 unter Leitung des Baumeisters Werner. Die beiden romanischen Chortürme überragen die um 1670 vorgeblendete, frühbarocke Westfront von Carlo Lurago. Johann Georg Bendl schuf die Giebelfiguren des Kirchengründers Vratislav I. und der Klosterstifterin Mlada. Die Ecke zur Georgs-Gasse nimmt die barocke Rundkapelle des hl. Johannes Nepomuk ein; sein Standbild ist ein Werk Ferdinand Maximilian Brokoffs. Das prachtvolle Südportal der St.-Georgs-Kirche gestaltete die Bauhütte Benedikt Rieds als antikisierende Halbsäulen-Ädikula, eine absolute Neuheit im spätmittelalterlichen Prag um 1515. Das Tympanonrelief, der hl. Georg als Drachenbezwinger, verbindet dagegen Formen der ausklingenden Gotik mit dem Naturerwachen der Renaissance.

Der Innenraum – eine dreischiffige Basilika mit erhöhtem Chorquadrat und drei halbkreisförmigen Apsiden aus der Mitte des 12. Jh. – ist von ursprünglicher, herber Schönheit. Mittelschiff-Arkaden und Nonnenempore stammen noch aus dem 10. Jh. Die doppelläufige, geschwungene *Chortreppe* mit barockem Gitter verleiht dem Ostteil einen malerischen

Akzent. Am Eingang zur Krypta sind die Stifter beigesetzt: rechts die *Tumba des Fürsten Vratislav I.* († um 920) mit spätgotischem Aufsatz (1438), links – hinter dem schmiedeeisernen Gitter – Fürst Boleslav II. († 999) oder Ulrich (Oldřich; reg. 1012–37); in der Mitte liegt die originale *Grabplatte Fürst Boleslavs II.*

In der dreischiffigen **Säulenkrypta** wird ein wertvolles spätromanisches *Stein-Triptychon* (um 1220) verwahrt. Unter der thronenden Muttergottes byzantinischen Typs knien die Äbtissinnen Mlada und Berta, an den Seitenflügeln König Ottokar I. und seine Tochter, die Äbtissin Agnes.

Romanische *Wandmalereien* sind teilweise im nördlichen Nebenchor (u. a. Christus in der Mandorla), in der südlichen Turmkapelle sowie im Chorquadrat (Himmlisches Jerusalem, 1. Hälfte 13. Jh.) erhalten. Die übrigen *Fresken* sind meist gotisch, teils nach dem Brand von 1541 erneuert. Das Hauptschiff schmücken spätgotische *Tafelbilder* (Ursula-Legende, Kreuzigung), die Seitenchöre bergen *Plastiken* des 15. Jh. darunter ein Relief der Heiligen Drei Könige.

Die **Ludmila-Kapelle** (zugänglich vom Chorquadrat) reicht in ihren Anfängen ins frühe 10. Jh. zurück. Um 1370 ließ Kaiser Karl IV. den frühromanischen Bau gotisieren und mit der *Grabtumba* der hl. Ludmila ausstatten, einem bedeutenden

Werk der Parler-Plastik. Ludmila (um 860–921) hatte ihren Enkel Wenzel (den Heiligen) im christlichen Glauben unterwiesen. Nach dem Tode ihres Sohnes Fürst Vratislav I. im Jahr 916 kam es zum Machtkampf zwischen Ludmila und ihrer – der Legende nach heidnischen – Schwiegertochter Drahomira. 921 wurde Ludmila auf ihrem Witwensitz Burg Tetin erdrosselt und bald danach als Böhmens erste Märtyrerin heiliggesprochen.

Vor Verlassen der Kirche empfiehlt sich ein Blick in die *Johannes-Nepomuk-Kapelle*. Das Gemälde des Hauptaltars mit der Szene der Verklärung des Heiligen schuf 1722 Wenzel Lorenz Reiner.

An die Nordseite der St.-Georgs-Basilika schließt sich das **St.-Georgs-Kloster** (Kláśter sv. Jiří) an. *Mlada*, die Schwester Fürst Boleslavs II., gründete dieses älteste Kloster Böhmens bereits im 10. Jh. für den Orden der Benediktinerinnen, dem sie selbst als erste Äbtissin vorstand. Adlige Töchter genossen hier ihre Erziehung. Auf diese Weise sollte das Christentum im Laufe der Zeit in allen Landesteilen verbreitet werden.

Die altehrwürdigen Gemäuer, die Carlo Lurago um 1670 mehrheitlich im Stil des Frühbarocks umgestaltete, sollten nach einer aufwendigen Restaurierung 2007 eigentlich Kunstwerke der Nationalgalerie beherbergen, doch die Luftfeuchtigkeit in den Räumlichkeiten ist zu hoch.

Der romanische Innenraum der St.-Georgs-Basilika beeindruckt durch herbe Schlichtheit

Goldenes Gässchen ❽
Zlatá ulička

Oberhalb des Hirschgrabens verläuft parallel zur Burgmauer das berühmte Goldmacher-Gässchen, gesäumt von winzigen, bunt gestrichenen Häuschen. Laut königlichem Dekret wohnten hier zunächst die Burgwächter, später durften sich auch Goldschmiede niederlassen. Der Sage nach dampften und brodelten hier die ›Wunder- und Hexenküchen‹ der Alchimisten Rudolfs II. (tatsächlich hatten sie ihre Werkstätten im Pulverturm Mihulka, s. S. 22). Vom 18. Jh. an bis zum Zweiten Weltkrieg bevölkerten fliegende Händler und Handwerker, Wahrsager und Spielleute die ›Spielzeug-Häuser‹. Das pittoreske Milieu des Goldenen Gässchens inspirierte Künstler und Schriftsteller: 1917 lebte *Franz Kafka* vorübergehend im Haus Nr. 22. *Gustav Meyrink* schildert in seinem Roman ›Der Golem‹ [s. S. 87] ein Haus in der Alchimisten-Gasse, das nur bei Nebel und auch bloß Sonntagskindern sichtbar wird. Heute drängen sich hier täglich tausende Touristen.

Im Westen begrenzt der **Neue Weiße Turm** (Nová bílá věž) das Gässchen, einst Staatsgefängnis und Schuldnerturm des Adels. Vom letzten Haus an der Ostseite kommt man zum **Daliborka**, dem bekanntesten Wehrturm der Burg, errichtet 1496 von Benedikt Ried. Als erster Gefangener schmachtete hier der Ritter Dalibor von Kozojed, der aufständischen Leibeigenen auf seinem Gut bei Leitmeritz

Die bunten Häuser im Goldenen Gässchen bewohnte einst ein ebenso buntes Völkchen

Schutz gewährte. Hunger und Not lehrten ihn angeblich geigen und singen. In Wirklichkeit wurde er auf einem ›Geige‹ genannten Foltergerät gemartert und 1498 hingerichtet. Friedrich Smetana hat sein tragisches Schicksal in der romantischen Oper ›Dalibor‹ verewigt.

Palais Rosenberg
Rožmberský palác
Jiřská 2/3

Die Herren von Rosenberg hatten nach dem Großbrand 1541 anstelle der zerstörten Häuser im Ostteil der Prager Burg 1545–56 einen großzügigen Renaissancepalast um den heutigen Hof errichten lassen. Der Palast wurde später mehrmals erweitert und schließlich 1753–56 in ein Stift für adlige Damen umgebaut. Im Auftrag von Kaiserin Maria Theresia, deren Tochter Maria Anna die erste Äbtissin wurde, schuf der Wiener Hofarchitekt Nikolaus Pacassi auch die Barockkapelle der Allerheiligsten Dreifaltigkeit und der Unbefleckten Empfängnis der Jungfrau Maria. Mit ihren herrlichen Fresken ist sie das Schmuckstück der Anlage, die seit 2010 öffentlich zugänglich ist. Sehenswert sind zudem die Palasträume, die mit Rokoko- und Biedermeiermöbeln im Geschmack ihrer einst adligen Bewohnerinnen eingerichtet sind. Das Stift wurde nach Gründung der Tschechoslowakei 1919 aufgelöst, die Gebäude wurden bis zur aufwendigen Rekonstruktion 1996–2007 vom Innenministerium genutzt.

Palais Lobkowitz ⑩
Lobkovický palác
Jiřská 3
Tel. 233 31 29 25
www.lobkowiczevents.cz
tgl. 10–18 Uhr

Am östlichen Ende der Georgsgasse liegt das Palais Lobkowitz. Von dem 1570 erbauten Renaissancepalast der mächtigen Herren von Pernstein überdauerten Teile des Sgrafitto-Schmucks im Hof. Als Heiratsgut der Polyxena von Pernstein kam das Gebäude in den Besitz der Familie Popel von Lobkovicz, 1651 begann der frühbarocke Umbau durch Carlo Lurago. Die Prunksäle im ersten Obergeschoss zieren kraftvolle Stuckaturen von Domenico Galli und Fresken von Fabián (Sebastian) Harovník. Spätere Stuckverzierungen (Laubbandwerk, Rocaillen) stammen aus der ersten Hälfte des 18. Jh.

Heute kann man hier die private Ausstellung ›The Princely Collections‹ der Familie Lobkowicz besichtigen. Zu sehen sind Kunstschätze aus dem 16.–20. Jh., vor allem bedeutende Gemälde Alter Meister wie zwei ›Londoner Veduten‹ Canalettos (1740er-Jahre), die ›Heuernte‹ (1565) von Pieter Bruegel d. Ä. sowie eine große Sammlung spanischer Gemälde aus dem 16. Jh. Kostbare Musikinstrumente und Partituren zeugen vom Mäzenatentum der Fürsten Lobkowicz. Sogar einige Originalmanuskripte von Mozart und Beethoven zählen zur Sammlung. Zwei Säle sind einer umfangreichen Waffenkollektion gewidmet. Abgerundet wird der Besuch durch eines der täglich um 13 Uhr stattfindenden Konzerte.

Spielzeugmuseum
Muzeum Hraček

Jiřská 6
Tel. 224 37 22 94
tgl. 9.30–17.30 Uhr

Im *Burggrafenamt* residierte einst der Burggraf, der Stellvertreter des Königs. Nur Angehörige führender Adelsfamilien hatten dieses höchste Staatsamt inne. Seit dem 13. Jh. wurde der Gebäudekomplex mehrfach umgebaut, zuletzt Mitte des 16. Jh. im Stil der Renaissance. Aus dieser Zeit blieben in einigen Räumen bemalte *Holzdecken* erhalten. Im Nordflügel ist das Spielzeugmuseum mit einer umfassenden Spielwarensammlung untergebracht. Einige der Exponate stammen sogar aus der griechischen Antike, vor allem sind hier Kinderklassiker des 19.–21. Jh. versammelt, von Eisenbahnen bis zu Barbiepuppen und Computerspielen.

Der mächtige **Schwarze Turm** (Černá věž) rechts vom Burggrafenamt ist der besterhaltene Teil der romanischen Burgbefestigung (um 1135). Sein Name kommt wohl von seiner Funktion als gnadenloses und düsteres Schuldnergefängnis.

Ein prachtvoller Blick über die Palastgärten und die Kleinseite bis hin zum Laurenziberg bietet sich von der **TOP TIPP** um 1570 errichteten **Kanonenbastei** (Bašta). Abschließend gelangt

man über die Jiřská ulice zu der **Alten Schlossstiege** (Staré zámecké schody), die über viele Stufen hinab zum Klárov-Platz und zur Moldau führt.

2 Belvedere – Lustschloss der Königin Anna
Belvedér

TOP TIPP *Erster reiner Renaissancebau Prags, einer der schönsten nördlich der Alpen.*

Im Königlichen Garten (Královská zahrada); Zugang durch den Zweiten Burghof über die Pulverbrücke (Prašný most)
Tel. 224 37 33 68, www.hrad.cz
Garten: April–Okt. tgl. 10–18 Uhr,
Gebäude bei Ausstellungen:
Di–So 10–18 Uhr
Metro A Hradčanská
Straßenbahn 22 Pražský hrad

Zwischen Hirschgraben und Marienschanze erstreckt sich parallel zur Burg der einstige **Königliche Garten**, um das Jahr 1534 für Kaiser Ferdinand I. als erster italienischer Giardinetto in Böhmen angelegt. Holländische Gärtner züchteten in Gewächshäusern seltene Pflanzen – »Pomerantzen, Limonen, Granat-Aepffel« und Tulpen, Kaiser Rudolf II. hielt in einem Raubtierzwinger exotische Tiere. Dieser manieristische Zaubergarten ist leider längst verschwunden. Heute gleicht die Grünanlage eher einem englischen Park, durchsetzt mit einigen barocken Kunst-

Das Balkonzimmer im Palais Lobkowitz besitzt eine mit Fresken und Stuck verzierte Decke

Von der Kanonenbastei reicht der Blick über den Ledebur-Garten bis hin zum Laurenziberg

werken wie dem Herkules-Brunnen (1670) von Johann Georg Bendl und der Skulptur ›Nacht‹ (1734) aus der Werkstatt Matthias Bernhard Brauns.

Im Westen ließ Kaiser Leopold I. 1694 die Reitschule (Jízdárna, U prašného mostu 55, Tel. 224 37 32 32) nach Plänen von Jean Baptiste Mathey errichten. Heute ist sie ein Ausstellungssaal. Das **Große Ballhaus** (Míčovna) in der Mitte des Gartens erbaute Bonifaz Wolmut 1567–69 wohl im Auftrag Kaiser Maximilians II. Nach dem Vorbild oberitalienischer Paläste von Palladio, ursprünglich als offener Loggienbau geplant, mussten die Wände aber aus klimatischen Gründen geschlossen werden. Halbsäulen, Nischen und Sgraffiti (Grotesken, Elemente, Tugenden, Künste, Wissenschaften) bilden Gliederung und Zier. Im Zweiten Weltkrieg brannte das Ballhaus aus. Heute dient das restaurierte Gebäude als Schauplaltz von Wechselausstellungen.

Das Königliche Lustschloss, das Belvedere, ließ Kaiser Ferdinand I., der erste Habsburger auf dem böhmischen Thron, für seine Gemahlin Anna Jagiello erbauen. Ferdinand war in Spanien und den Niederlanden aufgewachsen und fühlte sich in der mittelalterlichen Prager Burg nicht wohl. Italienische Bauleute sollten Eleganz und Wohnkomfort der Renaissance nach Norden bringen. Vorbild des Belvedere ist das mehr als hundert Jahre zuvor von Brunelleschi erbaute Findel-

haus in Florenz. Obwohl mehrere Architekten an der Planung beteiligt waren, gelang hier ein Juwel an Harmonie und Schönheit. Den Kernbau mit seinem graziösen Arkadengang begann 1538 *Giovanni Spazio* unter Beteiligung des Bildhauers *Paolo della Stella*. Der reiche figürliche und pflanzliche Schmuck an den Arkadenzwickeln aus der Werkstatt della Stellas schildert mythologische und historische Szenen, Jagd und Genrebilder. Erst nach etwa 30-jähriger Bauzeit, die durch den Burgbrand unterbrochen war, vollendete der Hofarchitekt *Bonifaz Wolmut* 1563 das Belvedere. Er ließ das Obergeschoss, den Tanzsaal, weit zurückspringen und fasste den Baukörper unter dem mächtigen geschwungenen Kupferdach zusammen. Oberitalienische Stadtpaläste wie der Palazzo della Ragione in Padua dürften ihm dabei als Anregung gedient haben. Die elegante Dachkurve des Belvedere wurde in Prag mehrfach nachgeahmt, so etwa am fulminanten Gebäude des Nationaltheaters [Nr. 66].

Der berühmte **Singende Brunnen** (1564) vor dem Belvedere verdankt seinen Namen dem Klang der Wassertropfen auf dem Metall seiner Schalen. Böhmische Erzgießer haben ihn ausgeführt, vor allem *Tomáš Jaroš*. Den Säulenfuß zieren Motive der griechisch-römischen Mythologie – Pan und Hirten, Bocksköpfe, Masken, Girlanden, nackte Knaben –, die Bekrönung bildet ein Dudelsackpfeifer.

Die Grünfläche auf dem Hradschiner Platz – links das Erzbischöfliche Palais – lädt zur wohlverdienten Besichtigungspause ein

Unweit vom Belvedere steht die **Villa Bílek** (Mickiewiczova 1, Tel. 222 31 42 59, Di–So 10–18 Uhr). Sie wurde 1912 in ägyptisierenden Formen erbaut und ist mit Plastiken von František Bílek (1872–1941) geschmückt, dem Hauptvertreter des tschechischen Symbolismus. Im Garten ist seine Figurengruppe des Jan Amos Komenský (1592–1670) zu sehen, besser bekannt als **Comenius**, Bischof der Böhmischen Brüder und Begründer der modernen Pädagogik.

3 Hradschiner Platz
Hradčanské náměstí

Von Adelspalästen gesäumte repräsentative Platzanlage in unmittelbarer Nachbarschaft zur Burg.

Straßenbahn 22 Pražský hrad

Die Untertanensiedlung der Prager Burg um den heutigen Hradschiner Platz wurde 1320 zur burggräflichen Stadt erhoben und dehnte sich westwärts über die Vorstadt Pohořelec bis zum Kloster Strahov aus. Begrenzt wurde sie von der 1360 errichteten ›Hungermauer‹. Nach Zerstörungen in den Hussitenkriegen und durch den großen Burgbrand von 1541 setzte Ende des 16. Jh. eine rege Bautätigkeit ein: Adels- und Kleriker-Palais, Bürgerhäuser, Kirchen und Klöster entstanden. 1598 wurde Hradčany (Hradschin) königliche Stadt, 1784 ein Stadtteil der vereinten

Ein kleiner Dudelsackpfeifer bekrönt den Singenden Brunnen vor dem Belvedere

Prager Städte. Bis heute blieb die städtebauliche Einheit mit der Prager Burg auf das Trefflichste bewahrt.

Die zentrale **Marien-** oder **Pestsäule** (1736) umringen kraftvolle und lebensnahe Statuen von Ferdinand Maximilian Brokoff und seiner Werkstatt: die Heiligen Johannes Nepomuk, Elisabeth, Petrus, Norbert, Florian, Karl Borromäus (Pestpatron) sowie die böhmischen Landespatrone Wenzel, Veit und Adalbert, zuoberst die Unbefleckte Empfängnis (Immaculata).

Die Westseite des Platzes beherrscht das **Palais Toskana** (Toskánský palác, Hradčanské náměstí 5, nicht öffentlich zugänglich). Michael Oswald Graf Thun-Hohenstein ließ den mächtigen Frühbarockbau 1689–91 nach Plänen von Jean Baptiste Mathey errichten. Seinem Namenspatron, dem Erzengel Michael, widmete er die dramatisch bewegte *Statuengruppe* (1693) von Ottavio Mosto an der Ecke zur Loreto-Gasse hin.

An der Nordseite des Platzes erheben sich die früheren Chorherren-Häuser. Das **Palais Martinitz** (Martinický palác, Hradčanské náměstí 8, Tel. 777 79 80 40, www.martinickypalac.cz, Besichtigung nur für Gruppen auf Anfrage) schmücken eindrucksvolle *Spätrenaissance-Sgraffiti* aus

der Zeit um 1588, Szenen in Kratzputztechnik mit Episoden aus der griechischen Mythologie und dem Alten Testament. In einigen der Säle blieben bemalte *Holzdecken* (16. Jh.) erhalten, in der Kapelle sieht man barocke *Wandmalereien* aus der Zeit um 1700. Durch zahlreiche Umbauten in den vergangenen Jahrhunderten wurde das Gebäude im Inneren jedoch teilweise sehr stark verändert. Lange Jahre war hier ein *Museum für historische Musikautomaten* untergebracht, heute ist das Palais in Privatbesitz und kann für Events gemietet werden.

Das **Erzbischöfliche Palais** (Arcibiskupství pražské, Hradčanské náměstí 16, Tel. 220 39 21 11, www.apha.cz, Besichtigung nur auf Anfrage) im Nordosten des Platzes, gleich neben dem Palais Sternberg, ging aus dem Renaissancepalast der Grafen Gryspek oder Griespek hervor. Erzbischof Johann Friedrich Reichsgraf zu Waldstein beauftragte im Jahr 1675 Jean Baptiste Mathey mit der Umgestaltung im Frühbarockstil. Die spätbarocke *Fassade* mit Bauschmuck im Stil des Rokoko stammt vom letzten, 1764 vollendeten Umbau, den Johann Joseph Wirch durchführte. Ignaz Platzer zeichnete für den plastischen Schmuck verantwortlich.

4 Palais Sternberg – Nationalgalerie
Šternberský palác – Národní galerie

Bedeutende Kunstsammlung von der Antike bis zum Barock.

Hradčanské náměstí 15, Zugang neben dem Erzbischöflichen Palais
Tel. 233 09 05 70
www.ngprague.cz
Di–So 10–18 Uhr
Straßenbahn 22 Pražský hrad

Wenzel Adalbert Graf Sternberg ließ die große Vierflügelanlage mit überhöhtem, querovalem Mittelrisalit im Westteil 1698 von Giovanni Battista Alliprandi beginnen. In den Prunkräumen malten Michael Wenzel Halbax und Johann Rudolf Byss die Deckenbilder: ›Selbstmord der Dido‹, ›Trauernde Artemis‹, ›Esther vor Ahasver‹.

Das Palais bietet einen stimmungsvollen Rahmen für die **Sammlung alter europäischer Kunst** der Nationalgalerie Prag. Im ersten Stock des Hauptgebäudes führt die Ausstellung thematisch zunächst zurück in die Antike. Faszinierend sind der charaktervolle Bronzekopf eines Römers und die melancholischen Mumienporträts zweier mandeläugiger Ägypterinnen aus Faiyum (4. Jh. v. Chr.). In den folgenden Sälen ist die Kollektion des Erzherzogs Franz Ferdinand d'Este dargeboten. Sie vereint italienische und niederländische Kunst des 14.–16. Jh. und russische Ikonen des 15.–18. Jh. Hervorzuheben sind Werke von Pietro Lorenzetti, Antonio Vivarini und Bronzino, dessen hochmütig-strenge und bildschöne *Eleonora von Toledo* (um 1540) zum ›Aushängeschild‹ des Museums avancierte.

Im 2. Obergeschoss (zeitweilig geschl.) sind Werke nahezu aller bedeutendener europäischer Maler des 16.–18. Jh. vertreten, darunter Tintoretto, Goya, El Greco, Canaletto, Guardi, Pieter Bruegel d. Ä., Rubens und Rembrandt.

Durch den Innenhof mit Café gelangt man in den Gartenflügel, wo deutsche Kunst der Spätgotik und Arbeiten der Donauschule neben Werken Holbeins, Cranachs, Altdorfers, Griens begeistert. Star der Präsentation ist Albrecht Dürers ›**Rosenkranzfest**‹, das Hauptwerk seiner venezianischen Zeit und zugleich das erste Gruppenporträt der deutschen Kunst. Dürer malte es 1506 für die Kirche San Bartolomeo der deutschen Kaufmannsgilde in Venedig, später gelangte das große Tafelbild in den Besitz Kaiser

Publikumsmagnet der Nationalgalerie im Palais Sternberg ist Dürers ›Rosenkranzfest‹

Rudolfs II. Links von der thronenden Muttergottes mit dem Kinde versammelt sich die Geistlichkeit, kniend Papst Julius II., dahinter stehend der hl. Dominikus, der dem Patriarchen von Aquileia, Kardinal Grimani, den Rosenkranz aufsetzt. Auf der rechten Seite empfängt Kaiser Maximilian I. den Rosenkranz, dahinter kniet Jakob (oder Ulrich) Fugger, das Oberhaupt der Augsburger Bankiersfamilie. Am Baum stehend hat sich Dürer selbst verewigt.

Nach der Besichtigung kann man im **Garten** des Palais lustwandeln und in Gesellschaft moderner Skulpturen und alter Bäumen eine Prager Idylle genießen.

5 Palais Schwarzenberg – Nationalgalerie
Schwarzenberský palác – Národní galerie

Kunst des Böhmischen Barock im bedeutenden Renaissance-Palais.

Hradčanské náměstí 2
Tel. 233 08 17 13
www.ngprague.cz
Di–So 10–18 Uhr
Straßenbahn 22 Pražský hrad

Die mächtige Dreiflügelanlage um einen Ehrenhof ließ Johann Graf Lobkowitz 1545–67 von Agostino Galli errichten. Im Jahre 1600 erwarben die südböhmischen

Der Bauherr des Palais' Schwarzenberg ließ dessen Fassade in Sgraffito-Technik gestalten

Rosenberger das Palais. Im Erbgang kam es an die steirischen Eggenberg, 1719 an die Fürsten Schwarzenberg. An der *Fassade* verbinden sich nordische Traditionen wie die reich gegliederten Giebel mit lombardischen und florentinischen Stilelementen, etwa die weit vorkragende Hohlkehle am Dachansatz und an den halbkreisförmigen Bogenfeldern über der Fensterzone. Die *Sgraffiti* venezianischer Prägung ahmen kräftige Rustika- und Diamantquader nach.

Im Inneren zeigt die Nationalgalerie die Dauerausstellung **Barock in Böhmen** mit 160 Skulpturen und 280 Gemälden des 16.–18. Jh. Bereits im Eingangsbereich empfangen *Skulpturen römischer Götter* (1714–16) von Matthias Bernhard Braun den Besucher. Im zweiten Obergeschoss beginnt der Rundgang durch die chronologisch angeordnete Schau: Auf profane und sakrale Werke der Spätrenaissance, entstanden am Hof Kaiser Rudolfs II., folgen barocke Malerei und Plastik von namhaften böhmischen Künstlern, darunter so dramatische Werke wie *Der hl. Borromäus besucht Pestopfer in Mailand* (1647) von Karel Škréta oder *Die Befreiung der Andromeda* (1695) von Michael Willmann. Ein kleiner Raum mit Elfenbeinschnitzereien und Kunsthandwerk erinnert an die *Kunst- und Wunderkammer Rudolfs II.* auf der Prager Burg. Ein anderer Saal ist, was Hängung und Auswahl der

Bilder betrifft, einer aristokratischen Gemäldegalerie um 1700 nachempfunden – Vorbild hierfür war wohl das ebenfalls ausgestellte *Gemälde einer Kunstsammlung* (2. Hälfte 18. Jh.) von A. F. Hampisch. Zusätzlich bereichert eine umfassende Sammlung von Zeichnungen, Drucken und Modellen die Präsentation. Während der Besichtigung lohnt übrigens immer wieder der Blick hinauf zu den exquisiten Deckengemälden, so etwa in dem Saal im 1. Stock, der *Orpheus mit Tieren in einer Landschaft* (1585) vergegenwärtigt.

6 St. Johannes Nepomuk auf dem Hradschin
Kostel svatého Jana Nepomuckého na Skalce

Erster Prager Sakralbau von Kilian Ignaz Dientzenhofer.

Kanovnická
Straßenbahn 22 Brusnice

1729 vollendete Dientzenhofer die Kirche der Ursulinen, einige Jahre später die umliegenden Klostergebäude. Nach der Aufhebung des Konvents 1784 unter Kaiser Joseph II. dienten sie als Kaserne und die Kirche bis heute der Militärseelsorge.

Portal, Mittelfenster und Turm (1815 verkürzt) schaffen eine deutliche Vertikalachse. Die Schmuckformen weisen nach Wien, auf Johann Lukas von Hildebrandt, den Lehrmeister Dientzenhofers. Hinter der blockhaften Fassade verbirgt sich ein Zentralbau auf kreuzförmigem Grundriss. Wenzel Lorenz Reiner malte 1727 die Deckenfresken zum Leben des hl. Johannes von Nepomuk. Die Altarblätter von Michael Willmann und Johann Christoph Liška stammen aus der abgetragenen St.-Adalbert-Kirche am Pulverturm.

7 Neue Welt
Nový Svět

Vom Armenquartier zum Künstlerviertel – die alte Burgvorstadt lebt.
Straßenbahn 22 Brusnice

Die Czernin-Gasse (Černínská) führt steil hinab in die Neue Welt, einen pittoresken Winkel der einstigen Burgvorstadt, dessen Anfänge ins 14. Jh. zurückreichen. Das frühere Armenquartier mit kleinen Häusern, Höfen und Gärten, in dem einige Szenen des Romans ›Der veruntreute Himmel‹ (1939) von Franz Werfel spielen, wurde umfassend saniert und entwickelt sich zunehmend zum Künstlerviertel. Bereits in den 1960er-Jahren lebte hier der Regisseur *Jindřich Polák*, der durch seine Pan-Tau-Filme berühmt wurde.

Pittoreske Neue Welt: einst Armenviertel, heute Wohnstatt von Künstlern

8 Loreto-Heiligtum
Loreta

Berühmtestes Marienheiligtum Prags, eine typisch böhmische Anlage mit vierseitigem Prozessionsumgang.

Loretánské náměstí 7
Tel. 220 51 67 40
www.loreta.cz
April–Okt. tgl. 9–12.15 und 13–17, Nov.–März tgl. 9.30–12.15 und 13–16 Uhr
Straßenbahn 22 Pohořelec

Nach dem Sieg der Katholiken am Weißen Berge (1620), den man dem Eingreifen der Muttergottes zuschrieb, setzte in ganz Böhmen eine Welle der Marienverehrung ein. Wallfahrtsorte der ›Heiligen Maria vom Siege‹ (Sancta Maria de Victoria) und neu gegründete Klöster entwickelten sich zu Zentren der *Gegenreformation*. Das Loretoheiligtum auf dem Hradschin gründete Benigna Katharina Gräfin Lobkowitz 1626, die Betreuung oblag dem benachbarten Kapuziner-Kloster. Anwachsende *Pilgerströme* bewirkten den schrittweisen Ausbau bis um 1750. Vollendet wurde der ›Heilige Bezirk‹ durch Vater *Christoph* und Sohn *Kilian Ignaz Dientzenhofer* aus der oberbayerischen Baumeisterfamilie, die das Hochbarock in Böhmen nachhaltig prägte.

Die originelle **Westfassade** mit dem achteckigen (älteren) Glockenturm erbauten die beiden Dientzenhofer 1721–24. Johann Friedrich Kohl schmückte sie mit *Statuen*: links der Kapuzinermönch Felix von Cantalice vor der Muttergottes, rechts der hl. Johannes von Nepomuk, am Portal die bekanntesten Franziskaner-Heiligen Franz von Assisi und Antonius von Padua. Die *Balustrade* mit Putten von Andreas Philipp Quittainer verleiht dem Vorhof rokokohaft-heiteren Charakter. Als Schauplatz von Kirchweihfesten, Heiligsprechungen und bei anderen festlichen Anlässen prangte die Westfront zusätzlich in fantasievollen Festdekorationen. Das *Glockenspiel* im Turm stammt aus Amsterdam. Seit 1695 erklingt zur vollen Stunde das tschechische Marienlied ›Dich grüßen wir viel tausendmal‹.

Mittelpunkt der Gesamtanlage ist die **Casa Santa** (das Heilige oder Lauretanische Haus) im Hof, eine Nachbildung des Originalhauses im italienischen Wallfahrtsort Loreto. Der Legende nach sollen vier Engel im Jahre 1291 das kleine Haus der Jungfrau Maria in Nazareth, wo ihr der Erzengel Gabriel die Frohe Botschaft

Hinter der Barockfassade der Wallfahrtsstätte Loreto verbirgt sich ein Nachbau der Casa Santa

verkündet hatte, durch die Lüfte in einen Lorbeerhain (›Lauretum‹ bzw. Loreto) bei Ancona getragen haben. Hier entwickelte sich der weltberühmte Wallfahrtsort, der einfache Backsteinbau wurde in den Jahrhunderten mit Marmor ummantelt und mit Statuen und Reliefs reich geschmückt. Die Prager Santa Casa erbauten Giovanni Orsi aus Como und sein Nachfolger Andrea Allio. Italienische Stuckateure – Giovanni Battista Cometa, Jacopo Agosto – überzogen 1664 die Wände lückenlos mit *Stuckreliefs*: Propheten und Sibyllen (weissagende Frauen der Antike), Marienleben, an der Ostseite die Loreto-Legende. Der kleine, dämmrige Innenraum enthält die Nachbildung des Marienhauses aus Backsteinen und das *Gnadenbild*, eine Maria-Loreto-Statue in Silberrahmung. Darunter befindet sich die Gruft der Stifterfamilie Lobkowitz.

Zwei *Barockbrunnen* mit Figurengruppen der ›Auferstehung Christi‹ und ›Himmelfahrt Mariens‹ von Johann Michael Biderle setzen theatralisch bewegte Akzente in den beiden Teilhöfen.

Im Prozessionsumgang (Ambit) zogen einst die Pilger singend und betend von Altar zu Altar. Schönstes Altarblatt ist die ›Stigmatisation des hl. Franz von Assisi‹ von Peter Brandl in der *Franziskus-Kapelle* im Nordflügel. Die Rahmenfiguren fügte Matthäus Wenzel Jäckel 1718 hinzu. In der **Kapelle der Schmerzhaften Muttergottes** in der Südwestecke des Ambits überrascht die Darstellung einer bärtigen Jungfrau am Kreuz. Es handelt sich dabei die hl. Wilgefortis. Sie soll als sizilianische (oder portugiesische) Königstochter im 2. Jh. gelebt haben. Als sie einen Heiden heiraten sollte, betete Wilgefortis um sichtbare Zeichen der Männlichkeit. Tatsächlich wuchs ihr daraufhin ein Bart, was ihren Vater so sehr erzürnte, dass er sie ans Kreuz nageln ließ. Sterbend predigte die Königstochter und bekehrte viel Volk, zuletzt auch ihren Vater.

Die **Christi-Geburt-Kirche** im Ostflügel, ebenfalls errichtet von Vater und Sohn Dientzenhofer, ist aufgrund ihrer reichen Ausstattung ein Juwel des Prager Barock. Engel, Putten, Propheten, Apostel und Heilige bevölkern diese ›Bühne‹. Die meisten Figuren schnitzte der Tiroler Bildhauer Matthias Schönherr. Im *Chorgewölbe* malte Wenzel Lorenz Reiner, der führende Freskenmaler im barocken Prag, die ›Darbringung Jesu im Tempel‹ (1736), in den beiden folgenden Jochen der Asam-Schüler Johann Adam Schöpf die Anbetung der Hirten und der Heiligen Drei Könige. Ältestes Stück ist das schlichte *Hochaltarblatt* (vor 1700) von Johann Georg Heintsch aus Schlesien. Anton Kern aus Nordböhmen schuf die reizvollen *Seitenaltarbilder* der hll. Agatha und Apollonia im zarten Kolorit des venezianischen Rokoko. Zwei *Choraltäre* bergen die Gebeine der spanischen Märtyrer Felicissimus und Marcia, gehüllt in zeitgenössische Gewänder des spanischen Hochadels. Johann Hennevogel verkleidete die *Wände* mit Kunstmarmor, Josef Helwig baute die *Orgel*.

Im 1. Obergeschoss des Westflügels befindet sich die 1636 gestiftete **Schatzkammer**. Sie ist die bedeutendste Sammlung barocken Kunsthandwerks in Böhmen und nennt trotz schwerer Verluste während der Türken- und Napoleonischen Kriege noch etwa 300 liturgische Geräte und Paramente ihr eigen. Ältestes Stück ist ein spätgotischer *Kelch* von 1510, unvergleichliches Glanzstück die berühmte Diamanten-Monstranz, die ›Prager Sonne‹, aus dem Vermächtnis der Gräfin Ludmila Eva Kolowrat – fast 90 cm hoch und 12 kg schwer, aus vergoldetem Silber und besetzt mit 6222 Diamanten.

Palais Czernin
Černinský palác
Loretánské náměstí 5

Gegenüber dem Heiligtum erstreckt sich die 150 m lange, durch 30 Kollosalsäulen gegliederte Hauptfassade des Palais Czernin. Das größte Adelspalais Prags, 1669–97 von italienischen Architekten als Majoratshaus für Humprecht Johann Czernin von Chudenitz (Chudenice) errichtet, ist heute Sitz des Tschechischen Außenministeriums.

9 Kloster Strahov
Strahovský klášter

TOP TIPP *Eine der bedeutendsten Kulturstätten Böhmens, ein Ort des Glaubens, der Wissenschaften und der Künste.*

Strahovské nádvoří 1
Zugang über die Rampe neben der Straßenbahn oder vom Haus Pohořelec 8
Zentrale: Tel. 233 10 77 11
www.strahovskyklaster.cz
Führungen auf Anfrage
Straßenbahn 22 Pohořelec

1140 gründete Vladislav I. auf Anregung des Olmützer Bischofs Jindřich Zdík das Kloster Strahov. Sein Name kommt von ›strahovati‹ (bewachen) und entspricht der Lage am Abhang des Laurenziberges (Petřín), wo die Prager Burg von Posten geschützt wurde. Vom romanischen *Wehrkloster* blieb jedoch nur wenig erhalten, die Hussitenkriege unterbrachen die Gotisierung der Gebäude. Im Dreißigjährigen Krieg wüteten die Schweden. Mitte des 17. Jh. setzte ein erneuter Aufschwung ein, der den schrittweisen Aus- und Umbau der Gesamtanlage im Barockstil mit sich brachte. Sogar unter Joseph II., dem Kaiser der Aufklärung, erlebte der Strahover Konvent dank seiner wissenschaftlichen Arbeit und der Öffnung seiner Bibliothek eine Blütezeit. Nach einer Unterbrechung in der kommunistischen Zeit leben und arbeiten seit 1996 wieder Prämonstratenser im ›Juwel von Prag‹, wie das Kloster auch genannt wird.

Durch das barocke Hauptportal, das eine Statue des Ordensgründers Norbert von Xanten, ein Werk Johann Anton Quittainers von 1755 krönt, gelangt man in den ersten Klosterhof. Dort steht links die einstige Strahover **Pfarrkirche St. Rochus**, 1599 von Kaiser Rudolf II. aus Dankbarkeit für das Ende der Pestepidemie gestiftet. Als Beispiel der Ende des 16. Jh. aufkeimenden ›Nachgotik‹, verbindet sie spätgotische Formen mit Renaissance-Elementen. Heute sind in dem Gotteshaus moderne Kunstausstellungen der **Galerie Miro** [s. S. 127] zu sehen.

Am anderen Ende des Klosterplatzes liegt die **Klosterkirche Mariä Himmelfahrt** (Kostel Nanebevzetí Panny Marie), deren Barockisierung um 1750 mit der Neugestaltung der beiden Osttürme und der Westfassade durch Anselmo Lurago ihren Abschluss fand. Bemerkenswert ist die anmutige *Immaculata-Statue* (Unbe-

Die Ausstattung der Kirche Mariä Himmelfahrt ist das Werk bedeutender Barockkünstler

fleckte Empfängnis) von Johann Anton Quittainer in der Portalnische.

Im **Inneren** lässt sich die Grundstruktur der romanischen dreischiffigen Basilika noch gut erkennen. An der spätbarocken Ausstattung beteiligten sich zahlreiche Künstler. Gewölbeschmuck und Fresken schufen der Stuckateur Michael Ignaz Palliardi, die Maler Josef Kramolín (Marienleben in den großen Gewölbefeldern), Ignaz Raab (marianische Symbole in den Wölbungszwickeln) und Wilhelm Josef Neunherz (Leben des hl. Norbert über den Arkaden). Johann Lauermann schuf Marmoraltäre und Kanzel, Ignaz Platzer d. Ä. die Plastiken am Hochaltar, Johann Anton Quittainer die meisten Figuren an den Seitenaltären. Die ältesten Altarblätter (Geburt Christi, böhmische Schutzheilige, Heimsuchung) malte der Rembrandt-Schüler Michael Lukas Willmann (vor 1706). Franz Ryckel schnitzte das frühbarocke Chorgestühl (1644). Auf der von F. Fassmann erbauten Orgel spielte einst Mozart.

Die **Ursula-Kapelle** am nördlichen Seitenschiff birgt Reliquien der hll. Ursula und Norbert. In der **Kapelle der Jungfrau Maria von Passau** (auch Pappenheimer-Kapelle) am südlichen Seitenschiff befindet sich das *Epitaph* für Gottfried Heinrich Graf Pappenheim, der 1632 bei Lützen fiel. Sprichwörtlich wurde sein Kürassierregiment durch Friedrich Schillers Trilogie ›Wallenstein‹ (»Daran erkenne ich meine Pappenheimer«). *Wandmalereien* des Ordensbruders Siardus schildern Schlachtszenen aus dem Dreißigjährigen Krieg.

Strahover Bibliothek

Eingang rechts neben dem Portal der Kirche Mariä Himmelfahrt
Tel. 233 10 77 18
www.pamatniknarodnihopisemnictvi.cz
tgl. 9–12 und 13–17 Uhr, Besichtigung von der jeweiligen Saaltüre aus, das Betreten der Bibliothekssäle ist nur im Rahmen von Führungen möglich, Anmeldung ca. 4 Tage im Voraus unter Tel. 602 19 02 97

Bevor man das Bibliotheksgebäude betritt, lohnt die 1782–84 von Ignaz Palliardi geschaffene Fassade eine kurze Betrachtung. Sie gilt als bedeutendste Schöpfung des Frühklassizismus im ›josephischen‹ Prag. Ignaz Platzer fügte den plastischen Schmuck hinzu: das Medaillon Kaiser Josephs II., Putten und allegorische Gestalten im Segmentgiebel sowie Blattgirlanden, ein Leitmotiv des Klassizismus.

Im Inneren faszinieren die Prunkräume im 1. Obergeschoss: Der **Philosophische Bibliothekssaal**, erbaut 1782–84 durch Ignaz Palliardi, setzt den großartigen Schlussakkord des Prager Barock, allerdings schon gemäßigt durch die vornehme Zurückhaltung des Klassizismus. Harmonisch fügen sich die kostbaren Nussholzschränke ein. Auftrag und Konzept der Ausmalung des Tonnengewölbes stammen vom aufgeklärten Abt Wenzel Mayer. Franz Anton Maulpertsch hat sein geniales Alterswerk – er stand bereits im 70. Lebensjahr – 1794 in nur sechs Monaten mit seinem Gehilfen Martin Michl vollendet. Das Monumentalgemälde in duftig zartem Rokokokolorit schildert das Streben und Ringen der Menschheit nach Weisheit in vier Epochen: Altes Testament, mythologische Zeit, heidnische Antike, Christentum. Dargestellt sind etwa Alexander der Große mit seinem Schlachtross Bukephalos, Diogenes in der Tonne, die Bundeslade gegenüber dem predigenden Apostel Paulus in Athen – insgesamt eine einzigartige Gruppierung berühmter Persönlichkeiten. Eingestreut finden sich Bezüge zu Böhmen (Landesheilige), eine Verherrlichung des Prämonstratenser-Ordens mit dem Kloster Strahov sowie der ›Sturz‹ der französischen Philosophen der Aufklärung. In der Mitte triumphiert die göttliche Weisheit am Ende der Tage, umringt von Allegorien der Religion und Tugenden.

Im Verbindungsgang zum Theologischen Saal wird naturwissenschaftliche Anschauungsmaterial aus dem 16./17. Jh. aufbewahrt: getrocknetes Meergetier, Käfer und Schmetterlinge. An einer langen Reihe juristischer, medizinischer und

Prager Barock – eine europäische Glanzleistung

Die Rekatholisierung Böhmens nach der Schlacht am Weißen Berge (1620) bewirkte eine tief greifende Wende in der Prager Architektur. Nach einer Phase der Stagnation während der Renaissancezeit trat die Kirche als Auftraggeber nun wieder in den Vordergrund des Kunstgeschehens. Wallfahrtskapellen, **Kirchen** und Klöster für neu gegründete oder erneuerte Orden, besonders der Jesuiten, sollten Macht und Pracht des Katholizismus demonstrieren.

Prags erste Barockkirche, 1611–13 noch von den protestantischen Gläubigen auf der Kleinseite errichtet, wurde als Sancta Maria de Victoria den Karmelitern zugesprochen. Riesige Ordenshäuser wie das Klementinum der Jesuiten ›fraßen‹ sich geradezu als Fremdkörper in die weitgehend noch mittelalterlich strukturierte Stadt. Ganze Bezirke schmalbrüstiger gotischer Häuser fielen Monumentalbauten des Adels wie beispielsweise dem Palais Waldstein, Prags erstem Barockpalais (1623–30), zum Opfer.

Die Baumeisterfamilien – die Lurago, Canevale und Orsi – kamen zunächst ebenso wie Stuckateure, Maurer, Bildhauer und Maler aus **Italien**. In Prag gab es eine eigene italienische Kolonie – die Welsche Gasse auf der Kleinseite erinnert daran. 1687 krönte die erste ›römische‹ Kuppel die Kreuzherren-Kirche. Ihr Schöpfer, der zum Römer gewordene Franzose **Jean Baptiste Mathey**, erkannte als erster die Bedeutung des Stadtbildes als Kunstwerk.

Gegen Ende des 17. Jh. war der italienische Frühbarock bereits mit mitteleuropäischen Elementen verschmolzen. Führende Architekten des Hochbarock (1700–40) waren **Johann Blasius Santini-Aichel**, der Sohn eines in Prag heimisch gewordenen italienischen Steinmetzen, und **Christoph Dientzenhofer** aus einer in Franken und Böhmen tätigen oberbayerischen Baumeisterfamilie. Sein Sohn **Kilian Ignaz** führte den römischen Raumillusionismus zum Höhepunkt. Die Kuppel von St. Niklas auf der Kleinseite setzt als Pendant zur Kreuzherren-Kirche jenseits der Moldau einen markanten städtebaulichen Akzent.

Prags elegantesten Profanbau des Hochbarock, das Palais Clam-Gallas in der Altstadt, entwarf **Johann Bernhard Fischer von Erlach**, der große Meister des kaiserlichen Wiener Barock. An der Fassade fasziniert das Zusammenspiel von Architektur und Plastik. Zwei Bildhauer wirkten als geniale Antipoden: Aus den Figuren des Tirolers **Matthias Braun** spricht der dramatisch expressive Geist Berninis, aus den Werken **Ferdinand Maximilian Brokoffs** die kraftvolle und stille Erdverbundenheit Böhmens. Wohin man auch blickt, schmücken Skulpturen die Kirchen, Palais, Bürgerhäuser, Gärten und vor allem die Karlsbrücke.

Als führende Freskenmaler des Hochbarock sind Johann Jakob Steinfels, Johann Lukas Kracker und Wenzel Lorenz Reiner zu nennen. Den wundervollen Ausklang spätbarocker Malerei bildet das Deckenfresko von **Franz Anton Maulpertsch** im Philosophischen Bibliothekssaal des Klosters Strahov.

Das Wissen der Welt in Leder gebunden: der Philosophische Bibliothekssaal im Kloster Strahov

pharmazeutischer Fachbücher vorbei gelangt man zu einer Kopie des *Strahover Evangeliars*, der ältesten und wertvollsten Handschrift aus dem Bestand des Klosters Strahov. Der lateinische Codex umfasst 218 Pergamentblätter, geschrieben in Unzialschrift (uncia = Zoll), wohl Anfang des 9. Jh. in Tours, dazu Evangelistenbilder auf Purpurgrund, die Ende des 10. Jh. vermutlich in Trier entstanden sind. Der Einband vereint Schmuckelemente des 12.–17. Jh., darunter vier Emailscheiben (1180) aus der Werkstatt von St. Pantaleon in Köln, romanische Statuetten und gefasste Kristalle.

Zur Rechten öffnet sich nun der **Theologische Saal**, geprägt vom Frühbarock nach Plänen von Giovanni Domenico Orsi. Reiche *Stuckaturen* – Rollwerk, Muscheln, Blatt- und Rankenwerk, Engelsköpfe (um 1670) – rahmen die Gewölbefelder. 1720 wurde der Saal von Frater Siardus mit *Fresken* geschmückt. Die Bildfolge schöpft aus dem umfangreichen philosophischen Werk des Abtes Hieronymus Hirnheim und aus den Sprüchen Salomos: eine Verherrlichung des ›Hauses der Weisheit‹, von Buch und Bildung. *Barockschränke, Pulte* und prächtige *Globen* aus dem 17. Jh. bilden die Ausstattung.

Die Bibliothekssäle sind Teil des **Museums des Nationalen Schrifttums** (Památník Národního Písemnictví), das seit 1953 im Kloster untergebracht ist. Es besitzt insgesamt etwa 900 000 Bände, 5000 kostbare Handschriften und Raritäten, 2500 Wiegendrucke sowie eine einzigartige Sammlung hussitischer Literatur und das Literaturarchiv des Nationalmuseums mit etwa 5 Mio. Dokumenten! Ausgestellt ist natürlich nur ein Bruchteil der Sammlung.

Strahover Gemäldegalerie
Tel. 233 10 77 30
tgl. 9–12 und 12.30–17 Uhr

Im Nordosten der Kirche Mariä Himmelfahrt betritt man durch ein Tor den großen Innenhof des Klosters, hier befindet sich der Eingang zur Strahover Gemäldegalerie. Sie ist im ersten Stock des barockisierten Kreuzgangs untergebracht und bewahrt neben einer bedeutenden Sammlung europäischer sakraler **Kunst des 14.–18. Jh.** – ältestes Gemälde ist die berühmte Strahover Madonna (um 1340) – auch profane Werke. So etwa acht hübsche kleinformatige Szenen aus Ovids Metamorphosen (anonym, 17. Jh.) oder Landschaftsgemälde von Norbert Grund (um 1750/60). Im Erdgeschoss blieben noch drei schlichte Säle aus romanischer Zeit erhalten. Ferner lohnt ein Blick in das Sommerrefektorium, dessen Decke das Fresko ›Das Himmlische Gastmahl‹ (1728–31) von Frater Siardus ziert. Vom gleichen Künstler stammt das Deckengemälde ›Die Krankenheilung‹ (um 1750) im Kapitelsaal. Das Winterrefektorium erfreut mit schönen Stuckaturen (1730).

▶ **Reise-Video**
Kloster Strahov
QR-Code scannen [s. S. 5]
oder dem Link folgen:
www.adac.de/rf0443

Kleinseite – romantische Winkel zu Füßen der Prager Burg

Bis heute ist die Kleinseite **Malá Strana** am Fuße der Prager Burg ein Ensemble von unvergleichlichem Zauber. Enge, verwinkelte Gassen, verträumte Plätze und Gärten wechseln mit pompösen Adelspalästen und stolzen Bürgerhäusern, malerischen Laubengängen und Höfen – und immer wieder öffnen sich Durchblicke auf die einzigartige Dach- und Giebellandschaft, die von der Kirche **St. Niklas** und ihrer majestätischen Kuppel beherrscht wird.

Die Anfänge der Kleinseite als Marktflecken reichen bis ins 9. Jh. zurück. An der Fernhandelsstraße nach Regensburg, Nürnberg und Leipzig gelegen, entwickelte er sich rasch zu einem wichtigen Städtchen. 1257 gründete König Ottokar II. im Bereich des Kleinseitener Rings die ›Neustadt unter der Prager Burg‹, auch die ›Kleinere Stadt Prag‹ oder kurz ›Kleinseite‹ genannt. Wesentlich vergrößert wurde sie bereits um 1360 unter Karl IV. Mit dem Regierungsantritt der Habsburger im 16. Jh. wandelte sich die Bürgerstadt allmählich zur Adelsstadt. Nach dem Sieg der Kaiserlichen am Weißen Berg hielt der Barock triumphalen Einzug und prägt im Wesentlichen bis heute das Straßenbild.

10 Nerudagasse
Nerudova

TOP TIPP
Schönste Gasse der Kleinseite mit typischen Prager Hauszeichen.
Metro A Malostranská
Straßenbahn 12, 20, 22
Malostranské náměstí

Die frühere Spornergasse bildete den letzten, steilen Teil des ›Königsweges‹, den die böhmischen Könige seit dem 14. Jh. am Tage ihrer Krönung vom Vyšehrad zum Hradschin fuhren.

Zu beiden Seiten der Nerudagasse blieben viele der reizvollen **Hauszeichen** erhalten, z. B. am Haus ›Zu den drei Geigen‹ (Nr. 12), das der Geigenbauerfamilie Edlinger gehörte, ›Zum Goldenen Kelche‹ (Nr. 16), in dem ein Goldschmied wohnte, oder ›Zum hl. Johannes Nepomuk‹ (Nr. 18). Zahlreiche kleine Geschäfte bieten Gelegenheit für den Souvenir-Kauf.

Johann Blasius Santini-Aichel, ein Architekt italienischer Herkunft, schuf in kongenialer Zusammenarbeit mit bedeutenden Bildhauern zwei wundervolle barocke Profanbauten in der Nerudova: Vor das 1713/14 errichtete **Palais Morzin** (Morzinský palác, Nr. 5, heute Rumänische

In der malerischen Nerudagasse weiß jedes Haus eine eigene Geschichte zu erzählen

Botschaft) stellte Ferdinand Maximilian Brokoff kraftvolle Mohren-Atlanten, die Wappenzeichen der Grafen Morzin (Mohr). Vom Portal grüßt die lachende Büste des Tages (Sonne), gegenüber schlummert die Nacht (Mond). Am **Palais Thun-Hohenstein** von 1726 (Thun-Hohenštejnský palác, Nr. 20, Italienische Botschaft), einst im Besitz der Familie Kolowrat, setzte Matthias Bernhard Braun, einer der Hauptmeister des böhmischen Hochbarock, dramatisch rauschende Akzente: Mächtige Adler mit gespreizten Schwingen, die Wappentiere der Kolowrat, flankieren das Portal; auf den Gebälkstücken lagert das Götterpaar Jupiter und Juno.

An der Stelle des Strahover oder Schwarzen Tores wurde 1691–1717 die **Theatiner-Kirche der Jungfrau Maria bei den Kajetanern** (Kostel Panny Marie Ustavičné Pomoci a Božské prozřetelnosti) erbaut. Bemerkenswert sind die Plastiken am Hochaltar von Matthäus Wenzel Jäckel (1724) und das Seitenaltarbild der hl. Thekla von Franz Xaver Palko.

Auch den oberen Teil der Nerudova säumen stattliche Bürger- und Adelspalais, zumeist mit Barock- und Rokoko-Fassaden, u. a. das Haus ›Goldener Löwe‹ (Nr. 32). Im Palais Bretfeld (Nr. 33) ›Zum Frühling und Sommer‹ weilten Mozart und Casanova zu Gast. Unter den Zwillingsgiebeln der ›Zwei Sonnen‹ (Nr. 47) wohnte der Schriftsteller Jan Neruda (1834–91), der das Leben im Stadtteil in seinen ›Kleinseitener Geschichten‹ (1877) auf köstliche Weise schilderte.

11 Kleinseitener Ring
Malostranské náměstí

Seit dem 10. Jh. als Markt das Herz der Kleinseite.

Metro A Malostranská
Straßenbahn 12, 20, 22
Malostranské náměstí

Der Platz war seit jeher in einen oberen und unteren Abschnitt geteilt, seine Mitte beherrscht das ehemalige Jesuitenkolleg mit der barocken *Niklas-Kirche*. Vor ihren Chor schiebt sich das mächtige **Palais Grömling** (Grömlingovský palác, Nr. 28/5), ein Bau von 1786, in dem heute das Amour Hotel (Tel. 257 53 55 78, www.amourresidencesprague.cz) residiert.

Nahezu alle Gebäude bewahren hinter Renaissance-, Barock- oder Empirefassaden einen mittelalterlichen Mauerkern. Teilweise haben sich die typischen Laubengänge und Durchhäuser erhalten, vor allem an der Südseite. An der Ostseite

Zeichen an der Wand

Bei einem Spaziergang durch Prag entdeckt man an vielen Fassaden liebevoll restaurierte Hauszeichen. Sie sind in Stein gemeißelt, in Bronze gegossen oder auf den Putz gemalt und zeigen z. B. drei Geigen, umtanzt von Sternen (Nerudova 12), einen goldenen Hirsch, der mit einem Kruzifix im Geweih den Jäger Hubertus zur Sonntagsruhe mahnt (Tomášská 4) oder einen Bärtigen, der stolz einen Karpfen, ein Glückssymbol, in Händen hält (Karlova 48). Vom Mittelalter bis 1770, als nach französischem Vorbild die Hausnummern eingeführt wurden, dienten die Hauszeichen der Orientierung in der Stadt. Und noch heute erlauben sie Rückschlüsse auf den Beruf, die Frömmigkeit oder den Aberglauben, den Namen oder die Herkunft ihrer einstigen Bewohner.

dominiert das **Palais Kaiserstein** (Kaiserštejnský palác, Nr. 23, Tel. 257 53 37 59, www.kaiserstejnskypalac.cz), durch Giovanni Alliprandi barockisiert und mit Statuen der Jahreszeiten von Ottavio Mosto geschmückt. Eine *Büste* erinnert an die Opernsängerin Emma Destinn (Destinnová, 1868–1930), eine Partnerin Enrico Carusos. Heute kann man das Palais für Veranstaltungen buchen.

Die Ecke zur Letenská nimmt das ehemalige **Kleinseitener Rathaus** (Malostranská radnice, Nr. 21) ein. An der Nordseite folgen, beide im Stil der Renaissance, das **Palais Sternberg** (Šternberský palác, Nr. 19) und das **Palais Smiřický** (Nr. 18), vormals Palais Rosenberg. Hier hatten am 22. Mai 1618 die Führer der böhmischen Stände den zweiten Prager Fenstersturz beschlossen, der den Dreißigjährigen Krieg auslöste.

Der **Obere Ring** hieß früher Welscher also Italienischer Platz. An seiner Westseite steht das **Palais Liechtenstein** (Lichtenštejnský palác, Nr. 13), ein Renaissancebau mit klassizistischer Fassade. Hier residierte der königliche Statthalter Karl von Liechtenstein, berüchtigt durch die Hinrichtung der Aufständischen auf dem Altstädter Ring im Jahre 1621. An der Südseite folgen dem barocken **Palais Hartig** (Hartigovský palác, Nr. 12), das heute die Musikfakultät der Akademie der Darstellenden Künste (Akademie múzických umění, www.amu.cz) beherbergt, die bemerkenswerten klassizistischen Fassaden Nr. 8, 9 und 6, gestaltet vom Architekten Ignaz Palliardi. Die barocke Dreifal-

Auf ihrem Weg vom Hradschin in die Neustadt passieren Trams den Kleinseitener Ring

Mit ihrer monumentalen Kuppel beherrscht die Barockkirche St. Niklas die Kleinseite

tigkeits- oder Pest-Säule von 1715 nach Entwürfen von Giovanni Alliprandi setzt einen wichtigen Akzent vor der Fassade der Niklas-Kirche; Ulrich Mayer und Ferdinand Geiger schufen die Statuen der böhmischen Landespatrone.

12 St. Niklas auf der Kleinseite
Chrám svatého Mikuláše

Bedeutendste Kirche des Prager Hochbarock. Kuppel und Glockenturm von Dientzenhofer: die Krönung des Stadtpanoramas.

Malostranské náměstí
April–Sept. tgl. 10–22
März, Okt. tgl. 10–20,
Nov.–Febr. tgl. 10–18 Uhr
Metro A Malostranská
Straßenbahn 12, 20, 22
Malostranské náměstí

Weithin sichtbar prangt die mächtige, fast 80 m aufragende Kuppel, flankiert vom gleich hohen Glockenturm als steingewordener Triumph der Gegenreformation. Bald nach dem Sieg der Katholiken am Weißen Berge ging das Gelände an die Kleinseitener *Jesuiten*. Wallenstein und die Grafen Kolowrat-Liebšteinsky bedachten sie mit großzügigen Stiftungen. Die Grundsteinlegung erfolgte 1673 im Beisein Kaiser Leopolds I. Zur Ausführung kam jedoch zunächst nur das Ordenshaus (1773 aufgehoben). Die Kirche entstand im Laufe des 18. Jh. in drei Bauabschnitten: 1702–11 errichtete Christoph Dientzenhofer das Langhaus mit der Westfassade, 1737–51 sein Sohn Kilian Ignaz den Chor. 1756 stellte Anselmo Lurago den Glockenturm fertig.

Die konkaven Schwünge der Fassade und der Höhendrang des Giebels kommen am besten in der Schrägansicht zur Geltung. Das bis ins Gewölbe ›schwingende‹ Langhaus besteht aus einer Folge einander durchdringender Querovale zwischen den schräg gestellten Pfeilern, typisch für den Jesuitenorden sind die durchlaufenden Emporen. Den Chor gestaltete Kilian Ignaz Dientzenhofer als grandiose Dreikonchenanlage, die überragt wird von der kreisrunden Kuppel auf hohem Tambour.

Die Ausstattung entstand zum großen Teil erst nach Dientzenhofers Tod (1751), in der Stilstufe des Spätbarock und Rokoko. Franz Xaver Palko malte das *Kuppelfresko* ›Die Himmlische Glorie‹. In der *Nordkonche* gestaltete er die Weltmission der Jesuiten bis nach Japan. Johann Lukas Kracker, ein Schüler Paul Trogers steuerte die *Seitenaltarblätter* bei: links Heimsuchung, rechts Tod des hl. Joseph.

Ein Hauptwerk Krackers ist das riesige **Deckengemälde** (1760) im Langhaus, mit

Blick hoch hinauf zur ›Himmlischen Glorie‹, dem Kuppelfresko Franz Xaver Palkos

nahezu 1500 m² eines der größten Europas. Dargestellt sind Begebenheiten aus dem Leben des hl. Nikolaus, Bischof von Myra in Kleinasien im 4. Jh.: sein Eintreten für Gefangene, Kaufleute und Seefahrer, seine Himmelfahrt sowie Wundertaten. Als Kavalier lässig an die Treppe gelehnt, hat sich der Maler selbst verewigt.

Thematisch interessant sind die *Kolossalstatuen* von Ignaz Platzer: im Chor vier morgenländische Kirchenväter, auf dem Gebälk über den Doppelsäulen die vier Kardinaltugenden Stärke, Klugheit, Gerechtigkeit und Mäßigung. Im Langhaus sind zudem der Perserkönig Kyros mit gesprengter Handfessel zu sehen (eine Anspielung auf die Befreiung der Juden aus der Babylonischen Gefangenschaft), die römischen Kaiser Konstantin der Große und Theodosius sowie ein Jesuitenheiliger. Ein Meisterwerk ist die *Rokokokanzel* mit vergoldeten Holzfiguren von Richard Georg Prachner und dessen Sohn Peter.

Ein Genuss für Augen und Ohren ist der Kirchenbesuch anlässlich eines **Konzerts** (Ende März–Ende Okt. Mi–Mo 18 Uhr sowie Advents-, Weihnachts- und Neujahrskonzerte, Ticket-Tel. 257 53 42 15, www.psalterium.cz).

Im **Turm** (Věž chrámu sv. Mikuláse, Tel. 251 51 25 16) mit seiner aussichtsreichen

Galerie hat auch eine kleine Ausstellung über Herstellung und Funktion der Prager Glocken ihren Platz gefunden.

 ▶ **Audio-Feature St. Niklas auf der Kleinseite**
QR-Code scannen [s.S.5] oder dem Link folgen:
www.adac.de/rf0442

13 Palastgärten
Palácové zahrady

Sechs barocke Terrassengärten unterhalb der Prager Burg.

Valdštejnské náměstí 12–14
www.palacove-zahrady.cz
April, Okt. tgl. 10–18,
Mai, Sept. tgl. 10–19,
Juni/Juli tgl. 10–21,
Aug. tgl. 10–20 Uhr
Metro A Malostranská
Straßenbahn 12, 20, 22
Malostranské náměstí

Am Südhang der Prager Burg erstrecken sich die sechs barocken Terrassengärten: Ledebur-Garten, Großer und Kleiner Palffy-Garten, Kolowrat-Garten sowie Großer- und Kleiner Fürstenberg-Garten. Im 18. Jh. verwandelten zumeist italienische Architekten und Bildhauer die Weinhänge in regelrechte Zaubergärten, verziert mit Brunnen und Glorietten, Pavillons und Treppen, Balustraden und Skulpturen. Santini-Aichel plante die anmutige *Sala terrena* (Gartensaal) hinter dem Palais Ledebur für die damalige Besitzerin Gräfin Trauttmansdorff.

14 Palais Waldstein
Valdštejnský palác

 Erster profaner Monumentalbau des Prager Barock.

Valdštejnské náměstí 4
Tel. 257 07 57 07
www.senat.cz
Palast: Juni–Sept. Sa/So 10–18,
April/Mai, Okt. Sa/So 10–17,
Nov.–März jew. 1. Wo.ende 10–16 Uhr
Garten: April–Okt. Mo–Fr 7.30–18,
Sa/So 10–18 Uhr
Metro A Malostranská
Straßenbahn 12, 18, 20, 22
Malostranská

Bis 1945 befand sich das Palais Waldstein im Besitz der Nachkommen des kaiserlichen Generalissimus und Reichsfürsten

Albrecht von Waldstein oder *Wallenstein* (1583–1634), dessen gloriosen Aufstieg, politischen Fall und Ermordung Friedrich Schiller in der 1799 vollendeten Dramen-Trilogie ›Wallenstein‹ schildert. 1623 ließ der zu unglaublichem Reichtum gekommene Feldherr an dieser Stelle 30 Häuser abreißen und einige Gärten einebnen, um Platz für seinen Stammsitz zu schaffen. Der nach Entwürfen von Andrea Spezza 1630 vollendete Palast sollte eine geschlossene Domäne bilden, deren Prunk sich im Inneren und im Garten entfaltete, daher die schlichte, nahezu bürgerliche Fassade. Italienischer Frühbarock prägt die Innenräume, gestaltet von Baccio del Bianco. Sein Deckengemälde im Fest- oder Rittersaal zeigt Wallenstein als Kriegsgott Mars. Als Sitz des Senats ist der Palast nur eingeschränkt zugänglich.

Der **Waldstein Garten** (Valdštejnská zahrada) ist in den Sommermonaten von der Letenská aus zugänglich. Er wird geschmückt von mythologischen *Bronzefiguren* des niederländischen Bildhauers Adriaen de Vries. Dabei handelt es sich um spätere Abgüsse, denn die Originale entführte Graf Königsmarck am Ende des Dreißigjährigen Krieges nach Schweden ins Königliche Schloss Drottningholm.

Zu den großartigsten **Stadtansichten** Prags zählt der Blick vom Waldstein Garten über die Bronzefiguren hinweg zur **Sala terrena** mit dem Hradschin im Hintergrund. Die dreiteilige Gartenloggia von Andrea Spezza und Giovanni Pieroni war einst Kulisse für prunkvolle Feste. Thematisch wurzelt sie in der Renaissance, der Schmuck ist manieristisch, die Monumentalität bis zur vollen Höhe des Palais schon barock empfunden. Kraftvolle *Stuckaturen* und *Deckengemälde* (Zeus, Trojanischer Krieg) zieren das mächtige Tonnengewölbe, ausgeführt von Baccio del Bianco 1629/30.

Gegen den Klárov-Platz hin begrenzt das **Reitschulgebäude** (Valdštejnská Jízdárna) den Garten, in dem Wallenstein bis zu 300 Rösser hielt. Die Halle beherbergt heute in unregelmäßigen Abständen Wechselausstellungen der Nationalgalerie (www.ngprague.cz).

Neben dem Palais Waldstein informiert das **Pädagogische Museum J.A. Komenský** (Pedagogické muzeum J.A. Komenského, Valdštejnská 20, Tel. 25753 34 55, www.pmjak.cz, Di–So 10–12.30 und 13–17 Uhr) über das Werk des bekannten Theologen und Pädagogen Johann Amos Comenius (1592–1670).

Mit Wasserspielen und gepflegten Grünanlagen ist der Waldstein Garten eine Oase der Ruhe

15 St. Thomas
Kostel svatého Tomáše

*Vorzügliche Barockfassade
von Kilian Ignaz Dientzenhofer,
qualitätvolle Ausstattung.*

Letenská ulice 4
Metro A Malostranská
Straßenbahn 12, 20, 22
Malostranské náměstí

König Wenzel II. gründete 1285 Kirche und Kloster der Augustiner-Eremiten. Nach Brand und Wiederaufbau in der Hussitenzeit diente die Kirche im utraquistischen Prag als Hauptsitz der Katholiken. Kaiser Rudolf II. verfügte den Umbau zur Hofkirche, im 17. Jh. wurden die Klostertrakte frühbarock umgestaltet.

Kilian Ignaz Dientzenhofer führte 1725–31 die effektvolle und dennoch einfühlsame Barockisierung der Kirche durch. An zwei Seiten blendete er dynamisch modellierte Fassaden in der Tradition des römischen Illusionismus vor. Über den Portalen stehen frühbarocke *Plastiken* (1684) von Hieronymus Kohl: an der Westseite der hl. Augustinus, im Süden der hl. Thomas von Villanova.

Der **Innenraum** bewahrte die Grundstruktur einer frühgotischen, dreischiffigen Basilika mit lang gestrecktem Mönchschor – Dientzenhofer verlieh ihm festliche, schlossartige Züge. Wenzel Lorenz Reiner malte 1728 die *Fresken*: die Lebensgeschichte des Kirchenlehrers Augustinus und Gründung verschiedener Orden nach seiner Regel, im Chor die Legende des hl. Thomas, in den Kuppelzwickeln Allegorien der vier Erdteile. Die beiden *Hochaltarblätter* ›Folter des Apostels Thomas‹ und ›Hl. Augustinus‹ bestellte der Prior des Klosters 1637 bei Peter Paul Rubens in Antwerpen. Die Originale befinden sich heute in der Kollektion des Nationalmuseums im Palais Sternberg [Nr. 4]. Johann Anton Quittainer fügte die großen Heiligenstatuen hinzu, Ferdinand Maximilian Brokoff die kleinen. Karel Škréta malte 1671 die frühbarocken Seitenaltarblätter ›Heilige Dreifaltigkeit‹, ›Mariä Himmelfahrt‹ und ›Thomas von Villanova‹.

16 St. Joseph
Svatý Josef

*Juwel des flämischen Barock mit
überraschendem Innenraum.*

Josefská
Straßenbahn 12, 20, 22
Malostranské náměstí

Kaiser Ferdinand III. gründete 1656 das Kloster der Unbeschuhten Karmeliterinnen. Nach dessen Aufhebung 1782 übernahmen Englische Fräulein die Gebäude, 1920 das Finanzministerium.

Die Fassade der früheren Klosterkirche entstand 1687–92 in der Tradition des flämischen Barock. Die Plastiken von Matthäus Wenzel Jäckel zeigen in der Mittelnische den Kirchenpatron, auf den seitlichen Voluten Teresa von Avila und Johannes vom Kreuz. Das Innere überrascht als reiner Zentralraum, ein überkuppeltes Längsoval mit Seitennischen. Wieder stammt der bildhauerische Schmuck von Jäckel, zum Teil unter Mitwirkung des Kleinseitener Tischlermeisters Marcus Nonnenmacher. Peter Brandl schuf die hochbarocken Altarbilder der hl. Familie und der hl. Teresa. Das dritte Altarblatt stellt die hl. Thekla dar.

Fassadenreigen: Wunderschön restaurierte Barockhäuser säumen die Brückengasse

Vom Wrtba-Garten mit seinen Barockstatuen schweift der Blick bis zur Kuppel St. Niklas'

17 Brückengasse
Mostecká

Lebhafte Geschäftsgasse mit wächsernen Persönlichkeiten.

Straßenbahn 12, 20, 22
Malostranské náměstí

Gut erhaltene Barockhäuser säumen die Brückengasse, durch die der alte Handelsweg von Regensburg, Nürnberg und Leipzig zur Moldau und weiter nach Osten verlief. Heute bieten entlang der Straße zahlreiche Läden Glas, Granate, Kunsthandwerk und andere Souvenirs an. Das kunsthistorisch wertvollste Gebäude ist das **Palais Kaunitz** (Kaunický palác, Mostecká 15), erbaut 1773–75 durch Anton Karl Schmidt im Stil des Rokoko-Klassizismus.

18 Wrtba-Garten
Vrtbovská zahrada

Schönster Barockgarten Prags mit überwältigender Aussicht.

Eingang: Palais Wrtba,
Karmelitská 25/Tržiště
Tel. 272 08 83 50
www.vrtbovska.cz
April–Okt. tgl. 10–18 Uhr
Straßenbahn 12, 20, 22
Malostranské náměstí

Vom Hof des äußerlich schlichten Renaissancepalais' Wrtba (Vrtba) führt ein *Barockportal* in den italienischen *Terrassengarten*, den Oberstburggraf Johann Josef Vrtba 1720–30 von František Maximilián Kaňka anlegen ließ. Matthias Bernhard

Braun wirkte als Bildhauer, Wenzel Lorenz Reiner als Freskenmaler in der Sala terrena, den zum Garten hin offenen Saal, der mit Statuen von Bacchus und Ceres gechmückt ist. Im Zentrum der Gartenanlage steht ein rundes, mit einem Wasser speiendes Drachen verziertes Wasserbecken, das mit zarten Wasserschwertlilien bepflanzt ist.

19 Welsche Gasse und Palais Lobkowitz
Vlašská a Lobkovický palác

Seit der 2. Hälfte des 16. Jh. Mittelpunkt einer starken italienischen, ›welschen‹, Kolonie in Prag.

Vlašská
Straßenbahn 12, 20, 22
Malostranské náměstí

Zugleich mit den Kaufleuten strömten im 16./17. Jh. italienische Wanderkünstler und Handwerker in die Stadt – Baumeister, Steinmetze, Bildhauer, Stuckateure und Maler –, die einen erheblichen Beitrag zum Prager Barock [s. S. 44] leisteten. 1602 gründete die italienische Bruderschaft in der Welschen Gasse das Welsche Hospital (Vlašský špitál), einen frühbarocken Gebäudekomplex mit Krankenhaus und Kirche um einen Arkadenhof. Heute befindet sich hier das italienische Kulturzentrum *Istituto Italiano di Cultura* (Šporkova 14/Vlašská 34, Tel. 257 09 06 81, www.iic-praga.cz).

Das ebenfalls barocke Palais Lobkowitz (Vlašská 19) ging aus einem von Giovanni Battista Alliprandi 1702 errichteten Kernbau für die Familie Přehořovský hervor. Ignaz Palliardi leitete im Auftrag der Fürsten Lobkowitz ab 1769 den Umbau samt Aufstockung. An der Gartenseite setzt der ovale Mittelrisalit mit dreiteiliger *Sala terrena* einen besonderen Akzent, gestaltet unter dem Einfluss der Wiener Palais' Fischers von Erlach. Das Palais beherbergt die *Deutsche Botschaft* (Tel. 257 11 31 11, www.prag.diplo.de). Schlagzeilen in der Weltpresse lieferte sie im Herbst 1989, als Tausende zur Ausreise entschlossene Bürger der DDR hier Zuflucht fanden.

20 Laurenziberg
Petřín

Aussichtsberg mit malerischen Spazierwegen.

Straßenbahn 6, 9, 12, 20, 22 Újezd, dann Standseilbahn

Ob zu Fuß oder mit der historischen Jubiläumsbahn (1891) auf den **Petřín**: Immer wieder bieten sich zauberhafte Ausblicke, besonders wenn im Frühjahr die

Das barocke Palais Lobkowitz (hier Rückfassade) ist heute Sitz der Deutschen Botschaft

Mit der Standseilbahn geht es hinauf auf den aussichtsreichen Laurenziberg

Palastgärten im Talkessel im ›Blütenschnee‹ versinken. Den tschechischen Namen Petřín leitete Cosmas von Prag, der erste Chronist Böhmens, vom lateinischen Wort für Fels (Petra) ab. Die deutsche Bezeichnung kommt vom römischen Märtyrer Laurentius (Lorenz), dem Schutzheiligen der **Gipfelkirche** (Kostel sv. Vavřince), die über einem altslawischen Feueraltar und einer Kapelle des hl. Adalbert aus dem 10. Jh. entstand. Ignaz Palliardi gestaltete 1735–70 die spätbarocke, doppeltürmige Kuppelanlage.

Seit der Jubiläumsausstellung 1891 krönt den Gipfel der 60 m hohe Aussichtsturm **Petřínská rozhledna** (Petřínské sady, Mobil 725 83 16 33, www.prazskeveze.eu, April–Sept. tgl. 10–22, Okt., März tgl. 10–20, Nov.–Febr. tgl. 10–18 Uhr) mit 299 Stufen. Er ist dem Pariser Eiffelturm nachempfunden und wie dieser ein Zeichen industrieller Errungenschaften. An klaren Tagen sieht man von oben bis an die Grenzen Böhmens. Der benachbarte, zur Jubiläumsaustellung erbaute Pavillon wurde erst 1893 vom Messegelände Výstaviště [s. Nr. 81] hierher versetzt. Er birgt ein Spiegellabyrinth (Zrcadlové bludiště) und ein Diorama, das den Kampf der Prager Studenten gegen die Schweden anno 1648 darstellt.

Auf dem Petřín finden sich noch Teile der gotischen **Hungermauer** (Hladová Zeď). Karl IV. ließ die Befestigung um Altstadt, Kleinseite, Hradschin und Strahov angeblich während der Hungersnot 1360 anlegen, um der Bevölkerung Arbeit und Brot zu verschaffen.

21 Tschechisches Musik-museum
České muzeum hudby

Reise durch fünf Jahrhunderte Musikgeschichte.
Karmelitská 2/4
Tel. 257 25 77 77
www.nm.cz
Mi–Mo 10–18 Uhr
Straßenbahn 12, 20, 22 Hellichova

Die Barockkirche St. Maria Magdalena, im 17. Jh. wohl nach einem Entwurf Francesco Carattis erbaut, beherbergt heute das Tschechische Musikmuseum, eine Dependance des Nationalmuseums [Nr. 57]. Unter dem Motto *Mensch, Instrument, Musik* präsentiert die Dauerausstellung wertvolle Instrumente und Musikdokumente vom 16. Jh. bis heute.

Ein Rundgang macht zunächst mit der Musikwelt des 20./21. Jh. vertraut, wobei ein besonderes Augenmerk auf experimenteller mikrotonaler Musik liegt. Sowohl hier als auch im folgenden historischen Bereich mit seiner Vielfalt an Tasten-, Streich-, Blas- und Schlaginstrumenten bereichern Klangbeispiele, Noten und Gemälde die Ausstellung.

Kaum mehr an eine Kirche erinnert der zentrale Saal des Tschechischen Musikmuseums

22 Maria de Victoria
Kostel Panny Marie Vítězné

Prags älteste Barockkirche mit der in aller Welt verehrten Wachsfigur des ›Prager Jesulein‹.

Karmelitská 9
Tel. 257 53 36 46
www.pragjesu.info
Straßenbahn 12, 20, 22 Hellichova

Giovanni M. Filippi erbaute 1611–13 im Auftrag der deutschen Lutheraner die älteste erhaltene Barockkirche der Stadt. Wenige Jahre später, nach der Niederlage der Protestanten am Weißen Berge (1620), wurde sie dem Orden der Unbeschuhten Karmeliter zugesprochen. Einer seiner Mönche hatte den katholischen Truppen im Schlachtfeld ein Gemälde der Anbetung des Jesukindes im Stall von Bethlehem vorangetragen und soll so mit Mariens Hilfe den Sieg herbeigeführt haben. Noch heute ist eine Kopie (1622) des gotischen Bildes im oberen Bereich des Hochaltars zu sehen [s. auch Nr. 85].

Die Karmeliter weihten die Kirche der Siegreichen Muttergottes (Maria de Victoria). Die erste Statue dieses ikonografischen Typus in Prag findet sich außen über dem *Portal*. 1636–40 wurde die **Kirchenfassade** von einem unbekannten Baumeister nach dem Vorbild zweigeschossiger römischer Giebelfassaden errichtet.

Der tonnengewölbte **Innenraum** entspricht römischen Saalkirchen des Jesuitenordens. In einer silberverzierten Rokokovitrine am zweiten Seitenaltar rechts wird das berühmte **Prager Jesulein** (Pražske Jezulátko) aufbewahrt, eine nur 45 cm große Wachsfigur, die Fürstin Polyxena Lobkowitz 1628 den Karmelitern schenkte. Bald entwickelten sich rege Wallfahrten

Berühmtheit aus Wachs: Das ›Prager Jesulein‹ in seiner kostbaren Rokokovitrine

zum ›Jesulein‹, dem Wunder und Krankenheilungen zugesprochen wurden. 1648 soll es die Schweden mit Silberkugeln aus der Stadt vertrieben haben! Über all die Jahrhunderte wurde es reich beschenkt, mit Goldkronen, Edelsteinen, Hermelin-Mäntelchen und goldbestickten Samtkleidern, darunter eine eigenhändige Arbeit der Herrscherin Maria Theresia. Als ›Bambino di Praga‹ oder ›Niño Jesus de Praga‹ genießt es in der ganzen katholischen Welt hohe Verehrung, besonders in Südeuropa und Lateinamerika.

Thematisch wie künstlerisch bemerkenswert ist das Altarbild von Peter Brandl neben der Kanzel: Die Muttergottes erscheint dem hl. Simon Stock, Ordensgeneral der Karmeliter, 1251 in Cambridge. Das erste Altarblatt links, ein Werk des Dresdner Malers Johann Georg Dietrich, zeigt die hl. Teresa von Avila, die große Mystikerin und Reformatorin des Karmeliterordens. An der Decke sind die Wappen des Reiches, von Böhmen und Ungarn sowie das Malteserkreuz zu sehen; 1784 hat der Malteserorden die Kirche übernommen.

23 Malteser-Platz
Máltézské náměstí

Länglicher Platz mit schönen Rokoko- und Barockpalästen.

Straßenbahn 12, 20, 22 Hellichova

Als Mittelfigur einer Statuengruppe (1715) von Ferdinand Maximilian Brokoff bewacht Johannes der Täufer, der Schirmherr der Malteserritter, den Malteser-Platz. Rundum finden sich architektonische Schmuckstücke wie im Süden das **Palais Nostitz** (Nostický palác, Nr. 1). Es ist eines der frühesten Profanbauwerke des Prager Barock, um 1650 nach Plänen von Francesco Caratti errichtet. Im 18. Jh. wurde die *Fassade* schrittweise dem jeweiligen Zeitgeschmack angepasst: Attikafiguren aus der Brokoff-Werkstatt, Rokokoportal von Anton Haffenecker, klassizierender Fensterschmuck, Empirebalkone. Heute ist das Palais Sitz des *Tschechischen Kulturministeriums* (www.mkcr.cz). Die schönsten Gebäude am Platz sind das **Palais Turba** (Turbovský palác, Nr. 6, Japanische Botschaft), vom Tiroler Architekten Joseph Jäger 1767 im Rokokostil umgestaltet, und das benachbarten **Muscon-Haus** (Nr. 5, Dänische Botschaft). Im **Palais Straka** (Nr. 14) steckt noch go-

Grafitti-Denkmal für den ermordeten Beatles-Star: die John-Lennon-Mauer

tisches Mauerwerk. Es beherbergt heute das **Jan Deyl Konservatorium** (Konzervatoř Jana Deyla, www.kjd.cz), in dem blinde Menschen musikalisch ausgebildet werden.

24 Maria unter der Kette
Kostel Panny Marie pod Řetězem

Mittelalterliche Kirche des Johanniter- oder Malteser-Ordens.

Lázeňská
Straßenbahn 12, 20, 22 Hellichova
oder Malostranské náměstí

König Vladislav I. gründete 1169 die älteste Niederlassung des Malteser-Ordens in Böhmen. Die beiden wuchtigen Turmstümpfe der frühgotischen Marienkirche veranschaulichen den kämpferischen Charakter des Ritterordens. Die Johanniter formierten sich gegen Ende des 11. Jh. als Spitalbruderschaft des hl. Johannes in Jerusalem und hatten sich schon im Heiligen Land, später auf Rhodos und Malta, zum ›Schild der Christenheit‹ gegen die Muslime entwickelt. Die Hussiten-Stürme unterbrachen die Arbeiten an der Kirche und sie blieb ein Torso: Türme und Vorhalle markieren die vorgesehenen gewaltigen Ausmaße, getrennt vom Chor durch den Innenhof (das abgetragene romanische Kirchenschiff). 1640–60 gestaltete Carlo Lurago den alten Chor zu einer frühbarocken Kirche um. Karel Škréta schuf die drei *Altarblätter* ›Mariä Himmelfahrt‹, ›Die hl. Barbara‹ und ›Die Schlacht von Lepanto 1571‹.

25 Großprior-Palais und -Platz
Palác maltézského velkopřevora a Velkopřevorské náměstí

Für viele der stimmungsvollste Platz der Kleinseite.

Velkopřevorské náměstí 4
Straßenbahn 12, 20, 22 Hellichova
oder Malostranské náměstí

Malteser-Großprior Gundaker Poppo Graf Dietrichstein ließ 1725–27 das **Großprior-Palais**, eines der schönsten des Prager Hochbarock, durch Bartolomeo Scotti errichten. Matthias Bernhard Braun und seine Werkstatt steuerten den plastischen Schmuck im *Treppenhaus* bei. Im *Malteser-Garten* finden im Sommer Konzert- und Theateraufführungen statt.

Gegen die Insel Kampa öffnet sich der verträumte, baumbestandene Großprior-Platz. Das hochbarocke *Palais Buquoy* (Buquoyský palác, Velkopřevorské náměstí 2, Französische Botschaft, Tel. 251 17 17 11, www.france.cz) errichtete um 1735 František Maximilian Kaňka. Im Kontrast dazu stehen die bunten Grafitti an der **John-Lennon-Mauer** gegenüber: Jugendliche setzten hier in den 1980er-Jahren ihrem ermordeten Beatles-Idol mit Sprühfarbe ein Denkmal und verliehen zugleich ihrem Ärger über das Regime und ihrer Sehnsucht nach Freiheit Ausdruck. Auch wiederholte Überstreichungs-Aktionen der Obrigkeit konnten sie nicht daran hindern. Heute kann man hier ganz legal kreativ werden – auch Yoko Ono hat sich verewigt.

Moderne Kunst in einem alten Mühlengebäude an der Moldau bietet das Museum Kampa

26 Moldauinsel Kampa
Kampa

Insel südlich der Karlsbrücke mit einem Museum für moderne Kunst.

Zugang: von der Karlsbrücke, am schönsten vom Velkopřevorské náměstí (Großprior-Platz) Straßenbahn 12, 20, 22 Hellichova oder Malostranské náměstí

Der Moldauarm Čertovka (Teufelsbach), wurde im 12. Jh. als Mühlgraben angelegt und trennt seither die Insel Kampa von der Kleinseite. Namengebend war das lateinische Wort Campus (Feld). Gemüse- und Weingärten bedeckten einst die Insel, erst im 16. Jh. setzte im Nordteil die Bebauung ein. Seit dem Mittelalter boten Töpfer hier ihre Waren an. Herz der Insel ist die Straße **Na Kampě,** gleich einem Dorfanger von Bäumen und Rasen gesäumt. Das schönste Hauszeichen ziert den **Blauen Fuchs** (Na Kampě 1, Botschaft von Estland, www.estemb.cz), erbaut 1605 von Libeth Stewardt aus Lüttich, Waffenschmied und Vergolder am Hofe Rudolfs II.

Am Moldauufer erhebt sich das **Palais Liechtenstein** (Lichtenštejnský palác, U Sovových mlýnů 4), vormals Kaiserstein, ein mächtiger Frühbarockbau, im Empirestil verändert und heute von der tschechischen Regierung für Staatsempfänge genutzt.

Die Steintreppe zur Karlsbrücke stammt erst aus dem 19. Jh. Den Brückensporn hinter der *Ferrer-Prokop-Gruppe* krönt ein spätgotischer Pfeiler mit der **Bruncvík-Statue**. Der Geharnischte mit gezücktem Schwert geht auf eine tschechische Sagengestalt zurück, deren Wunderschwert

Eine Bootsfahrt auf dem Mühlgraben präsentiert die Insel Kampa von ihrer schönsten Seite

in der Brücke eingemauert sein soll, um dereinst das Land von allem Bösen zu befreien. Als Rechtssymbol entspricht die Statue dem Roland in deutschen Städten.

In einer umgebauten alten Mühle am Fluss zeigt das **Museum Kampa** (U Sovových mlýnů 2, Tel. 257 28 61 47, www.museumkampa.cz, tgl. 10–18 Uhr) europäische Kunst der Moderne und Gegenwart, u. a. abstrakte Gemälde von František Kupka und Werke des kubistischen Bildhauers Otto Gutfreund. Die Kunstwerke stammen aus der Privatsammlung des Ehepaars Jan und Meda Mládek. Ferner finden den regelmäßig interessante Wechselausstellungen statt.

▶ **Audio-Feature**
Moldauinsel Kampa
QR-Code scannen [s. S. 5]
oder dem Link folgen:
www.adac.de/rf1013

27 Franz Kafka Museum

Moderne Ausstellung über die Lebenswelt des berühmten Literaten.

Cihelná 2b
Tel. 257 53 55 07
www.kafkamuseum.cz
tgl. 10–18 Uhr
Metro A Malostranská
Straßenbahn 1, 8, 12, 18, 20, 22
Malostranská

In einer ehemaligen Ziegelei am Moldauufer präsentiert das Franz Kafka Museum seine Dauerausstellung **Stadt K. Franz Kafka und Prag**. Anhand von historischen Fotografien und Filmaufnahmen, Manuskripten (Faksimile) und Zeitungsausschnitten werden Leben und Werk des Schriftstellers vorgestellt. Dabei wird Kafkas schwieriges Verhältnis zum Vater ebenso thematisiert wie seine Zugehörigkeit zum Prager Literatenkreis im Café Arco oder seine problematischen Liebes-

Die Leiden des jungen K.

Prag verehrt und vermarkt seinen berühmtesten Schriftsteller **Franz Kafka** (1881–1924). Ein Platz, Náměstí Franze Kafky, trägt seinen Namen, eine Statue wurde aufgestellt [s. S. 89], ein Museum [Nr. 27] eröffnet. Die Buchläden sind voll mit seinen Werken, und die Souvenirshops verkaufen jede Menge T-Shirts, Tassen oder Regenschirme, auf denen sein Gesicht, zumindest aber seine Unterschrift prangt.

Franz Kafka verbrachte die meiste Zeit seines Lebens in Prag: Am 3. Juli 1883 wurde er als Sohn eines jüdischen Kaufmanns am heutigen Náměstí Franze Kafky 5 in der Prager Altstadt geboren. Im Haus zur Minute [s. S. 76] lebte er ebenso wie im Goldenen Gässchen 22 [s. S. 32]. Im Kinský-Palais [s. S. 78] am Altstädter Ring ging Kafka aufs Gymnasium, von 1901–05 studierte er an der Deutschen Universität Jura, promovierte und wurde 1908 Angestellter der Prager Arbeiter Unfallversicherung. Bereits während des Studiums schloss sich Kafka dem deutschsprachigen Literatenkreis um Max Brod und Franz Werfel an, verbrachte die Nächte mit Schreiben. Und litt unter der Enge seiner vom autoritären Vater dominierten, bürgerlichen Existenz und der Sehnsucht nach einem selbstbestimmten Künstlerdasein.

Seinem Lebensgefühl verlieh Kafka in realistisch-grotesken Erzählungen wie ›Die Verwandlung‹ oder dem Romanfragment ›Der Prozess‹ Ausdruck. Darin schildert er unheimliche, traumhafte Ereignisse, etwa die Verwandlung eines Menschen zu einem Käfer, so nüchtern und präzise, dass sie eine bedrückende Gegenwärtigkeit gewinnen. Seine Werke, Meilensteine der modernen Literatur, wurden teilweise erst nach seinem Tod von Max Brod herausgegeben, obgleich dieser sie laut Kafkas Testament hätte verbrennen sollen. Franz Kafka starb 1924 an Tuberkulose. Er wurde auf dem Neuen Jüdischen Friedhof (Nový židovský hřbitov, Vinohradská 153, Prag-Žižkov) bestattet.

beziehungen. Im zweiten Teil der Ausstellungen erzeugen audiovisuelle Installationen, etwa ein düsteres Labyrinth aus raumhohen Karteikästen, in dem man über Telefonhörer Textpassagen aus Werken des Schriftstellers anhören kann, eine wahrhaft kafkaeske Atmosphäre.

Amüsant-provokativ ist hingegen die Skulptur **Proudy** (2004) von David Černý vor dem Eingang des Museums: Zwei bewegliche nackte Bronzemänner stehen in einem Bassin mit den Umrissen der Tschechischen Republik und pinkeln Zitate berühmter Prager ins Wasser.

28 Kleinseitener Brückentürme
Malostranské mostečke věže

Städtebauliche Pendants zum Altstädter Brückenturm.

Karlův Most (Karlsbrücke, Kleinseite)
Mobil 724 91 15 88
www.prazskeveze.eu
April–Sept. Fr/Sa 10–22, So–Do 10–20,
Okt., März tgl. 10–20, Nov.–Febr. tgl.
10–18 Uhr
Straßenbahn 12, 20, 22
Malostranské náměstí

Der niedrigere der beiden Kleinseitener Türme blieb von der romanischen Judith-Brücke (12. Jh.) erhalten, die 1342 von einer Flut fortgespült worden war. Keildach

und Renaissancegiebel kamen 1591 hinzu. Den höheren, spätgotischen Turm ließ König Georg von Podiebrad 1464 als Gegenstück zum Altstädter Brückenturm erbauen. Neben dem Wappen der Kleinseite ist auch das der Altstadt angebracht, der die Karlsbrücke und die Insel Kampa unterstand. Heute beherbergt der Turm eine kleine Ausstellung zur Geschichte der Karlsbrücke.

Das gotische Zinnentor zwischen den beiden Türmen löste vermutlich den Vorläuferbau, ein im romanischen Stil errichtetes Gebäude, ab.

Links der Brücke springt das tiefer gelegene Eckhaus **Zu den drei Straußen** (U Tří Pštrosů, heute Hotel mit Restaurant, s. S. 132) mit seinen frühbarocken Giebeln ins Auge. Die Straußenmotive ließ Jan Fux anbringen, der um 1600 kaiserlicher Lieferant für Federschmuck war und damit ein Vermögen verdiente.

In der benachbarten Gasse U lužického semináře starten nette **Bootsausflüge** (Tel. 776 77 67 79, www.prazskebenatky.cz, April–Juni und Sept. tgl. 10.30–20, Juli/Aug. tgl. 10.30–22, Okt.–März tgl. 10.30–18

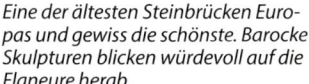

Uhr) durch den Moldauarm Čertovka, der, gesäumt von pittoresken Häuserzeilen, auch als **Prager Venedig** (Pražské Benátky) bezeichnet wird.

Oben: *Bunte Menschenmenge – die Karlsbrücke ist der beliebteste Laufsteg Prags*
Links: *Barock bewegt: Matthias Bernhard Brauns Statue des hl. Ivo auf der Karlsbrücke*

29 Karlsbrücke
Karlův most

TOP TIPP *Eine der ältesten Steinbrücken Europas und gewiss die schönste. Barocke Skulpturen blicken würdevoll auf die Flaneure herab.*

Straßenbahn 12, 20, 22 Malostranské náměstí (Westufer),
Metro A Staroměstská, Straßenbahn 17, 18 Karlovy lázně (Ostufer)

Prags Aufstieg und Bedeutung als internationale Handelsstadt gründeten sich auf eine Brücke über die Moldau. Anstelle einer Holzbrücke ließ König Vladislav I. 1158–72 die erste Steinbrücke errichten, die er nach seiner Gemahlin Judith von Thüringen benannte. 1342 stürzte die **Judith-Brücke** ein, 1357 legte Karl IV. den Grundstein zur gotischen Brücke. Als

Bauleiter berief er den damals 27-jährigen Dombaumeister *Peter Parler* (1330–99), vollendet war die Brücke erst einige Jahre nach dessen Tod. Bis ins 19. Jh. blieb die einst auch ›Prager Brücke‹ oder ›Steinerne Brücke‹ genannte Karlsbrücke die einzige feste Verbindung zwischen den Prager Städten. Mit 16 Bögen auf einer Länge von 520 m und einer erstaunlichen Breite von 10 m überspannt sie die Moldau. Bis Ende des 17. Jh. fehlte plastischer Schmuck, ausgenommen ein Kruzifix. Vermutlich 1693, anlässlich des 300. Todestages von Johannes Nepomuk, entdeckte man die Brücke als ›Skulpturen-Bühne‹ vor der grandiosen Kulisse des Hradschin. Anfang des 18. Jh. fanden weitere Plastiken Aufstellung, insgesamt 30 Figuren oder Figurengruppen, alle aus böhmischem Sandstein, gestiftet im Wettstreit von Ratsherrn, Klöstern und

Fakultäten. Viele Figuren wurden mittlerweile durch Kopien ersetzt (Originale im Lapidarium, s. S. 107, und auf dem Vyšehrad, Nr. 75). Die künstlerisch wertvollste Skulptur schuf Bildhauer *Matthias Bernhard Braun* mit der theatralischen **Vision der hl. Luitgard** (1710), eine Zisterzienser-Nonne aus Brabant, der sich der Gekreuzigte zuneigt. Auch sein **hl. Ivo** (1711), direkt beim Altstädter Brückenturm, zeigt dramatisch bewegte Züge.

Den Gegenpol bilden die ruhigeren Werke, erdverbunden und weniger dramatisch, von *Ferdinand Maximilian Brokoff*. Von ihm stammen der **hl. Kajetan von Tiene**, gestiftet vom Theatiner-Orden der Kleinseite, und die **Trinitarier-Gruppe**. Johannes von Matha und Felix von Valois, die Gründer des Trinitarierordens zum Loskauf christlicher Gefangener, richten einen Galeerensklaven auf, während ein Türke ein Kerkerloch bewacht. Auch der hl. Iwan ist anwesend, ein dalmatinischer Fürstensohn, der etwa 300 Jahre früher als wundertätiger Einsiedler in einer Höhle bei Karlstein südwestlich von Prag lebte.

Die bekannteste Figur ist wohl der **hl. Johannes Nepomuk**, der viele Touristen zur angeblich Glück bringenden Berührung veranlasst. Das Modell für die Skulptur in der Brückenmitte fertigten Johann Brokoff und Matthias Rauchmüller 1683.

Abendstimmung am Kleinseitener Moldauufer, den Altstädter Brückenturm im Blick

Ab 2007 wurde die Karlsbrücke restauriert. Denkmalschützer kritisierten schon bald, dass Arbeiten teilweise unsachgemäß durchgeführt worden seien, man habe zahlreiche historische Steinquader zerstört und durch Nachbildungen ersetzt, doch davon merkt der Besucher nichts. Noch gibt es aber den einen oder anderen leeren Sockel, weil die Skulpturen nacheinander restauriert werden. Über die Geschichte der Brücke informiert das **Muzeum Karlova Mostu** (Křižovnické náměstí 3, Eingang rechts vom Altstädter Brückenturm, Tel. 739 35 27 26, www.muzeumkarlovamostu.cz, Mai–Sept. tgl. 10–20, Okt.–April tgl. 10–18 Uhr). Es präsentiert Modelle der Karlsbrücke und ihrer Vorgängerin, der Judith-Brücke, sowie historische Bauinstrumente. Die Zahlenreihe (135797531) über dem Eingang verweist auf die Grundsteinlegung der Prager Brücke im Jahr 1357, am 9. Juli, um 5.31 Uhr – wie von den königlichen Astrologen empfohlen.

▶ **Reise-Video Karlsbrücke** QR-Code scannen [s. S. 5] oder dem Link folgen: www.adac.de/rf0440

mit Insignien und Wappen (Adler) des Heiligen Römischen Reiches, rechts sein Sohn und Nachfolger Wenzel IV. als Römischer König mit dem Löwenschild Böhmens. Den mittleren Rundbogen krönt der Přemysliden-Adler, im linken Halbbogen ist das Altstädter Wappen zu sehen, rechts der mährische Würfeladler. In der unteren Reihe folgen die Wappen der luxemburgischen Erblande.

Mehrfach taucht am Turm der Eisvogel im Schleierkranz auf, das Emblem Wenzels IV., volkstümlich ›Liebesknoten‹ genannt, in Anspielung an die amourösen Abenteuer des Königs. Die Plastiken an der Moldauseite wurden 1648 im Kampf gegen die Schweden zerstört. Die Angreifer waren damals von einer Handvoll Studenten und Bewohner des jüdischen Gettos zurückgeschlagen worden.

Heute beherbergt der Brückenturm eine kleine Ausstellung über die Skulpturen Karls IV. und Wenzels IV., doch die meisten Besucher sind in erster Linie an dem herrlichen Ausblick interessiert.

30 Altstädter Brückenturm
Staroměstská mostecká věž

Einer der schönsten gotischen Türme Mitteleuropas, plastischer Schmuck aus der Bauhütte Peter Parlers.

Křižovnické náměstí
Tel. 224 22 05 69
www.prazskeveze.eu
April–Sept. tgl. 10–22,
Okt., März tgl. 10–20,
Nov.–Febr. tgl. 10–18 Uhr
Metro A Staroměstská
Straßenbahn 17, 18 Karlovy lázně

Peter Parlers überragende Meisterschaft spiegelt auch sein letztes gesichertes Werk wieder, der Altstädter Brückenturm, begonnen um 1370, vollendet wohl erst um 1400.

Den Wehrturm zieren Skulpturen aus der Bauhütte Peter Parlers. Sie zählen zu den Spitzenleistungen der böhmischen Hochgotik, bereits mit einem hohen Maß an Naturnähe. Dargestellt sind in der *oberen Blendarkaden-Galerie* der hl. Adalbert, Bischof von Prag, und der hl. König Sigismund von Burgund, der Schirmherr der Luxemburger. In der *zweiten Reihe* steht unter feinen Maßwerk-Baldachinen der Brückenpatron St. Veit auf zwei Bogen der Karlsbrücke, links thront Kaiser Karl IV.

Der Brückensturz des Johannes Nepomuk

Unlösbar mit der Moldau verknüpft sind Tod und Legende des hl. Johannes Nepomuk, seit der Barockzeit **Brückenheiliger** und Patron des Beichtgeheimnisses. Johann Welfflin, geboren 1340 in Pomuk bei Pilsen (daher ›von Pomuk‹ = Nepomuk), Doktor der Theologie und der Rechte, wirkte als wortgewaltiger **Prediger** und Generalvikar des Prager Erzbischofs. Sein Eintreten für die Interessen der Kirche und sein Einfluss auf die Königin erregten den Zorn des Königs. Als **Wenzel IV.** dann noch begann, die Reformer zu begünstigen, brach der Zwist zwischen Krone und Klerus offen aus. 1393 wurde Johannes Nepomuk auf Befehl des Königs gefoltert und von der **Karlsbrücke** in die Moldau gestürzt. Der Legende nach erhob sich der Leichnam aus den Fluten, umringt von leuchtenden Sternen. Das Volk strömte zusammen, um ihn zu bestatten. Während der Gegenreformation gruben die Jesuiten den Leichnam aus und fanden angeblich dessen Zunge unversehrt. Der Orden erreichte 1729 die Heiligsprechung Johannes Nepomuks.

Altstadt –
Perlen großbürgerlicher Pracht

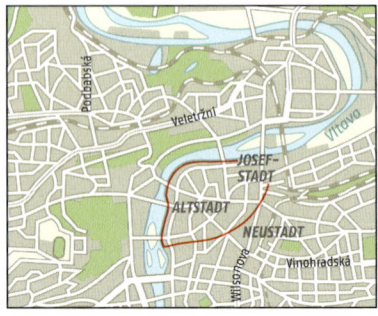

Zwischen dem Hradschin und dem Vyšehrad entwickelten sich bereits im 10. Jh. Marktflecken. Ab dem 11. Jh. errang der Handels- und Stapelplatz im Bereich des **Altstädter Rings** internationale Bedeutung. König Wenzel I. ließ die Stadtmauer errichten und verlieh der Alten Stadt, **Staré Město**, 1235 das Stadtrecht. Unter Karl IV. gedieh sie Mitte des 14. Jh. zu einer der glanzvollen Städte Mitteleuropas. In weiten Teilen blieb die prächtige mittelalterliche Stadtstruktur erhalten. Lediglich im Nordteil brachte die Sanierung des Gettos gegen Ende des 19. Jh. tief greifende Veränderungen. *Späthistorismus* und *Jugendstil* bestimmen hier das Straßenbild.

31 Kreuzherrenkirche
Kostel svatého Františka z Assisi

Elegante Kirche mit pompöser Kuppel im Stil des römischen Barock.

Metro A Staroměstská
Straßenbahn 17, 18 Karlovy lázně

Der Blick über den prachtvollen kleinen **Kreuzherrenplatz** (Křižovnické náměstí) am Altstädter Brückenkopf vermittelt überwältigend schöne Panoramen des ›hunderttürmigen Prag‹. Im Konventsgebäude an der Moldau residierten die Großmeister der ›Kreuzherren mit dem Roten Stern‹, dem einzigen in Böhmen gegründeten geistlichen Ritterorden (1237): Sie stellten in den Jahren 1561–1694 den Prager Erzbischofs – die Folge waren Zwistigkeiten mit den Jesuiten, die ebenfalls nach Macht und Einfluss strebten.

Ihr Konkurrenzkampf wurde auch in der Architektur ausgefochten, so setzt die Kuppel der **Kreuzherrenkirche** bewusst ein Pendant zur Salvatorkirche des Jesuitenkollegiums Klementinum [Nr. 32].

Erbaut wurde die dem hl. Franz von Assisi geweihte Kreuzherrenkirche 1678–87 nach Plänen des französischen Malers und Architekten Jean Baptiste Mathey, der 20 Jahre in Rom gelebt hatte. Römisch inspiriert ist daher der frühbarocke Zentralbau mit *Ovalkuppel* auf hohem

Tambour, der ersten in Prag. Die breit gezogene *Fassade* folgt dagegen dem Geschmack des kühlen französischen Barock. Auflockerung bringen die später hinzugefügten *Figuren* des Spätbarock

Der Kreuzherrenplatz wird von der mächtigen Kuppel der Kreuzherrenkirche überragt

und Rokoko: über dem Portal der Kirchenpatron Franz von Assisi, links die hll. Agnes und Ludmila, rechts die hll. Wenzel und Veit, 1723 von Andreas Philipp Quittainer geschaffen. Auf der Attika sieht man Engel aus der Werkstatt Matthäus Wenzel Jäckels, an der Treppe die Immaculata und den hl. Johannes Nepomuk von Richard Prachner.

Böhmischer Marmor, Stuckaturen von Tomaso Soldati und Fresken von Wenzel Lorenz Reiner mit dem ›Jüngsten Gericht‹ schmücken das Innere. Die Wandnischen füllen monumentale *Stuckfiguren* (1690/91) der Dresdner Bildhauer Süßner: Jeremias Süßner schuf die ruhigen Statuen der hll. Joachim und Anna, sein Bruder Konrad Max die im Geiste Berninis dramatischen Gestalten Martin, Georg und Katharina. Die übrigen *Plastiken* stammen von Matthäus Wenzel Jäckel: am Hochaltar Gottvater sowie die hll. Helena und Augustinus. Johann Christoph Liška malte die Stigmatisierung des hl. Franz in der *Chorkuppel*, sein Stiefvater und Lehrer Michael Lukas Willmann die *Altarblätter* in den Kreuzarmen.

An der Ecke zur Kreuzherrengasse (Křižovnická) fand die frühbarocke **Win-**

zersäule (1676) des hl. Wenzel Aufstellung, ein Werk Johann Georg Bendls. Mitte des 19. Jh. wurde der Platz bis zum Altstädter Brückenturm aufgeschüttet und befestigt. Das neogotische **Denkmal Kaiser Karls IV.**, 1848 nach einem Modell von Ernst Hähnel gegossen, erinnert an die 500-Jahr-Feier der Karls-Universität.

32 Klementinum

Das einstige Altstädter Jesuitenkollegium ist nach der Burg der ausgedehnteste Gebäudekomplex Prags.

Křižovnická – Platnéřská – Karlova
Eingänge: Křižovnická 190, Karlova 1, Mariánske náměstí 5
Tel. 222 22 08 79
www.klementinum.com
Mai–Okt. tgl. 10–17, Nov.–April tgl. 10–16 Uhr; Führungen zur vollen Stunde, Treffpunkt Spiegelkapelle (Eingang Mariánske náměstí 5)
Metro A Staroměstská
Straßenbahn 17, 18 Staroměstská

Um die katholische Kirche in Böhmen zu stärken, übergab der Habsburger Ferdinand I. im Jahr 1556 das in den Hussiten-

kriegen verwüstete Dominikaner-Kloster dem Jesuitenorden, der das Kollegium zu einem Bollwerk der Gegenreformation machte. Etwa 30 000 utraquistische Bücher wurden im Hof verbrannt. 1653 begann auf dem Gelände in bester Lage der Bau des Klementinums als Ordenskollegium. Doch 1773–1814 wurde der Jesuiten-Orden verboten. Seine Gebäude dienten fortan als erzbischöfliches Seminar, Hochschule und Bibliothek. In 140-jähriger Bauzeit erfolgte schließlich die Erweiterung zu einer bombastischen Anlage mit fünf Höfen, drei Kirchen – es sind die böhmische *Salvatorkirche*, die deutsche *Klemenskirche* und die *Welsche Kapelle* –, mit Wohntrakten, Schule, Bibliothek, Sternwarte, Druckerei und Theater.

Ältester Teil ist Carlo Luragos spätmanieristische Hauptfassade (um 1636) zur Křižovnická hin: Bossierte Pilaster mit kraftvollen Kapitellen, Stuckaturen von Bartholomäus Cometa und ›niederländische‹ Giebel bilden Gliederung und Schmuck. František Maximilián Kaňka leitete 1720–27 den Umbau und die Erweiterung zu einer hochbarocken Anlage: Osttrakt, *Astronomischer Turm* (Astronomická věž) mit Sternwarte, bekrönt von Atlas mit der Weltkugel, Spiegelsaal (Klassische Konzerte tgl. 18 Uhr), *Mathematischer Saal* und *Großer Bibliothekssaal*, einer der wertvollsten Innenräume dieser Zeit. Deckenfresken des Schwaben Johann Hiebl, ein Schüler und getreuer Nachfolger Andrea Pozzos, eröffnen einen illusionistischen Blick in den ›Tempel der Weisheit‹.

Das Klementinum ist Sitz der **Tschechischen Nationalbibliothek** (Národní knihovna České republiky, Klementinum 190, Tel. 221 66 31 11, www.nkp.cz), mit über 6 Mio. Bänden, darunter wertvolle Handschriften und Inkunabeln. In der *Galerie* (Tel. 221 66 32 77, Di–So 10.30–18 Uhr) im ersten und zweiten Stock werden Wechselausstellungen gezeigt. Die einst ebenfalls im Klementinum beheimatete Technische Nationalbibliothek (Národní technická knihovna) ist inzwischen in einen Neubau im Stadtteil Dejvice umgezogen.

Salvatorkirche
Kostel Nejsvětějšího Salvátora
Ostseite des Křižovnické náměstí

Die Salvatorkirche ist Böhmens erste Jesuitenkirche. Sie wurde 1578 als dreischiffige Basilika im Stil der Renaissance-Gotik gegründet. Der Dreißigjährige Krieg unterbrach die Bauarbeiten. Carlo Lurago und Francesco Caratti leiteten Mitte des 17. Jh. die Barockisierung. Giovanni Battista Cometa schmückte Portikus und Fassade mit kraftvollen *Stuckaturen*, Johann Georg Bendl schuf 1659 die *Figuren*: Den Dreiecksgiebel krönt sein Christus als Salvator mundi (Erlöser der Welt) zwischen den vier Evangelisten, in der Muschelnische des Giebelfelds steht die Jungfrau Maria, flankiert von den beiden Jesuitenheiligen Ignatius von Loyola und Franz Xaver; auf der Balustrade stehen die vier abendländischen Kirchenväter zwischen den hll. Clemens und Adalbert.

Durch ein frühbarockes *Schmiedeeisengitter* wirft man einen ersten Blick

Der Große Bibliothekssaal birgt neben seinem Bücherschatz auch wertvolle Globen

Im Sommer herrscht Hochbetrieb in der Karlsgasse, die einst Teil des Krönungswegs war

ins Innere. Bemerkenswert sind hier die *Stuckengel* (1648) im Kuppeltambour und die *Apostelfiguren* auf den Beichtstühlen von Bendl. Johann Georg Heintsch malte um 1700 die *Seitenaltarbilder* mit den Heiligen Ignatius und Franz Xaver.

Welsche Kapelle
Vlašská kaple
Karlova

Der ovale Kuppelbau, um 1590 von italienischen Wanderkünstlern für die Italienische Kongregation errichtet, schmiegt sich an den Chor der Salvatorkirche. Mit dem rechtwinklig vorgeschobenen Portikus der Klemenskirche, 1715 vom Prager Architekten František Maximilián Kaňka entworfen, bildet er ein schönes Bauensemble; bemerkenswert ist auch das schmiedeeiserne *Gittertor*.

Den Innenraum gliedern acht Doppelpilaster und Rundbögen, im unteren Teil als Kapellenkranz ausgebildet, im oberen als Emporenzone. *Wandmalereien* schildern Szenen aus dem Marienleben.

St. Klemens
Kostel svatého Klimenta
Zugang: neben der Welschen Kapelle oder vom Hof des Klementinums

Anstelle einer mittelalterlichen Dominikanerkirche plante Christoph Dientzenhofer um 1712 eine hochbarocke Saalkirche. Als Bauleiter wirkten wohl Antonio Lurago und František Maximilián Kaňka. Die Deckenfresken des Schwaben Johann Hiebl erzählen die Legende des hl. Papstes Clemens, das Altarbild ›hl. Leonhard‹ schuf Peter Brandl, die Rahmung des Hochaltars Josef Kramolín. Wertvollster Kunstbesitz der Kirche sind die Sandstein- und Lindenholz-Skulpturen (1715) von Matthias Bernhard Braun, Meisterwerke hochbarocker Expressivität: in den Wandnischen Evangelisten und Kirchenväter, an den Altären Heilige – besonders bemerkenswert ist hier die ›Verzückung des hl. Aloisius von Gonzaga‹.

Karlsgasse
Karlova

Eine der schönsten Altstadtgassen, Teil des Königs- und Krönungsweges vom Pulverturm zur Burg.

Metro A Staroměstská
Straßenbahn 17, 18 Karlovy lázně

Einst zogen die Könige auf ihrem Krönungsweg vom Pulverturm hinauf zur Burg durch die Karlsgasse. Heute dient sie vor allem Touristen als schnellste Verbindung von der Karlsbrücke zum Altstädter Ring, wobei es sich durchaus lohnt, den Blick über die Souvenirshops hinaus auf die schönen Häuserfassaden zu richten. Die Ecke zum Smetana-Kai beherrscht das **Palais Colloredo-Mansfeld** (Karlova 2), barockisiert um 1735 im Auftrag des Fürsten Vinzenz Paul Mansfeld-Fondi. Wappen, Putti und den Neptunsbrunnen im Hof schuf Anton Braun mit seiner Werkstatt. Im Palais ist heute das **Artbanka Museum of Young Art** (AMoYA, www. artbanka.cz, tgl. 10–19 Uhr) untergebracht, dessen Präsentationen zeitgenössischer tschechischer und internationaler Kunst einen spannenden Kontrapunkt zum barocken Ambiente darstellen. Im Renaissancehaus Nr. 4 **Zur Französischen Krone** (U francouzské koruny) arbeitete 1607–12 der Astronom *Johannes Kepler*.

Im Renaissancehaus **Zur Goldenen Schlange** (U zlaté panny, Karlova 18) wohnte Anfang des 18. Jh. der Armenier Deodatus Damajan aus Damaskus, der erste Kaffeesieder Prags. Schönstes Gebäude ist das Renaissancehaus **Zum Goldenen Brunnen** (U zlaté studny, Karlova 3) mit prachtvoll stuckierter Barockfassade von Johann Ulrich Mayer.

34 Palais Clam-Gallas
Clam-Gallasův palác

Bedeutendes Denkmal hochbarocker Profanarchitektur – ein Stück kaiserliches Wien in Prag.

Husova 20
bei Ausstellungen Di–So 10–18 Uhr
Metro A Staroměstská
Straßenbahn 17, 18 Staroměstská

Johann Wenzel Graf Gallas, Vizekönig von Neapel, gewann für die Errichtung des Palais Clam-Gallas (1713–25, heute Stadtarchiv) den genialen kaiserlichen Hofarchitekten Johann Bernhard Fischer von Erlach. Die **Fassade** besticht durch das Zu-

Kraftvolle Giganten von M. B. Braun flankieren das Hauptportal des Palais Clam-Gallas

sammenspiel von Architektur und Bildhauerei. Matthias Bernhard Braun schuf die prachtvollen Gigantenpaare an den beiden Portalen, an den Sockeln Reliefs der Taten des Herkules. Von den dreizehn Götterstatuen auf der *Attika* haben sich nur Fragmente erhalten (im Lapidarium, s. S. 107); Jupiter, Merkur und Venus wurden in Kopien aufgestellt. Hinter dem Hauptportal öffnet sich der **Hof** mit dem *Triton-Brunnen*. Das großartige Treppenhaus schmücken *Plastiken* von Braun sowie ein *Deckenfresko*, ›Triumph des Apoll‹, von Carlo Carlone. Im 1. Stock finden Wechselausstellungen statt.

Am Marienplatz (Mariánské náměstí) erhebt sich das **Neue Rathaus** (Nová radnice, 1908–11), ein Jugendstilgebäude, das Plastiken von Stanislav Sucharda, Josef Mařatka und Ladislav Šaloun (der ›Eiserne Ritter‹ sowie ›Rabbi Löw‹ an den Gebäudeecken) schmücken.

35 St. Ägidius
Kostel svatého Jiljí

Gotischer Saalbau mit spätbarocker Ausstattung.

Husova 8
Tel. 224 22 02 35
www.kostel-praha.cz
Metro A Staroměstská
Straßenbahn 17, 18 Karlovy lázně

Das Gotteshaus mit den ungleich hohen Turmstümpfen setzt einen markanten Akzent im Stadtbild. St. Ägidius wurde 1340–70 als Kapitelkirche im Auftrag der Prager Bischöfe errichtet, im 15. Jh. zogen Hussiten (Utraquisten) ein, 1626 Dominikaner. Diese ließen die dreischiffige Halle ohne Chor (!) durch František Špaček (vermutlich nach Entwürfen von Kilian Ignaz Dientzenhofer) um 1730 zu einem festlichen **Spätbarockraum** umgestalten. Als Stuckateur wirkte Bernardo Spinetti, als Freskenmaler Wenzel Lorenz Reiner. Im *Mittelschiff* ist der ›Triumph der Dominikaner über die Ketzer‹ dargestellt, in den *Seitenschiffen* die Lebensgeschichte des Ordensgründers Dominikus Guzman und des Kirchenlehrers Thomas von Aquin. Das Altarblatt des hl. Wenzel im linken Seitenschiff stammt ebenfalls von Reiner, der hier 1743 seine letzte Ruhestätte fand. Von der frühbarocken Ausstattung beließ man das *Hochaltarblatt* ›Die Einsetzung des Dominikaner-Ordens‹ (1660) von Anton Stevens.

Der Reformator Jan Hus wird 1415 in Konstanz auf dem Scheiterhaufen verbrannt

Die Reformation in Böhmen

Viele Stätten in Prag – ob Bethlehemskapelle, Teynkirche, St. Martin in der Mauer, Karls-Universität, Neustädter Rathaus, Karlsplatz oder Vitkov-Hügel in Žižkov – erinnern an die für das tschechische **Nationalbewusstsein** so bedeutsame Hussitenbewegung.

Ende des 14. Jh. hatten sich in Böhmen neben den sozialen Gegensätzen auch die Spannungen zwischen Adel und Klerus sowie zwischen Tschechen und Deutschen verschärft. **Reformen** standen dringend an, die König Wenzel (1378–1419) aber weitgehend versagte.

Überragende Persönlichkeit jener Umbruchzeit war **Jan Hus**, geboren 1369 in Husinec im Böhmerwald, Priester und Prediger in der Bethlehemskapelle. In leidenschaftlichen Predigten prangerte er die Verweltlichung der Kirche an, kämpfte gegen das Ablasswesen, griff den Papst und die Rangordnung des Kle-

rus an. In diesen Punkten war er als Reformator ein Vorläufer Martin Luthers. Wesentliche Teile der römischen Heilslehre ließ er jedoch unangetastet. 1402 wurde er zum Rektor der Karls-Universität und forderte als solcher die Stärkung des tschechischen Elements. Seine religiösen Ansichten vertrat Hus auf dem Konzil von Konstanz (1414–18). Dort wurden seine Lehren als Häresie verurteilt, er selbst 1415 auf dem **Scheiterhaufen** verbrannt. Sein Tod bewirkte in ganz Böhmen ein Erstarken der Hussitenbewegung, die sich zunehmend mit dem böhmischen Nationalismus verband.

Der erste Prager Fenstersturz am 30. Juli 1419 vom Neustädter Rathaus löste die 15 Jahre andauernden **Hussitenkriege** aus. Nunmehr spaltete sich die Hussitenbewegung. Den puritanisch-radikalen Flügel bildeten die **Taboriten**, benannt nach der südböhmischen Stadt Tabor; am 14. Juli 1420 führte sie der Kleinadlige Jan Žižka auf dem Vitkov-Hügel bei Prag zum Sieg über Kaiser Sigismund. Den gemäßigten Flügel bildeten die **Kalixtiner** (Kelchner) und **Utraquisten**, benannt nach ihrer Forderung, das Abendmahl allen Gläubigen ›unter beiderlei Gestalt‹ – also Brot und Wein – zu gewähren (lat. ›sub utraque specie‹). Das erste Abendmahl dieser Art in Prag fand 1414 in der Kirche St. Martin in der Mauer statt. Der **Laienkelch** wurde zum Symbol der hussitischen Bewegung schlechthin. 1434 besiegte das Adelsheer der Utraquisten in der Schlacht von Lipany das Volksheer der Taboriten. Hauptsitz der Utraquisten in Prag blieb bis 1620 die Teynkirche am Altstädter Ring, vollendet vom utraquistischen König Georg von Podiebrad (reg. 1458–71).

36 Bethlehemsplatz
Betlémské náměstí

Nationales Kulturdenkmal und ethnologisches Museum.

Metro A, B Můstek oder
Metro B Národní třída

Im Nordosten des lang gestreckten, verkehrsberuhigten Altstadtplatzes erhebt sich die 1391 von Prager Patriziern gestiftete **Bethlehemskapelle** (Betlémská kaple, Tel. 224 24 85 95, www.studenthostel.cz, April–Okt. tgl. 10–18.30, sonst bis 17.30 Uhr, bei Veranstaltungen keine Be-

sichtigung). Historische Bedeutung erlangte sie durch die flammenden Predigten des Magisters **Jan Hus**, der die Missstände der Kirche und den Sittenverfall des Klerus anprangerte. Seine Exkommunikation und vor allem seine Verbrennung 1415 auf dem Konzil von Konstanz wurden als Angriff auf die tschechische Nation verstanden – die Bethlehemskapelle erlangte den Rang eines Nationalheiligtums. Andere Reformatoren folgten auf der Kanzel; 1521 predigte hier der deutsche Bauernführer *Thomas Müntzer*. Nach dem Dreißigjährigen Krieg trachteten die Jesuiten, alle Erinne-

Im Sommer lädt ein Freiluft-Café am Smetana-Denkmal zum Verweilen ein

rungen an die Hussiten zu tilgen, Kapelle und Predigerhaus fielen 1786 der Spitzhacke zum Opfer. 1919 wurden Mauerreste freigelegt, in den 1950er-Jahren schließlich leitete Jaroslav Fragner die Wiederherstellung.

1987 übernahm die *Tschechische Technische Hochschule Prag* (České vysoké učení technické v Praze) die Kapelle, sie dient als Festsaal der Hochschule.

Unweit des Gotteshauses lädt das ethnologische **Náprstek-Museum** (Náprstkovo Muzeum, Betlemské námĕsti 1, Tel. 224 49 75 00, www.nm.cz, Di–So 10–18 Uhr), eine Dependance des Nationalmuseums, in einem ehem. Brauereigebäude zu einem Streifzug durch asiatische, ozeanische, afrikanische und amerikanische Kulturen ein.

37 Heilig-Kreuz-Rotunde
Rotunda svatého Kříže

Romanische Rundkirche, wie sie bereits im 10. Jh. gebaut wurde.

Karolíny svĕtlé/Konviktská
Metro B Národní třida
Straßenbahn 6, 9, 17, 18, 21, 22
Národní divadlo

Von den erhaltenen drei Prager Rotunden scheint die Heilig-Kreuz-Rotunde die zweitälteste zu sein, errichtet um 1150 als Friedhofskapelle oder Pfarrkirche einer kleinen Siedlung. Eine Künstlervereinigung rettete sie im 19. Jh. vor dem Abriss. Bei der anschließenden Restaurierung kamen Fragmente gotischer Wandmalereien aus dem 14. Jh. zum Vorschein.

In einem Raum des Náprstek-Museums werden Exponate aus Tasmanien gezeigt

38 Smetana-Kai
Smetanovo nábřeží

Uferpromenade mit prachtvollem Panorama.

Metro B Národní třida oder
Metro A Staromĕstská
Straßenbahn 6, 9, 17, 18, 21, 22
Národní divadlo oder
Straßenbahn 17, 18 Karlovy lázně

Von den Mühlen südlich der Karlsbrücke blieb nur der spätgotische **Wasserturm** (Staromĕstská vodárenská vĕž, 1576/77) mit seinem markanten spitzen Dach erhalten, das von vier Erkern flankiert wird. Unmittelbar am Moldauufer liegt das ehemalige **Altstädter Wasserwerk** (Staromĕstská vodárna), geplant von Antonin Wíehl, dem Schöpfer der tschechischen Neorenaissance. Sgraffiti nach Vorlagen von František Ženíšek und Mikoláš Aleš schildern den Kampf gegen die Schweden 1648 auf der Karlsbrücke. Seit 1936 ist der Bau Sitz des **Friedrich-Smetana-Museums** (Muzeum Bedřicha Smetany, Tel.

222 22 00 82, www.nm.cz, Mi–Mo 10–17 Uhr, Studierzimmer nach vorheriger Anmeldung), das zum Nationalmuseum gehört. Bedřich (Friedrich) Smetana (1824–84), mit Antonín Dvořák der Begründer der tschechischen Nationalmusik, setzte der Moldau in seinem sinfonischen Zyklus ›Mein Vaterland‹ (Má Vlast) ein weltweit bekanntes musikalisches Denkmal. Das **Smetana-Denkmal** am Novotny-Steg schuf 1984 Joséf Malejovsků.

Den **Smetana-Kai**, die älteste Prager Uferpromenade, gestaltete Bernhard Grueber um 1840. Friedrich Smetana komponierte hier im **Palais Lazansky** (Lažanský palác, Smetanovo nábřeží 2) seine Opern ›Die verkaufte Braut‹ (Prodaná nevěsta, 1866) und ›Dalibor‹ (1868). Im Neorenaissance-Palais befindet sich der traditionsreiche Künstlertreff **Café Slavia** [s. S. 123], von dem sich eine prachtvolle Aussicht auf Hradschin, Karlsbrücke und Kleinseite bietet. Oskar Kokoschka hat sie in einigen Gemälden festgehalten.

Die böhmischen Stände stifteten das neogotische **Franzens-Monument** in der kleinen *Parkanlage*: Josef Max und Kamill Böhm schufen die allegorischen Figuren; das Reiterstandbild Kaiser Franz I. befindet sich seit 1918 im Lapidarium [s. S. 107].

39 St. Martin in der Mauer
Svatého Martin ve zdi

Wichtige Kirche der hussitischen Bewegung.

Martinská 8
Tel. 604 75 90 62
www.martinvezdi.eu
Metro B Národní třida

Die romanische Pfarrkirche des Stadtteils Újezd wurde im 13. Jh. in die Stadtmauer einbezogen, schrittweise gotisiert und nach einer Feuersbrunst teilweise barockisiert. An der *Chorwand* erinnert ein Reliefporträt an *Ferdinand Maximilian Brokoff* (1688–1731), den Hauptvertreter des böhmischen Hochbarock, der auf dem früheren Martinsfriedhof beigesetzt wurde.

Historische Bedeutung erlangte die Kirche im Oktober 1414, als hier zum ersten Mal in Prag das Abendmahl unter beiderlei Gestalt – als Brot und Wein – gespendet wurde. Der *Laienkelch* wurde zum Symbol der hussitischen Revolution. Bis zur Gegenreformation (nach 1620) blieb St. Martin im Besitz der Kelchner (Kalixtiner, Utraquisten), die Messe wurde tschechisch gelesen. Heute wird die Kirche von der Deutschsprachigen Evangelischen Gemeinde Prag genutzt.

40 Galli-Stadt
Havelské mesto

Interessantes Marktviertel mit Pfarrkirche mit baugeschichtlich bedeutender Barockfassade.

Metro A, B Můstek

Zwischen Železná (Eisengasse), Uhelný trh (Kohlenmarkt) und Rytířská (Rittergasse) erstreckt sich die mittelalterliche Galli-Stadt (Nova civitas circa S. Gallum), ange-

Bedřich Smetana – Musik fürs Vaterland

Am 2. März 1824 wurde der tschechische Komponist **Bedřich (Friedrich) Smetana**, der sich später mit seinen Werken leidenschaftlich für die nationale Bewegung einsetzen sollte, in dem ostböhmischen Ort Litomyšl geboren. Mit 19 Jahren zog Smetana nach Prag und nahm bei dem blinden Klavierlehrer Josef Proksch Unterricht. Seinen Lebensunterhalt verdiente er zunächst als Pianist, 1848 gründete Smetana eine **Musikschule** und erhielt zusätzlich Förderung von Franz Liszt. Von 1856–61 leitete er das Sinfonieorchester in Göteborg. Nach seiner Rückkehr nach Prag erhielt Smetana 1966 die lang ersehnte Stelle des **Kapellmeisters** am tsche-

Auch die Böhmische Tänze, 1877, zeugen von Smetanas Liebe zum Vaterland

chischen Nationaltheater. Dort entstand sein erstes Bühnenwerk ›Die Brandenburger in Böhmen‹, das wie auch alle seine folgenden Kompositionen einem tschechischen Thema gewidmet ist. Im gleichen Jahr schuf Smetana sein erfolgreichstes Werk ›Die verkaufte Braut‹. 1868 vollendete er die tragische Oper ›Dalibor‹, mit deren Aufführung die Grundsteinlegung des Nationaltheaters gefeiert wurde.

Sein heute wohl bekanntestes Werk, der Zyklus ›**Mein Vaterland**‹ mit den sinfonischen Gemälden ›Die Moldau‹ und ›Vyšehrad‹ komponierte der Musiker nach 1874. Damals hatte er seine Kapellmeistertätigkeit aufgeben müssen, da er sein Gehör verloren hatte und unter mentalen Störungen litt. Dennoch arbeitete Smetana mit all seiner verbliebenen Kraft verbissen weiter an seinen Kompositionen.

So konnte er schließlich noch die Aufführung seiner Oper ›**Libussa**‹ zur Einweihung des Nationaltheaters 1881 erleben, die wie ›Dalibor‹ einer zentralen Figur der tschechischen Sagenwelt gewidmet ist. Da sein gesundheitlicher Zustand sich jedoch zunehmend verschlimmerte, wurde er im April 1884 in ein Sanatorium eingeliefert, in dem er am 12. Mai desselben Jahres starb.

Mit seinem Schaffen wollte sich Smetana gänzlich in den Dienst des Vaterlandes stellen, dessen Geschichte und Schönheit zentrale Themen seiner Werke sind. Sein Streben war eine Stärkung des nationalen Selbstbewusstseins. Bis heute sind die Sätze aus dem Mund von Smetanas Libussa jedem Tschechen geläufig: ›Mein teures Böhmenvolk wird nicht vergeh'n, aus Grabesnächten herrlich neuersteh'n‹.

Mozart-Aufführungen haben eine lange Tradition im neoklassizistischen Ständetheater

legt um 1245 von Eberhard, dem Münzmeister König Wenzels I. Vor den stattlichen Bürgerhäusern der Havelská ulice (Gallus-Gasse) hat sich der gotische Laubengang erhalten. In dem Gässchen **V Kotcích** lebt die Bezeichnung für die kleinen Holzbuden weiter, in denen Tuch- und Wollhändler ihre Waren feilboten. Teile der gemauerten ›Kotzen‹ wurden zum ›Kotzentheater‹ (Divadlo v Kotcích) umgebaut, in dem 1771 mit ›Herzog Michel‹ das erste Schauspiel in tschechischer Sprache aufgeführt wurde. Nach Errichtung des Ständetheaters [Nr. 41] riss man die Volksbühne ab.

Die **St.-Gallus-Kirche** (Kostel svatého Havla, Havelská) zog im Mittelalter durch den Erwerb der Schädelreliquie des hl. Gallus aus dem Schweizer Kloster *St. Gallen* Scharen von Gläubigen an. Wortgewaltige Prediger und Reformatoren ›donnerten‹ von der Kanzel, unter ihnen auch Johannes von Pomuk (der später heilig gesprochene Johannes Nepomuk) und Jan Hus. In den Hussitenkriegen verschwand das hochverehrte Haupt des Kirchenpatrons. Nach der Schlacht am Weißen Berge (1620) ging das Gotteshaus 1627 in die Hand Beschuhter Karmeliter über: Sie brachten eine neue Reliquie mit, Knochenmehl des hl. Amathosius, das den Teufel austreiben sollte.

Ende des 17. Jh. begann die *Barockisierung* der romanisch-gotischen Basilika: In der ersten Bauphase wurde eine gewölbte **Fassade** vorgeblendet, wohl die erste ihrer Art in Böhmen, ab 1723 folgten das wellenförmige Gesims und die statuenbesetzte Balustrade nach Entwürfen von Johann B. Santini-Aichel. Paul Ignaz Bayer oblag die Gesamtbauleitung.

Zur **Ausstattung** der Kirche zählen kostbare Werke wie der *Marienzyklus* an den Mittelschiffarkaden und das *Hochaltarblatt* ›Jungfrau Maria mit dem hl. Gallus im Beisein Kaiser Leopolds I.‹ (1696) von Johann Christoph Liška. Die *Kalvarienberg-Gruppe* im linken Seitenchor und die holzgeschnitzten *Evangelistenstatuen* (1726) stammen von Ferdinand Maximilian Brokoff, die *Stuckaturen* von Giovanni Battista Cometa. Im rechten *Seitenchor* ist Karel Škréta (1610–74) beigesetzt, Böhmens bedeutendster Maler des Frühbarock.

41 Ständetheater
Stavovské divadlo

 Ältester fester Theaterbau Prags. Ehrwürdige Stätte europäischer Musik- und Theatertradition.

Ovocný trh 1
Programminformation und Tickets:
Tel. 224 90 14 48
www.narodni-divadlo.cz
Metro A, B Můstek

Reichsgraf Franz Anton Nostitz-Rieneck, Oberstburggraf und Stellvertreter des Königs, finanzierte diesen ersten festen

Immer wieder finden moderne Skulpturen wie die von Zoubek Platz vor dem Ständetheater

Theaterbau Prags – eine deutschsprachige Bühne in klassizistischem Gewand. Er entstand 1781–83 nach Entwürfen des Theatertheoretikers Graf Künigl und unter der Bauleitung von Anton Haffenecker. 1798 erwarben die böhmischen Stände das Gebäude und benannten das **Nostitz-Theater** in Ständetheater um. Eine bauliche Modernisierung im Stil des Neoklassizismus erfolgte 1881 durch Achill Wolf.

Das Haus war Schauplatz zahlreicher Uraufführungen: gleich zur Eröffnung 1783 Lessings Schauspiel ›Emilia Galotti‹, am 29. Oktober 1787 Mozarts umjubelter ›Don Giovanni‹, 1791 gefolgt von seiner Festoper ›La clemenza di Tito‹ (Titus), ein Auftragswerk der böhmischen Stände für die Krönung Kaiser Leopolds II. zum König von Böhmen. 1834 erklang hier zum erstenmal das Lied *Wo ist mein Heimatland (*Kde domov můj), die spätere tschechische Nationalhymne, gedichtet von *Josef Kajetán Tyl* (1808–56) für sein Singspiel ›Fidlovačka‹ (Der Fiedler) mit der Musik von František Škroup.

Heute kann man in dem eleganten blau-goldenen Interieur Schauspiel-, Balett- und Opernaufführungen des Nationaltheaters beiwohnen.

42 Karolinum

Hauptgebäude der Karls-Universität. Nationales Kulturdenkmal.

Ovocný trh 3/Železná 9
Tel. 224 49 18 50
www.cuni.cz
Metro A, B Můstek

Kaiser Karl IV. gründete 1348 die erste im Heiligen Römischen Reich. Sein Nachfolger Wenzel IV. stellte 1383 dem ›Collegium Carolinum‹ das Wohnhaus des Münzmeisters Johlin Rotlöw zur Verfügung, das seitdem im Besitz der Universität ist. Aus dem 14. Jh. blieb die gotische Erkerkapelle im Ostteil der Aula erhalten. Das

Volles Haus mit fünf Emporen: Das Ständetheater zieht Kulturfreunde aus aller Welt an

Unter den Schwibbögen der Melantrichgasse lugt der Altstädter Rathausturm hervor

übrige Universitätsgebäude wurde in den folgenden Jahrhunderten mehrere Male umgebaut und im 20. Jh. in seiner ursprünglichen Form rekonstruiert. Im Erdgeschoss sind gelegentlich Wechselausstellungen zu sehen.

43 Melantrichgasse
Melantrichova

Malerische Gasse mit schönstem Prager Hausportal der Renaissance.

Metro A Staroměstská oder
Metro A, B Můstek
Straßenbahn 17, 18 Staroměstská

Die von Schwibbögen überspannte Melantrichova verdankt ihren Namen dem bedeutenden tschechischen Buchdrucker Jiří Melantrich (1511–80). Viele Gebäude der Gasse bewahrten ihren mittelalterlichen Mauerkern, meist hinter Renaissance- oder Barockfassaden. Im Restaurant **Zum Goldenen Krug** (U Zlaté Konvice, s. S. 121) wird heute Wein in schönen Kellergewölben kredenzt.

Das Haus **Zu den zwei goldenen Bären** (Dům u dvou zlatých medvědů, Kožná 1) an der Ecke zum Ledergässchen schmückt ein fein gemeißeltes *Spätrenaissanceportal* (um 1590) mit einst vergoldeten Bärenreliefs. Eine Gedenktafel erinnert an *Egon Erwin Kisch* (1885–1948), den ›rasenden Reporter‹, einen der herausragenden Journalisten des 20. Jh., der in diesem Haus geboren wurde. Mit Franz Werfel, Franz Kafka und Max Brod zählte er außerdem zu dem bedeutenden deutschsprachigen Literatenkreis, über den der Kulturkritiker Karl Kraus – selbst ein Prager – treffend bemerkte: »Es werfelt und kafkat, es brodelt und kischt.«

Wer die wachserne Nachbildung Franz Kafkas und vieler anderer berühmten Persönlichkeiten bewundern möchte, kann das nahe **Wax Museum** (Železná 6, Tel. 224 21 55 85, www.waxmuseumprague. cz, tgl. 10–21 Uhr) besuchen.

44 Kleiner Ring
Malé náměstí oder Ryneček

Platzanlage mit dem Haus ›Zur Minute‹, dessen Sgraffitoschmuck zu dem schönsten Prags gehört.

Metro A Staroměstská oder
Metro A, B Můstek
Straßenbahn 17, 18 Staroměstská

Rings um den dreieckigen Platz bekunden romanische und gotische Gewölbe sowie manche Fassadendetails den alten Siedlungskern. Im 12. Jh. bestand hier eine Niederlassung französischer Kaufleute. Den **Brunnen** umgibt ein prachtvolles Renaissancegitter (1560). Am nahe gelegenen **Rott-Haus** (Malé náměstí 3) preisen historische Fassadenmalereien nach Vorlagen von Mikoláš Aleš Ackerbau und Gewerbefleiß.

Im Kern gotisch, wurde das Eckhaus **Zur Minute** (U Minuty, Staroměstské náměstí 2), das zum Altstädter Rathaus gehört, Ende des 16. Jh. im Renaissancestil umgebaut. Die Fassade schmücken Kratzputz-Szenen mit antiken, biblischen und allegorischen Themen. An die Apotheke *Zum Weißen Löwen*, die hier von 1712–1850 betrieben wurde, erinnert ein Steinlöwe. Von 1889–96 hat Franz Kafka mit seinen Eltern in dem Haus gewohnt.

45 Altstädter Rathaus
Staroměstská radnice

TOP TIPP

Berühmt ist die Astronomische Uhr aus dem 15. Jh., prachtvoll die Aussicht vom Rathausturm.

Staroměstské náměstí 3
Tel. 236 00 26 29
www.prazskeveze.eu
Rathaus: Mo 11–18, Di–So 9–18 Uhr
Turm: Mo 11–22, Di–So 9–22 Uhr
Metro A Staroměstská
Straßenbahn 17, 18 Staroměstská

König Johann von Luxemburg gestattete 1338 den Bürgern der ›alten Stadt Prag‹ die Errichtung eines Rathauses, das diese aus der Weinsteuer finanzierten. 1364 war der fast 70 m hohe Turm fertiggestellt, bis ins 19. Jh. wurde er erweitert und umgebaut. Im Mai 1945 schossen deutsche Panzer den neogotischen Ost- und Nordflügel in Brand – bis heute eine Baulücke vor der Niklaskirche.

Der kleine gotische Chor der **Erkerkapelle** (Weihe 1381) im zweiten Geschoss ist ein Meisterwerk der Parler-Bauhütte. Künstlerisch wertvoll ist auch die *Muttergottesstatue* an der Hausecke, ein Beispiel des französisch beeinflussten ›Weichen Stils‹. Die übrigen Figuren sind neogotisch. Eine *Gedenktafel* erinnert an den 1422 vor dem Rathaus hingerichteten hussitischen Prediger Jan Želivský.

Die **Astronomische Uhr** (Orloj) fertigte um 1490 Magister Hanusch, Astronom an der Karls-Universität, an. Prachtvoller Ast- und Knorpelwerk-Zierrat der ausklingenden Gotik umklammern den unteren Steinring. Die Tiersymbole sind dem ›Physiologus‹ entlehnt, einem aus antiken und orientalischen Quellen gespeisten Volksbuch. Auf der *Uhrenscheibe* (oben) geben Zahlen die alte böhmische Zeiteinteilung von einem Sonnenuntergang zum nächsten an, römische Ziffern die zweimal zwölf Stunden des Tages. Der kleinere Ring markiert den Monat, der Zeiger den Mondstand, die zwölf vergoldeten Bogenlinien geben Auskunft über den Planetenstand. Die *Kalenderscheibe* (unten) schmückte Josef Mánes mit Tierkreiszeichen und Monatsbildern.

Der **Apostelzug**, das ›Männleinlaufen‹ der Uhr, beginnt knapp vor jeder vollen Stunde und die stets reichlich auf dem Platz versammelten Zuschauer richten beinahe synchron ihren Blick nach oben, um das nun folgende, nur 35 Sekunden dauernde Schauspiel zu betrachten: Christus und die zwölf Apostel ziehen als geschnitzte Halbfiguren vorüber. Der Hahn kräht, der steinerne Tod dreht die Sanduhr um und läutet das Totenglöckchen. *Allegorische Gestalten* an der Seite verkörpern Eitelkeit (Spiegel), Geiz (Geldbeutel), Tod und Heidentum (Türke). Erzengel Michael mit Schwert und Schild weist auf das Jüngste Gericht; der Adler gilt als Anspielung auf die Geheime Offenbarung des Apostels Johannes.

Eine Kutschfahrt führt meist auch am Haus zur Minute mit seinem Kratzputzschmuck vorbei

Sonne, Mond und Sterne – die Astronomische Uhr zählt mehr als nur die Stunden

Dem spätgotischen Kernbau des Rathauses mit krabbenbesetztem **Kielbogen-Portal** (um 1475) von Matěj Rejsek folgt der Renaissancetrakt, das frühere Haus des Krämers Kříž. Das prachtvolle, dreiteilige Fenster trägt die Inschrift Praga caput regni – Prag, Haupt(stadt) des (König)reiches – aus der Regierungszeit Ferdinands I. (1526–64). Gotische Laubengänge führen ins Rathaus. Im **Vestibül** verherrlichen *Mosaikbilder* (erneuert 1937) nach Vorlagen von Mikoláš Aleš die Frühzeit der Westslawen. Libussa (Libuše), die sagenhafte Ahnfrau der Přemysliden, prophezeit den Ruhm Prags.

Unbedingt lohnend ist der kurze Aufstieg in den **Rathausturm**, von dem aus sich die Prager Altstadt in ihrer ganzen Pracht überblicken lässt.

Wertvollster Innenraum ist die spätgotische **Ratsstube** mit bemalter Renaissance-Balkendecke, Stadtwappen und mehr als 40 Zunftzeichen. Bemerkenswert ist der spätgotische *Christus im Elend* (1405), Vorbild für die Ecce-homo-Statue im Neustädter Rathaus. Ein rotmarmornes Spätrenaissanceportal führt zum 1879/80 gebauten **Neuen Sitzungssaal** mit Historiengemälden von Václav Brožik: Magister Hus vor dem Konzil in Konstanz und die Wahl des ›Hussitenkönigs‹ Georg von Podiebrad, die 1458 im

Altstädter Rathaus stattfand. Im zweiten Stockwerk zeigt eine Dependance der **Galerie der Stadt Prag** (Galerie hlavniho města prahy, Tel. 224 48 27 51, www.ghmp.cz, Di–So 10–18 Uhr) Wechselausstellungen zeitgenössischer Kunst.

46 Altstädter Ring
Staroměstské náměstí

Herz der ›Alten Stadt Prag‹, prachtvolles Architekturensemble.

Metro A Staroměstská
Straßenbahn 17, 18 Staroměstská

Der weiträumige Platz Staroměstské náměstí entwickelte sich am Kreuzungspunkt internationaler Handels- und Verkehrswege. Seit dem Hochmittelalter war er Schauplatz wichtiger Ereignisse – prunkvoller Krönungszüge, Ritterturniere und bürgerlicher Reiterspiele, politischer und religiöser Versammlungen, aber auch von Hinrichtungen und Massakern.

Stattliche Bürgerhäuser und elegante Adelspalais bilden bis heute den festlichen Rahmen.

Das **Jan-Hus-Denkmal** (Pomník mistra Jana Husa) wurde 1915 anlässlich des 500. Jahrestages der Verbrennung des Reformators und Rektors der Karls-Universität Jan Hus (1369–1415) aufgestellt. Bereits 1903 hatte man – in Konfrontation zum Hause Habsburg – den Grundstein zu diesem Nationaldenkmal gelegt. Bildhauer *Ladislav Šaloun* (1870–1946), Hauptvertreter des tschechischen Impressionismus, orientierte sich am Werk Auguste Rodins, besonders an dessen Figurengruppe ›Die Bürger von Calais‹. Eindring-

Pranger und Blutgericht

Seit dem 12. Jh. befanden sich Pranger und Blutgericht auf dem Altstädter Ring. Im Straßenpflaster vor dem Altstädter Rathaus erinnern 27 Kreuze an die Anführer des Aufstandes gegen die Habsburger, die hier am 21. Juni 1621 hingerichtet wurden.

Adlige wie Bürger, Tschechen und Deutsche, Jünglinge und Greise wurden enthauptet, einige gehängt. Dr. Jessenius, dem bedeutenden Gelehrten und Rektor der Karls-Universität, schnitt der Henker zuvor die Zunge ab, »diese schreckliche Waffe der denkenden Nation« (Václav Havel).

lich schildert er Verfolgung, Niedergang und Erneuerung der national-tschechischen Bewegung. Stark idealisiert wurde die Asketengestalt des Jan Hus; im Sockel steht sein Vermächtnis: »Liebt die Wahrheit, verteidigt die Wahrheit und gönnt jedem die Wahrheit.«

Gegenüber dem Altstädter Rathaus verlaufen noch gotische **Lauben**. Romanisch-gotische Kellergewölbe (einst Eingangshallen von Patrizierhäusern) laden heute als stilvolle Gaststätten ein, in einigen der wunderschönen Paläste am Platz haben Galerien geöffnet.

 ▶ **Audio-Feature Altstädter Ring**
QR-Code scannen [s. S. 5] oder dem Link folgen:
www.adac.de/rf1009

Kutscher warten vor der prachtvollen Kulisse des Altstädter Rings auf Kundschaft

Palais Kinský – Nationalgalerie

Palác Kinských – Národní galerie
Staroměstské náměstí 12
Tel. 224 81 07 58
www.ngprague.cz
Di–So 10–18 Uhr

Den Spätbarockbau mit seiner schönen Fassade errichtete Anselmo Lurago 1755–65 im Auftrag des Grafen Johann Arnold Goltz. Die graziösen Stuckverzierungen stammen von Giuseppe Bossi, die Götterstatuen auf der Attika von Ignaz Platzer. 1843 wurde in diesem Palais *Bertha von Suttner* († 1914) als Gräfin Kinský geboren. Im Jahr 1905 erhielt sie den Friedensnobelpreis für ihr Hauptwerk ›Die Waffen nieder‹ von 1889. Zur Jugendzeit *Franz Kafkas* (1883–1924) befand sich hier das K. K. Altstädter Deutsche Gymnasium, an dem er 1901 das Abitur bestand. Sein Vater betrieb eine Zeitlang im Erdgeschoss des Gebäudes einen Tuchladen.

Seit 2011 beherbergt das Palais Kinský die hochkarätigen Sammlungen der Nationalgalerie zur antiken und orientalischen Kunst. Sarkophage, Keramik, Glas und Skulpturen aus Ägypten, Griechenland und dem Römischen Imperium finden sich hier ebenso wie Artefakte aus Tibet, China und Japan.

Haus Zur Steinernen Glocke
U Kamenného zvonu
Staroměstské náměstí 13
Tel. 224 82 82 45
www.ghmp.cz
bei Ausstellungen Di–So 10–18 Uhr

In den 1980er-Jahren wurde das Turmhaus, ein Bau der frühen Prager Gotik, von der neobarocken Ummantelung befreit. Heute zeigt hier die **Galerie der Stadt Prag** (Galerie hlavniho města prahy) regelmäßig Wechselausstellungen zur zeitgenössischen Kunst.

Das *Hauszeichen*, die Steinglocke an der Ecke zur Teynschule, wird mit Johann von Luxemburg, 1310–46 König von Böhmen, in Verbindung gebracht. Dessen

Tanz auf dem Altstädter Ring – eine Folkloregruppe sorgt für Stimmung

Gemahlin Elisabeth – übrigens die letzte Přemyslidin–, scheint die Auftraggeberin des Wohnpalastes mit zwei Kapellen an dieser bevorzugten Stelle in der Altstadt gewesen zu sein. Das schlichte Untergeschoss weist noch frühgotische Formen auf, die Obergeschosse (um 1330) sind mit hochgotischem Maßwerk fein verziert.

St. Niklas in der Altstadt
Kostel svatého Mikuláše
Staroměstské náměstí
www.svmikulas.cz
tgl. 10–16 Uhr

Die theatralisch inszenierte Barockkirche St. Niklas in der Altstadt steht an der Stelle eines bereits im 13. Jh. erwähnten Gotteshauses. 1732–37 führte Kilian Ignaz Dientzenhofer den hochbarocken Neubau aus. Ursprünglich stand er eingezwängt am Geflügelmarkt, erst die Abtragung des Krenn-Hauses (1901) setzte die Südfassade gegen den Platz frei. Auffallend reich modelliert sind daher die oberen Bereiche der beiden Türme und der Kuppeltambour. Anton Braun schuf die Figuren: an den Turmecken stehen böhmische Landesheilige, auf den Segmentbögen des Mittelrisalits sieht man Benedikt und Scholastika, am Portal wiederum Adalbert und Prokop.

In der Kuppel von St. Niklas erzählen Fresken die Legende des Kirchenpatrons

Der Innenraum, reich mit barocker Zier versehen, wirkt wesentlich kleiner, als man bei der Betrachtung von außen erwartet. Die achteckige *Kuppel* ruht auf durchbrochenen Tragepfeilern mit logenartigen Emporen. Bernardo Spinetti fügte den graziösen *Stuck* hinzu, Cosmas Damian Asam die *Fresken*: in der Kuppel die Legende des Kirchenpatrons, im Chor der hl. Benedikt, am Kuppelansatz Evangelisten (1914 stark übermalt). Aus der Zeit

1870–1914, als die Kirche von der russisch-orthodoxen Gemeinde genutzt wurde, stammt der *Kronleuchter* aus der Glashütte Harrachov. Seit 1920 gehört das Gotteshaus der hier gegründeten Tschechoslowakisch Hussitischen Kirche.

Westlich der Kirche wurde Franz Kafka am 3. Juli 1883 geboren. Vom ursprünlichen **Geburtshaus Franz Kafkas** (Náměstí Franze Kafky 5) blieb nach einem Brand nur das Portal erhalten. An den Schriftsteller erinnern an der Außenseite eine Gedenktafel mit Büste und im Haus eine kleine Ausstellung (Expozice Franze Kafky, Tel. 222 32 16 75, zzt. geschl.).

Teynkirche

Kostel Panny Marie Před Týnem
Staroměstské náměstí 14
Di–Sa 10–13 und 15–17,
So 10.30–12 Uhr

Nach dem Veitsdom ist die Teynkirche (Teyn = Zaun) der bedeutendste gotische Sakralbau Prags. Man betritt sie durch die **Teynschule** (Týnská škola), eine der früheren Kirchenschulen der Altstadt, die noch romanische Kellergewölbe und einen gotischen Laubengang besitzt. Ihre zweiteilige Fassade wird von Renaissancegiebeln bekrönt.

Deutsche Kaufleute stifteten um 1365 an der Stelle eines romanisch-frühgotischen Vorläuferbaus ihre Hauptkirche **Maria am Teyn** (Kostel Panny Marie před Týnem), eine dreischiffige Basilika. 1390 übernahm die Dombauhütte Peter Par-

Überschaubares Treiben: Aussicht vom Alten Rathausturm über den Altstädter Ring

Wo einst ›Ungelt‹ entrichtet werden musste, haben heute Cafés und Geschäfte geöffnet

lers die Bauleitung. An der Nordseite entstand ein prachtvolles Portal, wie es einer Kathedrale entsprach; das Tympanonrelief mit Passionsszenen befindet sich jetzt in der Nationalgalerie im Agnes-Kloster [Nr. 50].

Die **Westfront** wurde erst nach den Hussitenkriegen hochgezogen, der Südturm 1511 vollendet. 1419–1620 war die Teyn-Kirche Hauptsitz der Utraquisten. Am Westgiebel prangten eine Statue des ›Hussitenkönigs‹ Georg von Podiebrad und ein vergoldeter Kelch, Symbol des Abendmahls unter beiderlei Gestalt. Nach der Schlacht am Weißen Berg brachten die Jesuiten wieder eine Marienfigur an, aus dem Goldblech des Kelchs fertigte man den Strahlenkranz.

Im **Inneren** besitzt die Teynkirche wertvolle Ausstattungsstücke. Im südlichen Seitenchor (Taufkapelle) befinden sich die Sitznische mit den *Porträtbüsten* eines Herrscherpaares aus der Bauhütte Peter Parlers und ein *Zinntaufbecken* (1414) mit Apostelreliefs. Im Südschiff ist die aus Lindenholz gefertigte thronende ›Muttergottes vom Teyn‹ (um 1400) zu sehen, im nördlichen Seitenchor eine *Kreuzigungsgruppe* (um 1410), ein Hauptwerk der böhmischen Gotik. Ein schöner Schnitzaltar im Hauptschiff in der Tradition der Donauschule (Anf. 16. Jh.) zeigt die Taufe Christi. Am ersten Chorpfeiler rechts ist die *Grabplatte* des dänischen Hofastronomen Kaiser Rudolfs II., Tycho Brahe (1546–1601), eingemauert. Karel Škréta schuf am *Hochaltar* die Altarblätter ›Mariä Himmelfahrt‹ und ›Heilige Dreifaltigkeit‹ (1649), an den *Pfeileraltären* ›Mariä Verkündigung‹ sowie die hll. Josef

und Adalbert. Am *Wenzelsaltar* beeindrucken ein Gemälde von Anton Stevens und Statuen von Johann Georg Bendl. Unter der *Orgelempore* befindet sich ein hochbarockes Ovalrelief der Heiligen Familie (1717), das Ferdinand Maximilian Brokoff zugeschrieben wird.

▶ **Reise-Video
Teynkirche**
QR-Code scannen [s. S. 5]
oder dem Link folgen:
www.adac.de/rf0436

47 Teynhof – Ungelt
Týnsky dvůr – Ungelt

Einstiger Herzoglicher Zollhof mit schönem Renaissancepalais.

Zwischen Týnská, Štupartská
und Malá štupartská
Metro B Náměstí Republiky
Straßenbahn 8, 14, 26 Náměstí
Republiky

Bereits im 11. Jh. bestand hinter der Teyn-Kirche der Herzogliche Zollhof, benannt auch nach dem ›Ungelt‹, einer Gebühr, die durchreisende Kaufleute für Unterkunft, Zoll und Lagerung aller Waren, die Böhmen durchliefen, entrichten mussten. Rundum siedelten sich Buden von Geldwechslern sowie Werkstätten, vor allem zur Zinn- und Wachsgewinnung, an. 1560 ließ der damalige Zolleinnehmer Jakob Granovský von Granov neben dem westlichen Hoftor in der Týnská das **Palais Granovský** errichten, einen prächtigen

Renaissancebau mit toskanischem Laubengang und Chiaroscuro-Malereien an
den Fassaden. Zusätzlich wurden Ende
des 17. Jh. zahlreiche Bürgerhäuser erbaut.
Heute finden sich in ihnen kleine Geschäfte, Cafés, Galerien und Büros.

48 St. Jakob
Kostel svatého Jakuba

*Gotische Architektur in pracht-
vollem Barockgewand.*

Malá štupartská 6
Metro B Náměstí Republiky
Straßenbahn 8, 14, 26 Náměstí
Republiky

Schon 1232 stiftete König Wenzel I. hier
ein Minoritenkloster, das 1320–70 durch
Förderung König Johanns von Luxemburg und seiner Gemahlin Elisabeth
Konventsgebäude und eine Kirche im Stil
der Hochgotik erhielt. Nach dem Brand
von 1689 veränderte Jan Šimon Pánek die
lang gezogene dreischiffige Basilika barock. Die **Fassade** schmücken drei dramatisch bewegte *Stuckreliefs* (um 1695)
von Ottaviano Mosto aus Padua: In der
Mitte erscheint der Apostel Jakobus im
Kreise von Pilgern an seinem Grabmal im
spanischen Santiago de Compostela,
links der hl. Franziskus von Assisi (der Or-
densgründer der Minoriten), rechts die
Glorie der Franziskanerheiligen Antonius
von Padua.

Auch das festliche, schlossartige Ge-
präge des **Inneren** entstand 1736–39 im
Stil des Hochbarock. Als Stuckateur
wirkte Abbondio Bolla, als Freskenmaler
Franz Guido Voget (Marienleben, Dreifaltigkeit). Matthias Schönherr schnitzte
den Rahmen für das *Hochaltarblatt* ›Mar-
tyrium des Apostels Jakobus‹ (1739) von
Wenzel Lorenz Reiner, Peter Brandl malte
einige der *Seitenaltarblätter.*

Ein Meisterwerk böhmischer Barock-
plastik ist das *Grabmal des Grafen Johann
Wenzel Wratislaw von Mitrowitz* (1669–
1712), oberster Kanzler des Königreichs
Böhmen, im nördlichen Seitenschiff. Johann Bernhard Fischer von Erlach lieferte
den Entwurf nach römischen Vorbildern
Berninis. Die Ausführung in Marmor und
Stucksandstein oblag Ferdinand Maximilian Brokoff. In barocker Realistik ist der
Augenblick des Todes festgehalten. Als
Herr der Zeit hält Chronos (1716) die Sanduhr empor. Die Aufwärtsbewegung setzt
sich fort im Kranz und in der Posaune des

*Lustige Straßenmusikanten verwandeln die
Zeltnergasse in eine Freilichtbühne*

Sieges- und Ruhmesengels. Ausgenommen ist lediglich die um ihren Mäzen
trauernde Allegorie der Künste.

Ein Glanzstück ist auch die barocke
Orgel (1702), auf der regelmäßig klassische Konzerte (Tel. 604 208 490, www.
auditeorganum.cz) gegeben werden.

49 Zeltnergasse
Celetná

*Eine der schönsten Altstadtgassen
bildet den Anfang des Königs- oder
Krönungsweges vom Pulverturm
zur Prager Burg.*

Metro B Náměstí Republiky
Straßenbahn 8, 14, 26 Náměstí
Republiky

Schöne und würdige Altbauten, meist
romanisch-gotischen Ursprungs, säumen die malerisch gewundene Zeltnergasse. Im später barockisierten **Sixt-Haus**
(Dům U Sixtů, Celetná 2) weilte einst sogar Francesco Petrarca, der große italienische Dichter und Humanist, als Gast
Kaiser Karls IV. Mitte des 16. Jh. gehörte
das Haus dem protestantischen Kanzler
Johann Sixt von Ottersdorf. Weitere be-
merkenswerte Häuser mit Rokokostuck,
barockem Statuen-Schmuck und eleganten Portalen reihen sich entlang der
Gasse Celetná.

Die einstige **Münze** (Palác mincovny,
Celetná 36) war im Spätmittelalter zeit-

weilig Residenz der böhmischen Königin. Ihre frühklassizistische Fassade stammt von Philipp Heger, die Atlanten schuf Ignaz Platzer.

Das Eckhaus **Zur Schwarzen Muttergottes** (Dům U Černé Matky Boží, 1911–12, Ovocný trh 19) von Architekt Josef Gočár verdankt seinen Namen der *Madonnenfigur* an der nordöstlichen Hausecke, die bereits den barocken Vorgängerbau schmückte. Das einstige Kaufhaus ist ein Paradebeispiel kubistischer Architektur, die sich durch das innovative Spiel mit geometrischen Formen auszeichnet und allein in Tschechien zu finden ist. Hier etwa sind die rechteckigen Fenster abgewinkelt, der schmale Balkon im ersten Stock weist ebenso wie die Fassade einen ›Knick‹ auf. Vor- und Rücksprünge, z. B. das weit vorkragende Dachgesims, erzeugen ein lebhaftes Licht- und Schattenspiel. Passend zur Architektur beherbergt das Haus das **Museum des Tschechischen Kubismus** (Tel. 224 30 10 03, www.ngprague.cz, Di–So 10–18 Uhr) mit Malerei, Skulptur, Mobiliar und Architekturmodellen der Jahre 1910–19. Im ersten Stock besticht das **Grand Café Orient** [s. S. 123] durch seine kubistische Einrichtung. Gočár selbst entwarf Bar und Lampen.

 ▶ **Audio-Feature Haus Zur Schwarzen Muttergottes** QR-Code scannen [s. S. 5] oder dem Link folgen: www.adac.de/rf1025

Das Museum des Tschechischen Kubismus besitzt auch seltenes Mobiliar in diesem Stil

50 Agnes-Kloster – Nationalgalerie
Klášter svaté Anežky České – Národní galerie

 Bedeutendster Komplex der böhmischen Frühgotik. Hervorragendes Museum der Nationalgalerie Prag für mittelalterliche Kunst aus Böhmen.

U Milosrdných 17
Tel. 224 81 06 28
www.ngprague.cz
Di–So 10–18 Uhr
Metro A Staroměstská oder
Metro B Náměstí Republiky
Straßenbahn 17, 18 Staroměstská oder
8, 14, 26 Náměstí Republiky

Im Jahr 1231 gründete *Agnes* (1211–82), die Tochter König Ottokars I. und Schwester Wenzels I., nahe der Moldau einen Klarissen-Konvent sowie ein Minoriten-Kloster für Männer.

Agnes hatte alle Heiratsanträge ausgeschlagen, sogar den Kaiser Friedrichs II., und die ›Krone der Jungfernschaft‹ gewählt. Überliefert ist ihr Briefwechsel mit der hl. Klara, der Jugendfreundin des Ordensgründers Franz von Assisi und ›Mutter der Klarissen‹. Bereits zu Lebzeiten galt Agnes als Vorbild für demütige und asketische Lebensführung. Nach ihrem Tod drängte das Königshaus auf Kanonisierung. Sie wurde selig- und 1989 schließlich heiliggesprochen.

Während der Hussitenstürme verwaiste das Männerkloster, im Frauenkonvent wohnten zeitweise Dominikanerinnen. Nach der Aufhebung des Klosters 1782

Im Agnes-Kloster zeigt die Nationalgalerie exquisite mittelalterliche Skulpturen und Gemälde

setzte rasch der Verfall ein. Erst nach dem Zweiten Weltkrieg erfolgte die Instandsetzung der Gebäude und ihre Umgestaltung für kulturelle Zwecke.

Erhalten blieben mehrere Säle aus der Zeit der Klostergründerin sowie der schöne hochgotische **Kreuzgang** der Klarissen. Hervorzuheben ist ferner die **Salvatorkirche** (Kostel sv. Salvátora, 1275–80) als reifste Schöpfung der französisch inspirierten Frühgotik in Böhmen. Bei der Restaurierung entdeckte man hier die Gräber der hl. Agnes, der Königin Kunigunde, Gemahlin Ottokars II., und weiterer Přemysliden. Die gekrönten Porträtköpfe am Triumphbogen stellen wohl Angehörige dieses Königsgeschlechts dar. Im Chor der südlich gelegenen **Franziskuskirche** (Kostel sv. Františka, 1240) ist König Wenzel I. bestattet.

Im Obergeschoss zeigt die Ausstellung Mittelalterliche Kunst in Böhmen und Zentraleuropa der Nationalgalerie ein Modell des Agnes-Klosters und einige Steinfragmente. Ältestes Ausstellungsstück ist eine romanische Muttergottes-Figur (um 1180–1200) aus Mähren, gefolgt von frühgotischen Plastiken und dem Schädelreliquiar der hl. Ludmila (1360) aus dem Dom St. Veit. Erster Höhepunkt der Sammlung sind die neun Tafeln des Meisters von Hohenfurt (um 1347). Dieser auf Goldgrund gemalte Altarzyklus zeigt Szenen aus der Heilsgeschichte von der Verkündigung bis zum Pfingstwunder.

Im dritten Raum folgen weitere Spitzenwerke gotischer Malerei: sechs Tafeln des kaiserlichen Hofmalers Theodoricus (vor 1367), genannt Zelo, der Eifrige, aus

Burg Karlstein, die vor allem durch Monumentalität und Lichtspiel beeindrucken. Die Tafeln zeigen die Evangelisten Lukas und Matthäus, Kaiser Karl d. Gr., die hl. Katharina, Papst Gregor d. Gr. und den Kirchenlehrer Ambrosius.

Zu den Hauptwerken der Nationalgalerie zählen des Weiteren die sechs Altartafeln des Meisters von Wittingau, um 1380 für das Augustiner-Chorherrenstift Wittingau (Třeboň) in Südböhmen gemalt. Dargestellt sind drei Passionsszenen auf rotem Hintergrund als Feiertagsseite sowie Heilige auf der Werktagsseite.

Es folgen wunderschöne Vesperbilder, rührende Muttergottes- und Heiligenstatuen, Schnitzaltäre wie der Marienaltar aus Velhartice (um 1500) sowie Schnitztafeln im Stile der Donauschule, die auch durch Gemälde von Lucas Cranach d. Ä. und Albrecht Altdorfer vertreten ist.

51 Rudolfinum

 Zahlreiche Kunst- und Konzerthallen versammeln sich unter dem Dach des bedeutenden Neorenaissancebaus.

Náměstí Jana Palacha 1
Metro A Staroměstská
Straßenbahn 17, 18 Staroměstská

Josef Zítek und Josef Schulz, die Architekten des Nationaltheaters [Nr. 66] und des Nationalmuseums [Nr. 57], erbauten um 1880 dieses Haus der Künste, das nach Kronprinz Rudolf benannt wurde. Zwischen den beiden Weltkriegen tagte hier das tschechische Parlament und während des Zweiten Weltkriegs diente das Gebäude als Hauptquartier der deutschen Besatzer. Heute ist es Sitz der **Tschechischen Philharmoniker** [s. S. 125]. und der **Galerie Rudolfinum** (Alšovo nábřeží 12, Tel. 227 05 92 05, www.galerieru dolfinum.cz, bei Ausstellungen Di–So 10–18, Do bis 20 Uhr), die einen Teil der Räumlichkeiten für ihre Ausstellungen zeitgenössischer Kunst nutzt.

Allegorische Figuren der Musik und Kunst von Anton Wagner flankieren die Treppe. Vom selben Bildhauer stammen auch die Statuen der Musiker und anderer Künstler auf der Attika.

An der **Mánes-Brücke** (Mánesův most) aus dem Jahr 1911 erinnert ein *Denkmal* von Bohumil Kafka an den Namensgeber Josef Mánes (1820–71), den führenden tschechischen Maler seiner Zeit.

52 Kunstgewerbemuseum
Uměleckoprůmyslové muzeum

Antonín Dvořák blickt als Bronzefigur auf das Rudolfinum, in dem auch seine Musik ertönt

TOP TIPP

Kunsthandwerk, darunter eine herausragende Glassammlung, Grafikdesign und Fotografie.

Ulice 17. Listopadu 2
Tel. 251 09 31 11
www.upm.cz
Di 10–19, Mi–So 10–18 Uhr
Metro A Staroměstská
Straßenbahn 17, 18 Staroměstská

Architekt Josef Schulz entwarf das Museumsgebäude im Stil der Neorenaissance.

An der Fassade veranschaulichen allegorische Reliefs verschiedene Zweige des Kunsthandwerks. Ausgestellt ist europäisches Kunsthandwerk und Kunstgewerbe seit der Antike: Glas, Keramik, Textil, Metall, Buchbindekunst, Möbel. Auch Grafik- und Architekturdesign sowie Fotografie aus den Jahren 1839–1950 sind zu sehen. Zudem unterhält das Museum eine bedeutende Fachbibliothek und veranstaltet Wechselaustellungen.

Das Prager Kunstgewerbemuseum präsentiert u. a. eine umfassende Grafikdesign-Sammlung

Josefstadt –
Faszination jüdischer Kultur

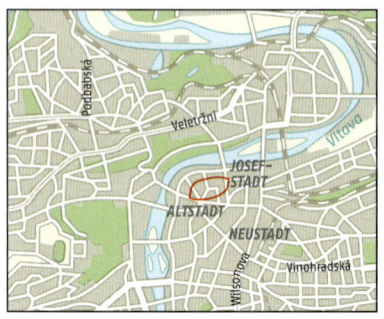

Jüdische Kaufleute kamen bereits im 9./10. Jh. auf Handelswegen nach Prag. Spätestens seit dem 12. Jh. bildete sich eine jüdische Gemeinde in der Nähe des internationalen Marktplatzes an der Breiten Gasse (Široká ulice) um die ›Altschul‹ oder Spanische Synagoge. Seit Mitte des 13. Jh. entwickelte sich um die **Altneu-Synagoge** eine der ältesten und berühmtesten jüdischen Städte, zeitweise die größte Europas. Das ummauerte **Getto** blieb bis ins 19. Jh. bestehen. Räumliche Enge und mittelalterliche Besitzrechte führten zu unhaltbaren hygienischen Verhältnissen. 1893–1912 wurde schließlich der Großteil des Gettos niedergerissen; nur Kulturdenkmäler blieben verschont. Heute präsentiert sich das ehemalige jüdische Viertel Josefstadt (Josefov) mit reich verzierten Prachtbauten, Boulevards und belebten Straßen. Hauptanziehungspunkte für Besucher sind das **Jüdische Museum** mit der Pinkas-Synagoge, dem Alten Jüdischen Friedhof, der Klausen- und der Maisel-Synagoge sowie die Altneu-Synagoge. Sie sind beeindruckende Zeugnisse jüdischen Alltags- und Festtagslebens und zugleich Mahnmal einer leidvollen Geschichte.

53 Jüdisches Museum
Židovské muzeum

 Hohe Kunst, Alltagsrituale und Mahnmal des Leids.

U Staré školy 1
Tel. 222 74 92 11
www.jewishmuseum.cz
April–Okt. So–Fr 9–18,
Nov.–März So–Fr 9–16.30 Uhr
Karten beim Reservierungszentrum,
U Starého hřbitova 3 a, Tel. 222 31 71 91,
oder an der Museumskasse
Metro A Staroměstská
Straßenbahn 17 Právnická fakulta

Die Ausstellungen des Jüdischen Museums verteilen sich über sechs historische Orte: Pinkas-, Klausen-, Maisel- und Spanische Synagoge [Nr. 55], den Alten Jüdischen Friedhof und den Zeremoniensaal. Ein Rundgang auf den Spuren jüdischer Geschichte lässt keinen Besucher unberührt.

Pinkas-Synagoge
Pinkasova synagoga
Zugang: Široká 3

Die nach der Altneu-Synagoge [Nr. 54] künstlerisch wertvollste Prager Synagoge ist heute eine Gedenkstätte für die jüdischen Opfer des Nationalsozialismus. Eine Talmudschule lässt sich an dieser Stelle bis ins 11. Jh. zurückverfolgen. 1535 stiftete die Familie Horowitz ein neues Bethaus. Sehr eindrucksvoll mischen sich spätgotische Rippengewölbe mit Renaissance-Elementen: kannelierte Wandvorlagen, Eierstab-Ornamente und Rosetten. Im frühen 17. Jh. kamen Frauenempore, Vorhalle und Versammlungssaal hinzu. Ein feines Rokokogitter umgrenzt die Bima (Tora-Bühne).

1950 wurde in der Pinkas-Synagoge dann eine Gedenkstätte eingerichtet. Neben der Toranische sind die Vernichtungslager der deutschen Nationalsozialisten aufgelistet, an den Seitenwänden in alphabetischer Reihenfolge die 77 297 namentlich bekannten ermordeten Juden aus Böhmen und Mähren. An den Wänden im ersten Stock sind Zeichnungen von jüdischen Kindern aus dem Konzentrationslager Theresienstadt ausgestellt.

 ▶ **Reise-Video**
Pinkas-Synagoge
QR-Code scannen [s. S. 5]
oder dem Link folgen:
www.adac.de/rf0444

Alter Jüdischer Friedhof

Starý židovský hřbitov
neben der Pinkas-Synagoge, Široká 3

Vom 15. Jh. bis zum Verbot innerstädtischer Beisetzungen durch Kaiser Joseph II. 1787 beerdigten die Bewohner des Gettos ihre Toten auf dem Alten Jüdischen Friedhof – aus Platzmangel in bis zu zwölf Schichten übereinander. Daher entsprechen die etwa 12 000 Grabstelen keineswegs der Anzahl der tatsächlich Bestatteten. Der älteste Grabstein (1439) erinnert an Rabbi Avigdor Kara, Autor des Klageliedes auf das Osterpogrom (1389).

Weithin berühmt ist das **Grabmal des Rabbi Löw** (Jehuda Liwa ben Bezalel, 1513–1609). Der Löwe auf der rosafarbenen Spätrenaissancetumba verweist auf seine Herkunft aus dem Stamm Levi. Als Gelehrter, Richter, Prediger und Religionsphilosoph, der Kaiser Rudolf II. in die Geheimnisse der jüdischen Mystik (Kabbala) einweihte, genoss Rabbi Löw hohes Ansehen. Mit der ihm zugeschriebenen Erschaffung des sagenumwobenen *Golem,* einer durch magische Silben zum Leben erweckten Lehmfigur zum Schutze des Gettos, hat er allerdings nichts zu tun. Erst im 18. Jh. kam diese Legende auf. Mehrere Schriftsteller haben seither den Golem-Stoff verarbeitet: Gustav Meyrink in seinem Roman ›Golem‹ (1915), Egon Erwin Kisch in der Reportage ›Dem Golem auf der Spur‹. Der deutsche Regisseur Paul Wegener drehte 1920 den berühmten Film ›Der Golem, wie er in die Welt kam‹.

Klausen-Synagoge

Klausová synagoga
U starého hřbitova 4, neben dem
Alten Jüdischen Friedhof

Mordechai Maisel finanzierte Ende des 16. Jh. ein Bethaus mit Schule und Ritualbad (Mikwe). Von diesen drei kleinen Gebäuden, sog. Klausen, leitet sich der Name ab. Nach dem Gettobrand 1689 wurde nur die Synagoge wiederaufgebaut.

Heute beherbergt sie die Ausstellung **Jüdische Traditionen und Bräuche** (Židovské tradice a zvyky). Anhand teils sehr wertvoller Exponate wie Torarollen mit Zubehör und rituellen Gegenständen wird die Bedeutung der Synagoge und der jüdischen Festtage erläutert.

Auf dem Weg von der Klausen-Synagoge zur Maisel-Synagoge passiert man in der Maiselgasse 18 (Maiselova) das **Jüdische Rathaus** (Židovská radnice) mit dem hebräischen Zifferblatt auf dem Uhrturm. Im Erdgeschoss ist ein kleiner Souvenirladen eingerichtet, ansonsten ist das Gebäude nicht zu besichtigen. Auch die **Hohe Synagoge** (Vysoká synagoga) gleich nebenan ist nicht öffentlich zugänglich.

Maisel-Synagoge

Maiselova synagoga
Maiselova 10

1592 stiftete Mordechai Maisel auch eine Familiensynagoge im Renaissancestil mit kostbarer Ausstattung, bis zum Brand von 1689 das prächtigste Gebäude des

Der Alte Jüdische Friedhof mit rund 12 000 Grabstelen ist Teil des Jüdischen Museums

Zwischen Blüte und Verfolgung

Das Schicksal der Prager Juden wechselte – wie im ganzen Abendland – zwischen Blüte und Verfolgung. König Ottokar II. (um 1232–78) unterstellte sie dem Schutz der Königlichen Kammer (Servi camerae). Seit der **Prager Synode** (1349) unter Karl IV. waren die Juden vom Handel ausgeschlossen und wurden in die damals verpönten Geldgeschäfte gedrängt, sie mussten im **Getto** leben, gelbe Kleidung und Spitzhüte tragen. Pest und Großbrände suchten das Getto wiederholt heim, Pogrome versetzten seine Bewohner in Angst und Schrecken. Zweimal wurden die Juden vertrieben – 1541 unter Ferdinand I. und 1744 unter Maria Theresia –, aber beide Male wieder zurückgeholt. Vom 15. Jh. an fanden auch deutsche und ukrainische Juden Zuflucht in Prag.

Höchste wirtschaftliche und kulturelle Blüte erlebte die Prager Judenstadt in der 2. Hälfte des 16. Jh. Oberhaupt der Gemeinde war zu dieser Zeit **Mordechai Maisel**, der Hofbankier Rudolfs II. Zum Dank für seine Hilfe im Türkenkrieg erhielt er 1598 das Privileg, frei über sein Eigentum verfügen zu dürfen. Er ließ Talmudschulen, Synagogen und das Rathaus errichten. Vor dem Brand von 1689 zählte das Getto 300 Häuser und 13 Synagogen, Anfang des 18. Jh. lebten hier etwa 12 000 Menschen. Im Jahr 1781, mit dem **Toleranzpatent** Josephs II., lockerten sich die strengen Getto-Vorschriften. Juden zogen nun auch in andere Stadtteile und Christen in das Getto.

Die Mauer fiel jedoch erst im Revolutionsjahr 1848, gleichzeitig mit der Anerkennung jüdischer Bürgerrechte. Um 1900 folgte die Sanierung der ›Josefstadt‹ – so hieß das Getto jetzt in Erinnerung an Joseph II. Vom Altstädter Ring bis zur Moldau verläuft seither die Pariser Straße (Pařížská), gesäumt von prunkvollen Bürgerhäusern im Stil des späten Historismus und der Sezession.

Zur Zeit des wachsenden tschechischen Nationalismus in den 1920er-Jahren fühlten sich die meisten Prager Juden dem deutschen Kulturkreis zugehörig, blieben aber dennoch heimatlos, von Deutschen und Tschechen getrennt.

Ab 1940 betrieben die **Nationalsozialisten** die systematische Ausrottung der Juden – von 35 000 Prager Juden überlebte nur ein Sechstel. Für ihr geplantes ›Museum einer ausgestorbenen Rasse‹ in Prag sammelten die Nazis Kultgegenstände und Dokumente aus ganz Europa. Sie bilden heute das Gros der Exponate des heutigen **Jüdischen Museums** in den ehemaligen Synagogen.

Viertels. Das neogotische Erscheinungsbild stammt vom Umbau Ende des 19. Jh. Eine Ausstellung dokumentiert eindrucksvoll die wechselvolle **Geschichte der Juden in Böhmen und Mähren** (Dějiny Židů v Čechách a na Moravě) vom 10. bis ins 18. Jh.

Zeremoniensaal
Obřadní síň
U Starého hřbitova

Das Gebäude des einstigen Zeremoniensaals und der Leichenhalle wurde 1911–12 nach einem Entwurf des Architekten J. Gerstl in pseudoromanischem Stil erbaut. Heute ist hier der zweite Teil der Ausstellung **Jüdische Traditionen und Bräuche** (Židovské tradice a zvyky, s. S. 87) zu sehen, der anhand zahlreicher Exponate über die Themen Krankheiten und Medizin im Getto, Tod sowie jüdische Friedhöfe in Böhmen informiert.

54 Altneu-Synagoge
Staronová synagoga

  Älteste noch für Gottesdienste genutzte Synagoge Europas.

Červená
www.synagogue.cz
April–Okt. So–Fr 9.30–18,
Nov.–März So–Fr 9.30–17 Uhr
Metro A Staroměstská
Straßenbahn 17 Právnická fakulta

Die zweite Synagoge der Judenstadt (nach der ›Altschul‹, Nr. 55) hieß ursprünglich Neue oder Große Schule. Ihren heutigen Namen verdankt sie der hebräischen Wendung ›al tnaj‹ (›unter der Bedingung, dass‹). Engel sollen zum Bau der Synagoge Steine des Salomonischen Tempels aus Jerusalem gebracht haben, unter der Bedingung, dass sie am Jüngsten Tag zurückgebracht werden.

Errichtet wurde das Gebetshaus wohl wegen des Zuzugs deutscher Juden aus Worms, Speyer und Regensburg um 1270 von der Königlichen Bauhütte, die damals am Agnes-Kloster arbeitete. Stilistisch weist es Beziehungen zur frühen Zisterziensergotik auf. Das hohe Satteldach mit spätgotischem Giebel wurde im 15. Jh. hinzugefügt. Die niederen Anbauten dienten als Vorhalle und Frauensaal.

Das **Südportal** trägt ein frühgotisches Weinstock-Relief als Zeichen ewigen Lebens. Zwei achteckige Pfeiler teilen den **Innenraum**. Auffallend ist die fünfgliedrige Gewölbeform; vermutlich weil vierstrahlige Rippen mit dem christlichen Kreuz hätten assoziiert werden können.

Vom *Almemor* oder *Bima*, der ›Torabühne‹ in der Raummitte, wird aus der Tora vorgelesen. Aufbewahrt werden die Torarollen in der Aron ha-Kodesch genannten *Wandnische* an der Ostseite. Die Fahne der Prager Juden, das ›Hohe Banner‹, verlieh Karl IV. 1357; die heutige *Fahne* stammt aus der Zeit Karls VI. (1716). Beim Judenmord zu Ostern 1389 färbten sich die Synagogenwände mit Blutspritzern. Rabbi Avigdor Kara verfasste auf dieses Ereignis eine Elegie (Selicha), die bis heute am Versöhnungstag gesungen wird.

Auf dem Rasen neben der Synagoge fand die *Moses-Statue* des bedeutenden symbolistischen Bildhauers František Bílek (1872–1941) Aufstellung.

▶ **Audio-Feature Altneu-Synagoge**
QR-Code scannen [s.S.5] oder dem Link folgen:
www.adac.de/rf1008

55 Spanische Synagoge
Španělská synagoga

Vor dem Neubau des 19. Jh. befand sich hier die älteste Prager Synagoge.

Dušní 12
Tel. 222 74 92 11
www.jewishmuseum.cz
April–Okt. So–Fr 9–18,
Nov.–März So–Fr 9–16.30 Uhr
Karten beim Reservierungszentrum,
U Starého hřbitova 3a, Tel. 222 31 71 91,
oder an der Museumskasse
Metro A Staroměstská
Straßenbahn 17 Právnická fakulta

Seit dem 12. Jh. ist die älteste Prager Synagoge als ›Altschul‹ bezeugt. Sie diente als Gebetshaus jener Juden, die nach östlichem Ritus zelebrierten. An ihrer Stelle erhebt sich heute der 1868 geschaffene Neubau von Ignaz Ullmann und Josef Niklas. Seine prunkvolle Ausstattung im maurischen Stil (1882–93) trug ihm die Bezeichnung ›Tempel- oder Spanische Synagoge‹ ein, in Anlehnung an die einst blühende jüdische Kultur Spaniens. Heute ist hier Teil 2 der Ausstellung **Geschichte der Juden in Böhmen und Mähren** [s. S. 88] vom 18. bis 20. Jh. untergebracht.

Auf dem kleinen Platz zwischen Synagoge und Heilig Geist Kirche erinnert das **Franz-Kafka-Denkmal** (2003) von Jaroslav Róna an den Schriftsteller. Kafkas Erzählung ›Beschreibung eines Kampfes‹ diente als Inspiration für die knapp 4 m hohe Bronzeplastik: Ein Unsichtbarer – nur sein Anzug ist zu sehen – trägt auf den Schultern einen kleinen Mann, der ihm den Weg zu weisen scheint.

Goldschimmerndes Prunkstück: der Innenraum der Spanischen Synagoge

Neustadt – moderner Alltag in historischem Gewand

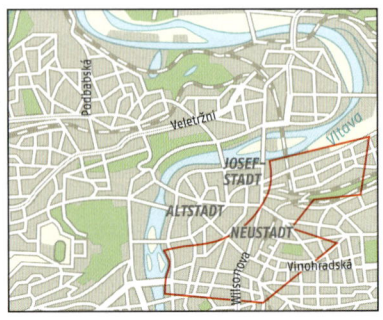

Der Name täuscht: Bereits 1348 gründe-te Karl IV. die Neustadt (Nové Město), ein kühnes städtebauliches Unterfangen im mittelalterlichen Europa. Flächenmäßig war sie die größte der Prager Städte, gleichzeitig die dichtest besiedelte – Zentrum der Handwerker und der ärmeren Bevölkerung – und daher Anfang des 15. Jh. Keimzelle des radikalen Flügels der Hussiten. Seit der Gründerzeit in der 2. Hälfte des – 19. Jh. beherrschen monumentale Gebäude im Stil des **Historismus** und der **Sezession** (Jugendstil) das Straßenbild. Modernes Alltagsleben bestimmt die Atmosphäre, große Geschäfte, Cafés, Klubs und Diskotheken sind Anziehungspunkte für Jung und Alt.

56 Wenzelsplatz
Václavské náměstí

Zentrale Achse und Hauptgeschäftsstraße Prags, Herzstück der tschechischen Nation.

Metro A, B Můstek
Metro A, C Muzeum
Straßenbahn 3, 9, 14, 24
Václavské náměstí

Mit seinen gewaltigen Ausmaßen von 750 x 60 m ist der lang gestreckte frühere Rossmarkt, eigentlich mehr breite Flanierstraße als Platz, seit dem 14. Jh. das Zentrum der Neustadt, ja der Gesamtstadt Prag. Oft war der **Václavák** wie er kurz genannt wird, Schauplatz bedeutender politischer Ereignisse: 1968 setzten Panzer auch hier dem ›Prager Frühling‹ ein Ende, woraufhin sich 1969 die Studenten Jan Palach und Jan Zajíc aus Protest auf dem Platz selbst verbrannten. Eine Gedenkstätte am hiesigen Reiterdenkmal erinnert daran. 20 Jahre später bewirkten die friedlichen Demonstrationen auf dem Václavák den Sturz des kommunistischen Regimes.

Alte Stiche zeigen noch die ursprüngliche Bebauung: zwei- bis dreigeschossige Bürgerhäuser vor der hohen, schlanken Maria-Schnee-Kirche. In der zweiten Hälfte des 19. Jh. wandelte sich der Wenzelsplatz (so heißt er seit 1848) zu einem modernen Großstadtboulevard. Von der älteren Bausubstanz überdau-

erte das spätbarocke **Hotel Adria** (Nr. 26; Tel. 221 08 11 11, www.adria.cz). Schönstes Gebäude aus der Zeit des Historismus ist das **Wiehl-Haus** (Nr. 34), benannt nach Antonín Wiehl, dem führenden Architekten der tschechischen Neorenaissance. Mikoláš Aleš, und Josef Fanta lieferten die Vorlagen für den Wandschmuck. Auch mehrere äußerst reizvolle Jugend-

Aufgehängt – die Parodie des Reiterdenkmals des hl. Wenzel in der Lucerna-Passage

Im Südosten des lang gestreckten Wenzelsplatzes erhebt sich das Nationalmuseum

stilbauten sind glänzende Blickpunkte. Vergoldete Blatt- und Blütenranken auf den glatten Fassaden verraten den Einfluss des französischen Art Nouveau.

Den oberen Teil des Platzes beherrscht das **Reiterdenkmal des hl. Wenzel** (1912) ein Meisterwerk des Prager Bildhauers Josef Václav Myslbek, der 30 Jahre lang daran gearbeitet hatte. Den Sockel flankieren Statuen der böhmischen Landespatrone: Bischof Adalbert von Prag, Abt Prokop von Sázava, Fürstin Ludmila sowie Agnes, Gründerin des Agnes-Klosters.

Eine *Parodie des Denkmals* (1999) von David Černý befindet sich in der nahen **Lucerna-Passage** (1907–20, Wenzelsplatz, zwischen Vodičkova und Stepánská): Unter der maurisch anmutenden Glaskuppel baumelt, an allen Vieren aufgehängt, ein totes Pferd, auf dessen Bauch der fähnchenschwingende hl. Wenzel reitet. Was aussieht wie eine schwere Bronzeplastik ist übrigens Kunststoff.

▶ **Audio-Feature Wenzelsplatz**
QR-Code scannen [s.S.5] oder dem Link folgen:
www.adac.de/rf1023

57 Nationalmuseum
Národní muzeum

Tempel der Geschichte und der Naturwissenschaften im Stil der Neorenaissance.

Václavské náměstí 68
www.nm.cz
Altbau wegen Restaurierungs- und Umbauarbeiten bis Mitte 2015 geschl.; Neubau, Eingang Vinohradská 1, tgl. 10–18, erster Mi im Monat 10–20 Uhr
Metro A, C Muzeum
Straßenbahn 3, 9, 14, 24
Václavské náměstí

Bedeutendes Werk der tschechischen Neorenaissance und Dominante des Wenzelsplatzes ist das Nationalmuseum, errichtet 1885–90 von Architekt Josef Schulz. Die Fassade des 70 m hohen Kuppelbaus ziert reicher Figurenschmuck mit Personifikationen tschechischer Landschaften: die thronende Bohemia (Čechie) an der Rampe, flankiert von Moldau (Mädchen) und Elbe (Greis), Mähren und Schlesien. Im Tympanon: Čechie als Patronin der Wissenschaften und Künste.

Das Flair vergangener Zeiten verströmt das Treppenhaus des Nationalmuseums

Der außen wie innen in die Jahre gekommene Bau wird derzeit umfassend restauriert, um die kostbaren Sammlungen optisch wie didaktisch zeitgemäß präsentieren zu können. In neuem Glanz werden dann Vestibül und Treppenhaus erstrahlen, durch die man das Pantheon oberhalb der Eingangshalle erreicht, das Wandgemälde zur böhmisch-tschechischen Geschichte schmücken: Libussas Boten berufen den Bauern Přemysl zum Stammesherzog, der hl. Method vollendet seine Bibelübersetzung ins Altslawische, Karl IV. gründet 1348 die Prager Universität, Comenius legt dem Stadtrat von Amsterdam seine pädagogischen Werke vor.

Die Sammlungen des Nationalmuseums umfassen eine paläontologische und eine mineralogische Sammlung sowie zahlreiche archäologische Funde aus Böhmen, Mähren und der Slowakei von der Steinzeit bis zum frühen Mittelalter, darunter Werkzeug, Waffen und Kultgegenstände. Und in der anthropologischen Abteilung erfährt man, wie anhand von Knochen Alter, Geschlecht oder Krankheiten eines Menschen bestimmt werden können.

Das Nationalmuseum zeigt gleich nebenan im **Neuen Gebäude** naturwissenschaftliche Wechselausstellungen. Zudem unterhält es weitere Dependancen in der Stadt, etwa das Antonín-Dvořác-Museum [Nr.72] oder das Náprstek-Museum [s. S.70] am Bethlehems-Platz.

58 Am Graben
Na Příkopě

Belebte Einkaufsstraße mit Kommunismusmuseum.

Metro A, B Můstek

Der mittelalterliche Wassergraben zwischen Alt- und Neustadt wurde 1781 aufgeschüttet und bepflanzt. Die meisten Gebäude entlang der heutigen Einkaufsstraße sind daher jüngeren Datums. Eine Ausnahme bildet das **Palais Sylva-Taroucca** (Sylva-Taroucca palác, Na Příkopě 10), 1749 nach einem Entwurf von Kilian Ignaz Dientzenhofer im Stil des Spätbarock umgebaut. Heute beherbergt das prachtvolle Palais neben einem Kasino

Alte Kameraden vereint: Marx & Co in der Ausstellung des Kommunismusmuseums

auch das **Kommunismusmuseum** (Muzeum komunismu, Tel. 224 21 29 66, www. museumofcommunism.com, tgl. 9–21 Uhr). Die populärwissenschaftliche Privatsammlung zeichnet anhand historischer Dokumente und Exponate, darunter Propagandamaterial und die Nachbildung eines kümmerlich bestückten Einkaufsladens, Traum und Realität eines überkommenen Systems nach.

59 Mucha-Museum
Muchovo muzeum

Leben und Werk des berühmten Jugendstil-Künstlers.

Panská 7
Tel. 224 21 64 15
www.mucha.cz
tgl. 10–18 Uhr
Metro A, B Můstek
Straßenbahn 3, 9, 14, 24 Jindřišská

Ob im Dom St. Veit, im Gemeindehaus oder auf zahlreichen Postkartenständern – überall in Prag finden sich Werke des beliebten Jugendstil-Künstlers Alfons Maria Mucha (1860–1939). Wer mehr über dessen Leben und Werk erfahren möchte, sollte das monografische Museum im barocken **Palais Kaunitz** (Kaunický palác) besuchen. Hier werden u.a. dekorative Drucke mit allegorischen Frauengestalten, Plakate für die Pariser Schauspielerin Sarah Bernhardt (1890er-Jahre) und Poster für das tschechische Sokol Festival (ab 1910) gezeigt. Ferner sind Ölgemälde, Zeichnungen, Industriedesigns sowie eine Reihe persönlicher Gegenstände ausgestellt. Ein halbstündiger Film (englisch) mit historischen Aufnahmen gibt Einblick in das bewegte Leben Muchas.

60 Pulverturm
Prašná brána

Monumentaler Zugang zur Altstadt.

Na Příkopě
Mobil 724 91 15 56
www.prazskeveze.cz
April–Sept. Fr/Sa 10–22, So–Do 10–20, Okt., März tgl. 10–20, Nov.–Febr. tgl. 10–18 Uhr
Metro B Náměstí Republiky
Straßenbahn 8, 14, 26 Náměstí Rep.

1475 legte König Wladislaw II. Jagiello den Grundstein zum ›Neuen Turm‹ als Auftakt des Krönungsweges durch die Innenstadt. Eine noch heute erhaltene Brücke verband den Torturm mit dem benachbarten Königshof, der seit 1383 als Residenz der böhmischen Herrscher diente. 1483 wurde er aus Sicherheitsgründen aufgegeben, die Könige zogen zurück auf den Burgberg und das Gebäude in der Neustadt beherbergte u.a. ein Priesterseminar und später eine Kaserne, verfiel aber letztendlich. An seiner Stelle befindet sich heute das Gemeindehaus [Nr. 61].

Der Turm diente zeitweilig als Lager für Schießpulver, daher sein heutiger Name. Bei der Belagerung Prags durch die Preußen 1757 wurde er schwer beschädigt. 1875 leitete Josef Mocker die Wiederherstellung mit neogotischen Figuren und Ornamenten. Im Inneren ist die Ausstellung **Waffen im Lauf der Geschichte** mit Kanonen, Hieb- und Stichwaffen usw. vom Mittelalter bis zum Barock zu sehen.

61 Gemeindehaus
Obecní dům

Jugendstil-Juwel mit schönem Café und Konzertsaal.

Náměstí Republiky 5
Tel. 222 00 21 01
www.obecnidum.cz
Führungen mehrmals täglich, Zeiten auf der Website
Metro B Náměstí Republiky
Straßenbahn 8, 14, 26 Náměstí Republiky

An der Stelle des mittelalterlichen Königshofes [s. Nr. 60] erbaute die Gemeinde Prag 1906–12 ein pompöses Gemeindehaus nach Plänen von Osvald Polívka und Antonín Balšánek. Gusseisen und Glas fanden reichlich Verwendung; Reliefmedaillons böhmischer Trachten vermitteln eine volkstümliche Note. Das Mosaik ›Huldigung an Prag‹ von Karel Špillar flankieren die Figurengruppen ›Erniedrigung und Auferstehung des Volkes‹ von Ladislav Šaloun. Vom selben Künstler stammen auch die allegorischen Statuen im **Smetana-Saal**, einem der wichtigsten Konzertsäle Prags. Namhafte Bildhauer und Maler – Josef Václav Myslbek, Mikoláš Aleš, Alfons Mucha – wirkten an der Innenausstattung mit. Dezenter, aber nichtsdestoweniger beeindruckend ist die Ausschmückung des berühmten Jugendstilcafés **Kavárna Obecní Dům** (Tel. 222 00 27 63, www.kavarnaod.cz) im Erdgeschoss des Gemeindehauses, wo

TOP TIPP

nicht nur ein Brunnen plätschert, sondern auch – schön altmodisch – die Tortenauswahl in der Rollvitrine von Tisch zu Tisch gefahren wird.

62 Platz der Republik
Náměstí Republiky

Kultur und Konsum in unmittelbarer Nachbarschaft.

Metro B Náměstí Republiky
Straßenbahn 8, 14, 26 Náměstí Republiky

Neben Pulverturm [Nr. 60] und Gemeindehaus [Nr. 61] finden sich am belebten Platz der Republik weitere Attraktionen für Kultur- und Konsumfreunde: Gegenüber dem Gemeindehaus bildet die elegante Empirefassade des Gebäudes **Zu den Hibernern** (Palác U Hybernů, Náměstí Republiky 4) den Abschluss zum *Graben* [Nr. 58]. Seit 1355 bestand an seiner Stelle ein Benediktinerkloster. Im 16. Jh. fanden irische Franziskaner Zuflucht, die man Hiberner (lat. Hibernia = Irland) nannte. 1790 wurde das Kloster säkularisiert und als Zollamt eingerichtet. Heute beherbergt es das **Hybernia Theater** (Divadlo Hybernia, s. S. 125), eine Café-Bar sowie Säle für Wechselausstellungen.

Im Nordosten des Platzes verbirgt sich hinter der rosa Fassade einer ehem. Kaserne – von 1780–1996 waren hier Soldaten stationiert – das gigantische Ein-

 TOP TIPP kaufs- und Freizeitzentrum **Palladium** [s. S. 119] mit Geschäften, Restaurants, Bars und Kasino.

Geht man nun weiter Richtung Moldau, erreicht man bald das Vávra-Haus, in dem sich das **Postmuseum** (Poštovní muzeum, Nové mlýny 2, Tel. 222 31 20 06, www.cpost.cz, Di–So 9–12 und 13–17 Uhr) befindet. Neben bedeutenden Briefmarkensammlungen, darunter auch sehr schöne Stücke von Alfons Mucha, kann man im Inneren auch romantische Wandmalereien (1847) von Josef Navrátil bewundern.

63 St. Heinrich
Svatý Jindřich

Weithin sichtbar grüßt der frei stehende Glockenturm.

Jindřišská
www.jindrisskavez.cz
Turm: April–Sept. tgl. 10–19,
Okt.–März tgl. 10–18 Uhr
Metro B Náměstí Republicky
oder Metro C Hlavní nádraží
Straßenbahn 3, 9, 14, 24 Jindřišská

Karl IV. stiftete um 1350 die schlichte gotische Pfarrkirche für den nördlichen Teil der Neustadt. Die Ausstattung der Kirche ist größtenteils barock: die *Sandsteinfiguren* der Heiligen Johannes Nepomuk und Judas Thaddäus werden Michael Josef Brokoff zugeschrieben, das *Hochaltarblatt*

Pulverturm und Gemeindehaus dominieren den belebten Platz der Republik

Jugendstil-Schönheit: Glasmosaik am Eingang des Gemeindehauses

Neu, filigran und alles umfassend

Neue Formen, scheinbare Leichtigkeit und die Idee des **Gesamtkunstwerks** lösten Ende des 19. Jh. eine lange Phase historisierenden Bauens ab, das stets auf bereits bekannte Baustile und -elemente zurückgriff. Beeinflusst von den in England entwickelten Ideen des Arts and Crafts und der Wiener Sezession hielt um 1898 in Prag der **Jugendstil** Einzug. Der Wunsch nach einem völlig neuen Stil, einer eigenständigen Ästhetik erfüllte sich nicht nur in der Verwen-

dung floraler Ornamente, schlanker, leichter Formen und anthropomorpher Gestalten, sondern in der Einbeziehung aller Kunstgattungen: Architektur, Malerei und Plastik, Interieur, Möbel, Kunsthandwerk und Schrift wuchsen nun zu einem einheitlichen Werk zusammen.

In Prag entstanden in diesem neuen Geist zahlreiche Gebäude, geschaffen von Architekten wie Jan Kotěra, Osvald Polívka und Antonín Balšánek. Einige der schönsten Jugendstilbauten stehen rund um den Wenzelsplatz und bilden dort noch immer einen Blickpunkt: das **Hotel Evropa** (Nr. 25/27, Tel. 224 21 53 87, www.evropahotel.cz) von Alois Dryak und Bedřich Bendelmayer, das auch im Innern in weiten Teilen eine originale Ausstattung bewahrt hat, oder das **Hotel Ambassador** (Nr. 5, s. S. 131). Ein weiteres Highlight Prager Jugendstils ist das **Gemeindehaus** [Nr. 61] am Platz der Republik, das zudem mit dem schönsten Kaffeehausambiente der ganzen Stadt aufwarten kann. Doch sind es nicht nur die Höhepunkte künstlerischer Entfaltung, die den Besucher in Prag begeistern. Es sind auch die überall entlang der Straßen zu entdeckenden fantasievollen Jugendstilfassaden mit ihrem filigranen Figurenschmuck und zart kraftvollen Reliefs oder Malereien. Einer Prager Redeweise folgend, lohnt es sich, die Stadt mit erhobenem Blick zu erkunden.

(Kirchenpatron Kaiser Heinrich II. und die Feuerprobe seiner Gemahlin, der hl. Kunigunde) malte J. G. Heintsch um 1700.

Frei vor der Kirche steht der 1472–76 in spätgotischem Stil errichtete **Glockenturm** (Jindřišská věž). Die Turmuhr mit zwei Zimbeln stammt aus dem Jahre 1577. Nach einem Brand 1745 wurde der Turm barock umgestaltet, 1870 erfolgte die Regotisierung nach Plänen des Architekten Josef Mocker. Im 66 m hohen Turm mit herrlicher Aussicht bietet das *Restaurant Zvonice* (Tel. 224 22 00 09, www.restaurant zvonice.cz) feine böhmische und internationale Küche zu gehobenen Preisen.

Im Haus Jindřišská 19 wurde am 4. Dezember 1875 der Dichter *Rainer Maria Rilke* († 1926) geboren. In der benachbarten Jeruzalémská (Jerusalem-Gasse) verdient die maurisch inspirierte **Jubiläums-Synagoge** (Jubilejní synagoga) Beachtung, 1905 nach Plänen von W. Stiassny erbaut.

64 Maria im Schnee
Kostel Panny Marie Sněžné

Höchster Kirchenbau Prags, überwältigender gotischer Innenraum.

Jungmannovo náměstí 18
www.pms.ofm.cz
Metro A, B Můstek

Vom **Franziskaner-Garten** (Františkanská zahraha) bietet sich ein herrlicher Blick auf das schlanke Gotteshaus, genau genommen nur der Chor einer gewaltigen Krönungskathedrale, die Karl IV. 1347 zu erbauen plante. Größer als der Veitsdom sollte die Kirche werden, sie blieb jedoch ein Torso; 1397 wurden die Bauarbeiten wegen Geldmangels und der aufkeimenden Hussiten-Bewegung eingestellt. Am 30. Juli 1419 führte der hussitische Prediger Jan Želivský seine Anhänger von hier zum Neustädter Rathaus [s. S. 99].

Anfang des 17. Jh. stürzte das gotische *Gewölbe* ein, wurde aber nahezu in der ursprünglichen Raumhöhe von 35 m wiederhergestellt. Die Franziskaner gaben den mächtigen *Hochaltar* in Auftrag, eine frühbarocke Portalkulisse, an der zwei Generationen arbeiteten. 1641 kamen die Heiligenfiguren hinzu, 1724 das *Verkündigungsbild* von Wenzel Lorenz Reiner.

Interessant ist das **Friedhofsportal** an der Nordseite (Durchgang vom Wenzelsplatz), wenngleich nur eine Kopie. Unter dem Gnadenstuhl und der Marienkrönung knien die Stifterfigur Wenzels, des nachmaligen Kaisers Karl IV., als Markgraf von Mähren (Adlerwappen) sowie dessen Vater König Johann von Luxemburg.

deutschen Wörterbuchs (1834–39). Nahebei wurde 1922–25 das *Palais der Adria-Versicherung* (Palác Adria, Národní 40) mit einer Personifikation der Adria (1924) in Bronze von Jan Štursa errichtet.

Faszinierende Jugendstilhäuser sieht man gegenüber dem Ursulinen-Kloster: *Nr. 9*, das frühere Verlagshaus Topič, und *Nr. 7*, beide um 1910 von Osvald Polívka entworfen. Es folgen die **Tschechische Akademie der Wissenschaften** (Akademie věd České republiky, Národní 3, Tel. 221 40 31 11, www.avcr.cz), um 1860 von Ignaz Ullmann im Stil der venezianischen Renaissance begonnen, und die Böhmische Sparkasse von 1896.

65 Nationalstraße
Národní

Großzügiger Boulevard, Fortsetzung des mittelalterlichen Stadtgrabens.

Metro B Národní třída
Straßenbahn 6, 9, 18, 21, 22
Národní třída

Zahlreiche Geschäfte mit einem breiten Angebot an Glas- und Schmuckwaren, Souvenirs und Mode ziehen das Augenmerk der Shopping-Fans auf sich, doch lohnt auch ein Blick über die Schaufenster hinaus. So erinnert etwa an der Einmündung der Nationalstraße auf den Platz Jungmannovo náměstí ein Denkmal (1878) von Ludvík Šimek an den Dichter und Sprachforscher *Josef Jungmann*, Autor des ersten tschechisch-

66 Nationaltheater
Národní divadlo

Bedeutendste Schöpfung der ›Generation des Nationaltheaters‹, Symbol der nationalen Wiedergeburt.

Ostrovní 1
Tel. 224 90 14 48
www.narodni-divadlo.cz
Metro B Národni třída
Straßenbahn 6, 9, 18, 22
Národní divadlo

Gulden um Gulden, Kreuzer um Kreuzer wurden gesammelt: Jeder Tscheche sollte seinen Beitrag zur ›Goldenen Kapelle über der Moldau‹, dem Symbol der nationalen Wiedergeburt, leisten. Am 16. Mai 1868 legte man im Beisein Friedrich Smetanas und des Historikers František Palacký, dem ›Vater der Nation‹ den Grund-

Im Nationaltheater faszinieren nicht nur die Bühnenstücke, sondern auch die Architektur

Treten, Rudern oder Tuckern: Die Slawische Insel ist ein beliebtes Ziel für Bootsausflüge

stein, gebrochen am Berg Říp. Von dessen Gipfel aus soll der legendäre Stammvater Čech zum ersten Mal die neue Heimat, das nach ihm benannte Tschechien, erblickt haben. Josef Zítek entwarf den prunkvollen Neorenaissancebau, dessen zurückversetztes, geschwungenes Dach dem Belvedere nachgebildet ist. Am 15. Juni 1881 fand die Eröffnung mit Smetanas Oper ›Libussa‹ (›Libuše‹) statt. Nur zwei Monate später brannte das Gebäude aus. Josef Schulz, ein Schüler Zíteks, leitete den Wiederaufbau und bereits am 18. November 1883 erklang erneut Smetanas ›Libussa‹.

An der Ausstattung beteiligten sich führende tschechische Künstler der Zeit. Die Plastiken an der Nordfassade – Apollo, Musen, ›Epos‹ und ›Lyrik‹, Dreiergespanne der Siegesgöttin – schuf meist Bohuslav Schnirch, die an der Moldauseite Josef Václav Myslbek. In der Loggia malte Josef Tulka die Lünettenbilder, Allegorien der ›Fünf Lieder‹. Das Foyer schmücken Wand- und Deckenfresken von František Ženíšek und Mikoláš Aleš sowie Plastiken von Myslbek. Im Zuschauerraum malte Ženíšek die Allegorie der Künste, Vojtěch Hynais das Vorhanggemälde ›Gründung des Nationaltheaters‹ (Opona Národního divadla, 1883).

Ein auffälliger Bau ist auch die **Neue Bühne** (Nová scéna, Národní 4), 1977–83 nach einem Entwurf von Karel Prager. Kubanische Marmorplatten hinter Glas

bilden die Fassadenverkleidung. Im Inneren zeigt die **Laterna Magika** [s. S. 124] ihre überaus fantasievollen Bühnenstücke.

▶ **Audio-Feature Laterna Magika** QR-Code scannen [s. S. 5] oder dem Link folgen: www.adac.de/rf1017

67 Slawische Insel
Slovanský ostrov

Im 19. Jh. ein Zentrum des kulturellen und politischen Lebens in Prag.

Metro B Národní třída oder Karlovo náměstí Straßenbahn 17, 21 Jiráskovo náměstí oder Straßenbahn 6, 9, 18, 21, 22 Národní divadlo

Im 18. Jh. wurde die durch Anschwemmung entstandene Moldauinsel befestigt und bepflanzt. Im frühen 19. Jh. errichtete man auf dem kleinen Eiland das **Sophienpalais** (Palác Žofín, www.zofin.cz), im Stil der Neorenaissance. Franz Liszt, Hector Berlioz, Richard Wagner und der Geigenvirtuose Jan Kubelík musizierten hier. Im Revolutionsjahr 1848 fand der Slawische Kongress unter Leitung des Historikers František Palacký im Palais statt.

Weithin sichtbar ragt der **Wasserturm** (Novoměstská vodárenská věž, Masarykovo nábřeží 1) aus dem 15. Jh. mit barocker Haube auf, einst Teil der Šitkovský-Mühlen. Das **Mánes-Haus** (Masarykovo nábřeží 250, Tel. 224 93 07 54, www.ncvu. cz/manes, Di–So 10–18 Uhr) ist Sitz und Galerie der Kunststiftung *Nadace Českého výtarného umění*. Im **Park** erinnert ein Bronzedenkmal an die Dichterin Božena Němcová, die mit dem Roman ›Babička‹ (Die Großmutter, 1855) einen Bestseller des 19. Jh. schrieb.

68 St. Kyrill und Method
Svatého Cyrila a Metoděje

Sitz der Orthodoxen Gemeinde Prags und Mahnmal des tschechischen Widerstands.

Resslova 9
Metro B Karlovo náměstí
Straßenbahn 3, 4, 10, 14, 16, 17, 18, 22, 24
Karlovo náměstí

Bemerkenswert ist die originelle Ecklösung der hochbarocken Süd- und Westfassade, die vermutlich Kilian Ignaz Dientzenhofer 1733 der schlichten Saalkirche vorblendete.

Im Juni 1942 war St. Kyrill und Method Schauplatz eines blutigen Dramas: Drei Wochen zuvor war Fallschirmjägern des tschechischen Widerstands das Attentat auf den deutschen Reichsprotektor Reinhard Heydrich gelungen. Die Gruppe versteckte sich in der Krypta der Kirche, wurde jedoch verraten. Beim anschließenden Angriff der deutschen Truppen starben alle sieben Widerstandskämpfer im Kugelhagel oder von eigener Hand. Danach löschten die Deutschen das Dorf *Lidice*, 18 km nordwestlich von Prag vollständig aus und ermordeten oder verschleppten all seine Bewohner. Diese schrecklichen Ereignisse sind heute in der **Nationalen Gedenkstätte für die Opfer des Heydrich-Terrors** (Národní památník hrdinů heydrichiády, Tel. 224 91 61 00, www.pamatnik-heydrichiady. cz, März–Okt. Di–So 9–17, Nov.–Febr. Di–Sa 9–17 Uhr) in der Krypta von St. Kyrill und Method dokumentiert.

69 Tanzendes Haus
Tančicí dům

Dynamisch bewegtes Zeichen des Dekonstruktivismus in Prag.

Rašínovo nábřeží 80
Metro B Karlovo náměstí
Straßenbahn 17, 21 Jiráskovo náměstí

Eine Tänzerin im gläsernen Faltenkleid schmiegt sich grazil an den Herrn mit Hut: Architektur, die das gewohnte Formempfinden natürlich überrascht! Das 1996 direkt am Ufer der Moldau verwirklichte Bürogebäude der Architekten *Vladimír Milunič* und *Frank O. Gehry* bietet mit seiner Architektur, die in Bewegung be-

Hinter der Grünanlage auf dem Karlsplatz erhebt sich das Neustädter Rathaus

griffen scheint, einen erstaunlichen Anblick. Ein Spitzname war schnell gefunden: ›Ginger und Fred‹, nach dem berühmten amerikanischen Tanzpaar Ginger Rogers und Fred Astaire.

▶ **Reise-Video**
Tanzendes Haus
QR-Code scannen [s. S. 5]
oder dem Link folgen:
www.adac.de/rf0437

70 Karlsplatz
Karlovo náměstí

Kaiser Karl IV. ließ den größten Marktplatz Prags anlegen.

Metro B Karlovo náměstí
Straßenbahn 3, 4, 10, 14, 16, 17, 18, 22, 24
Karlovo náměstí

Mit einer Ausdehnung von 550 x 150 m ist der einstige Viehmarkt im Südwesten der Neustadt Prags größter Platz. Besondere Bedeutung erlangte der Karlsplatz 1354, als hier anlässlich des Fronleichnamsfestes die Reichskleinodien ausgestellt wurden. Von den dazugehörenden Reliquien versprach sich das Volk Wunderheilungen und Sündenablass. Ansehen und Ruhm der Kaiserstadt Prag stiegen, Wallfahrten und Jahrmärkte brachten wirtschaftlichen Aufschwung. Rund um den seit dem 19. Jh. begrünten Platz gibt es interessante Bauwerke zu entdecken.

▶ **Reise-Video**
Karlsplatz
QR-Code scannen [s. S. 5]
oder dem Link folgen:
www.adac.de/rf0441

Neustädter Rathaus

Novoměstská radnice
Karlovo náměstí 23
Tel. 224 94 82 29
www.novomestskaradnice.cz
bei Ausstellungen Di–So 10–17.30 Uhr
Turm: Mai–Sept. Di–So 10–18 Uhr

Im Nordosten des Karlsplatzes erhebt sich das frühere Rathaus der 1377–1784 unabhängigen Neustadt. Sein heutiges Erscheinungsbild mit mächtigem Eckturm (1452–56) und Dreigiebelfassade (1526) im Stil der Renaissance verdankt es der Restaurierung zu Beginn des 20. Jh. Vor dem Gebäude erinnert ein Bronzedenkmal an den hussitischen Prediger *Jan Želivský*,

Wange an Wange gleiten Ginger und Fred übers Prager Parkett: das Tanzende Haus

der am 30. Juli 1419 mit seinen Anhängern die Freilassung der gefangenen Glaubensbrüder einforderte. Als sie nur Spott ernteten, stürmten sie das Rathaus und stürzten sieben katholische Ratsherren aus dem Fenster. Dieser erste *Prager Fenstersturz* löste die 15 Jahre andauernden Hussitenkriege aus. Heute finden im Neustädter Rathaus kulturelle Veranstaltungen und Wechselausstellungen statt.

St. Ignatius

Kostel sv. Ignáce
Karlovo náměstí/Ječná

Giovanni Domenico Orsi entwarf und begann das zweite Prager Jesuiten-Kollegium an der Ostseite des Karlsplatzes, das 1671 durch Carlo Lurago vollendet wurde. Tomaso Soldati fügte Ende des 17. Jh. die Stuckaturen hinzu, Paul Ignaz Bayer den dreiteiligen Portikus und den Ostturm.

Der Innenraum ist ein tonnengewölbter Saal mit Emporen. Figürlich durchsetzte Stuckaturen und Rokokoornamente überwuchern geradezu Wände und Decken. Dem Zeitgeschmack des Spätbarock und Rokoko entsprechen Stuckmarmor und Vergoldung. Älter ist dagegen das Hochaltarblatt (1688) von J. G. Heintsch, die Apotheose des Ordensgründers Ignatius von Loyola.

Markanter Orientierungspunkt: die modernen Türme des Emmaus-Klosters

Ein Abstecher führt von der Kirche gen Nordosten in die Straße Na rybníčku, wo sich der älteste Bau der Neustadt befindet: die **Longinus-Rotunde** (Rotunda svatého Longina), ein romanisches Pfarrkirchlein des späten 12. Jh.

Faust-Haus
Faustův dům
Karlovo náměstí 40

Geheimnisumwittert ist das Faust-Haus an der Ecke zur Vyšehradská, das barockisierte Renaissancepalais der Freiherren Mladota von Solopysk. Bereits im 14. Jh. soll der Herzog von Troppau hier chemische Versuche durchgeführt haben. Um 1600 wohnte hier Edward Kelley, der englische Alchemist Rudolfs II., doch erst im 19. Jh. brachte man das Haus mit Dr. Faustus in Verbindung, der hier seine Seele an den Teufel verkauft haben soll.

Gleich nebenan liegt der Eingang zur Kirche **St. Johannes Nepomuk auf dem Felsen** (geöffnet So 11 Uhr zum deutschkatholischen Gottesdienst). Die barocke Fassade mit dem schräg gestellten Turmpaar ragt über einer doppelläufigen Freitreppe auf. Im Inneren des von Kilian Ignaz Dientzenhofer 1731–38 gestalteten Gotteshauses wird das Holzmodell für die Bronzestatue des Johannes Nepomuk von der Karlsbrücke verwahrt.

71 Emmaus-Kloster
Klášter Emauzy

Bedeutender gotischer Freskenzyklus im Kreuzgang.
Vyšehradská 49
Tel. 224 91 76 62
www.emauzy.cz
Mai–Sept. Mo–Sa 11–17,
Okt.–April Mo–Fr 11–17 Uhr
Metro B Karlovo náměstí
Straßenbahn 3, 4, 10, 14, 16, 18, 24
Moráň

Weithin sichtbar ragen die zwei einander durchdringenden Betonflügel der eigenwilligen **Westfassade** des Emmaus-Klosters auf. Sie sind das Werk des Architekten František M. Černý, der die Restaurierung der Anlagen nach der fast vollständigen Zerstörung im Zweiten Weltkrieg 1967 leitete.

Gegründet wurde das Kloster Bei den Slawen (Na Slovanech) 1347 von Karl IV. als Pflegestätte der slawischen Liturgie. Slawische Benediktiner sollten seine politischen Ziele in Süd- und Osteuropa unterstützen. Die Einweihung erfolgte 1372, am Ostermontag, an dem das Evangelium vom Gang der Jünger nach Emmaus verlesen wird. Danach kam die Bezeichnung ›In Emmaus‹ auf. In der Hussitenzeit verfiel das einst für seine *Handschriften* berühmte Kloster; eine neue Blüte begann 1636 mit dem Einzug spanischer Benediktiner. 1880 fanden Mönche aus

Als würde sich Dvořák gleich an die Arbeit begeben – Flügel in der Villa Amerika

Ein feines Sternrippengewölbe überspannt den Innenraum der Kirche beim Karlshof

der Benediktinerabtei Beuron in Oberschwaben hier eine neue Heimat.

Sehenswert ist der **Kreuzgang**, der einen außerordentlich wertvollen gotischen *Freskenzyklus* (um 1360/70). Zweischichtig angeordnete Wandfelder schildern Begebenheiten aus dem Leben Jesu, denen Szenen aus dem Alten Testament gegenübergestellt werden.

72 Antonín-Dvořák-Museum
Muzeum Antonína Dvořáka

Gedenken an den großen tschechischen Komponisten Antonín Dvořák im Gartenschlösschen Villa Amerika.

Ke Karlovu 20
Tel. 224 91 80 13
www.nm.cz
Di–So 10–13.30 und 14–17 Uhr
Metro C I. P. Pavlova
Straßenbahn 4, 6, 10, 22, 23
I. P. Pavlova

Das Museum zu Ehren des tschechischen Komponisten Antonín Dvořák (1841–1904), eine Zweigstelle des Nationalmuseums, ist im zauberhaften Gartenschlösschen Villa Amerika (Letohrádek Amerika) untergebracht. Dessen Bezeichnung ›Amerika‹ leitet sich vom Namen eines einstigen Wirtshauses in der näheren Umgebung ab. Das Gebäude wurde 1717–20 von Kilian Ignaz Dientzenhofer für Johann Wenzel Graf Michna von Waitzenau errichtet, die Plastiken stammen aus der Werkstatt Anton Brauns. Im Inneren finden sich wertvolle Autografen, Fotos, große Teile der Bibliothek so-

wie das rekonstruierte Arbeitszimmer Dvořáks. Im Festsaal lohnt ein Blick auf die Fresken von Johann Ferdinand Schor, die Motive der klassischen Mythologie darstellen.

73 Kirche beim Karlshof
Kostel Nanebevzetí Panny Marie a Karla Velikého

Hochgotischer Zentralbau, später zu einer barocken Wallfahrtsstätte umgestaltet.

Ke Karlovu, Karlov 1
So 14–16 Uhr
Metro C Vyšehrad
Straßenbahn 7, 18, 24 Ostrčilovo náměstí oder Straßenbahn 6, 11 Pod Karlovem

1351 gründete Karl IV. die Kirche und das Kloster der Augustiner Chorherren. Das ›Unserer Lieben Frau‹ sowie Karl dem Großen geweihte Gotteshaus wurde nach dem Vorbild der Aachener Pfalzkapelle, in der Karl IV. zum Römischen König gekrönt worden war, erbaut. Die oktogonale Kirche mit kurzem polygonalem Chor erlitt in den Hussitenkriegen schwere Beschädigungen, erst 1575 wurde das Sternrippengewölbe – allerdings ohne die ursprüngliche Mittelstütze – wiederhergestellt. Anfang des 18. Jh. begann der Ausbau zu einer volkstümlichen Pilgerstätte im Stil des Barock. Eine Besonderheit ist die Heilige Treppe, eine Nachbildung der Scala Santa beim Lateran in Rom. Gläubige dürfen die Stiege, die Jesus im Palast des Pilatus angeblich beschritt, nur kniend überwinden.

Rund um die Prager Innenstadt – Schlösser, Villen und stimmungsvolle Stätten

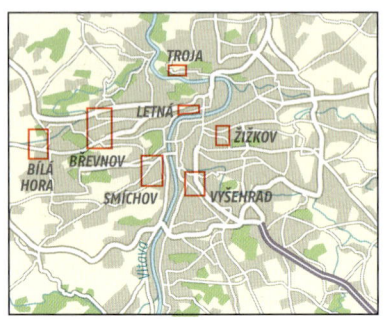

Am Rande des Zentrums liegen einige lohnende und leicht erreichbare Ausflugziele. Dazu zählen das stimmungsvolle Stadtviertel auf Prags zweitem Burghügel **Vyšehrad** südlich des Zentrums ebenso wie der **Letná-Hügel** und das ehemalige **Messegelände** in seinem Norden, die allesamt zu erholsamen Spaziergängen einladen. Auch der Park von **Schloss Stern** oder das **Kloster Břevnov** mit dem benachbarten kleinen See bieten nach den zahlreichen kunst- und architekturgeschichtlichen Höhepunkten im Prager Innenstadtbereich willkommene ›grüne‹ Abwechslungen. Ebenfalls nicht versäumen sollte man einen Besuch der Burg **Karlstein**.

74 Nationale Gedenkstätte Vitkov-Hügel
Národní památník na Vítkově

Grabmal des Unbekannten Soldaten und Präsidentengruft.

U Památníku 1900, Žižkov
Tel. 222 78 16 76
www.nm.cz
April–Okt. Mi–So 10–18, Nov.–März Do–So 10–18, Dach 10.30–16 Uhr
Metro B Křižikova
Straßenbahn 5, 9, 26 Lipanská

Den kleinen Hügel im Stadtteil **Žižkov** im Nordosten Prags krönt der gewaltige Monumentalbau der Nationalen Gedenkstätte Vitkov-Hügel. Der granitverkleidete Kubus wurde in den Jahren 1928–32 nach Plänen von Jan Zázvorka errichtet. Im Innern befinden sich das Grabmal des Unbekannten Soldaten und die Präsidentengruft. Die 9 m hoch aufragende *Reiterstatue* des Hussitenführers an Žižka von Trocnov – ein Werk Bohumil Kafkas – ist die größte Reiterstatue im Osteuropa und erinnert an Žižkas Sieg über Kaiser Sigismund am 14. Juli 1420. Wer sich für Militärgeschichte interessiert, kann nun noch das **Armeemuseum** (Armádní Muzeum, U Památníku 2, Tel. 973 20 49 24, www.vhu.cz, Di–So 10–18 Uhr) mit der Sammlung zu den tschechischen Streitkräften und dem tschechischen Widerstand im Ersten und Zweiten Weltkrieg besichtigen.

75 Nationales Kulturdenkmal Vyšehrad
Národní kulturní Vyšehrad

Die sagenumwobene ›Geburtsstätte‹ Prags.

V Pevnosti 159/5b (gegenüber der Jedlička-Anstalt), Prag 2
Tel. 241 41 03 48
www.praha-vysehrad.cz
April–Okt. tgl. 9.30–18, Nov.–März tgl. 9.30–17 Uhr
Metro C Vyšehrad
Straßenbahn 3, 7, 16, 17 Výtoň
Straßenbahn 7, 8, 24 Albertov

Der schroff vom rechten Moldauufer aufragende Felssporn genießt im tschechischen Volk höchste Verehrung. Vermutlich stand hier bereits im 8. Jh. eine altslawische Holzburg, die ›Hohe Burg‹ (Vyšehrad). Von dieser Stelle soll **Libussa** die Gründung der Prager Burg prophezeit haben [s. S. 110].

Die erste romanische Steinburg und mehrere Kirchen ließ Fürst Vratislav II., ab 1085 erster König von Böhmen, errichten. Bereits Ende des 12. Jh., als die Přemysliden-Fürsten vom Hradschin aus regierten, büßte der Vyšehrad seine politische Bedeutung ein. Im 14. Jh. bestimmte Kaiser Karl IV., dass jeder König vor seiner Krönung barfuß zum Vyšehrad pilgern musste, um ›Bastpantoffel und Brotbeutel‹ anzulegen als Zeichen der Herkunft von Přemysl dem Pflüger. Der Krönungsweg nahm daraufhin hier seinen Ausgang. Im 17. Jh. wurde die Anlage, die im Lauf der Geschichte immer wieder unter Feuersbrünsten zu leiden hatte, zur barocken Festung ausgebaut.

Heute ist der Vyšehrad mit seinen historischen Gebäuden, Ausstellungsräumen, seinen skulpturengeschmückten Grünanlagen und einer Freiluftbühne ein beliebtes Ausflugsziel. Sein Wahrzeichen ist die neogotische **St.-Peter- und Paulskirche** (Kostel sv. Petra a Pavla, 1903) mit der ›Vyšehrader Madonna‹. An das gotische Gnadenbild (14. Jh.) auch ›Regenmadonna‹ genannt, wandte sich das Volk bei Dürre. Besonders sehenswert ist der nördlich der Kirche gelegene **Ehrenfriedhof** (Vyšehradský hřbitov) aus dem 19. Jh., auf dem bedeutende Tschechen, darunter die Komponisten Friedrich Smetana und Antonín Dvořák ruhen. In der Ehrengruft ›Slavín‹ (1889–93) wurden u. a. der Künstler Alfons Mucha und der Wissenschaftler František Křižík bestattet.

Letzte Ruhestätte bedeutender Persöhnlichkeiten: der Ehrenfriedhof auf dem Vyšehrad

Hervorzuheben sind ferner die romanische **St.-Martins-Rotunde** (Rotunda sv. Martina, Ende 11. Jh., östlich von St. Peter und Paul), die älteste erhaltene Rundkir-

Die Nationale Gedenkstätte mit der Reiterstatue Jan Žižkas bekrönt den Vitkov-Hügel

che Prags, sowie zwei Dauerausstellungen: Im **Gotischen Keller** (Gotický skelp, südlich von St. Peter und Paul) werden ›*Historische Gestalten des Vyšehrad*‹ anhand archäologischer Funde, historischer Dokumente und Gebrauchsgegenstände vorgestellt. Im **Ziegeltor** (Cihelná brána, 1741, an der nördlichen Befestigungsmauer) erklären Schautafeln die Entwicklung der Prager Befestigungsanlagen. Außerdem hat man von hier aus Zugang zu den *Kasematten* des Vyšehrad und in den unterirdischen *Saal Gorlice*, in dem mehrere originale Barockplastiken von der Karlsbrücke zu sehen sind.

Mozart in Prag

Vieles in Prag erinnert an Mozart: Das Ständetheater, die Villa Bertramka und das Palais Thun, in dem Mozart mit seiner Gemahlin Konstanze logierte, die Orgel in der Klosterkirche von Strahov und nicht zuletzt die ›**Prager Sinfonie**‹ sowie Eduard Mörikes Novelle ›*Mozart auf der Reise nach Prag*‹ (1856).

Insgesamt fünfmal weilte der Komponist für einige Zeit in Prag. Nach der umjubelten Prager Erstaufführung seiner Oper ›**Le nozze di Figaro**‹ (Figaros Hochzeit) 1786 bekräftigte er immer wieder: »Meine Prager verstehen mich« – im Gegensatz zum damaligen Wiener Publikum!

Im Frühjahr 1787 begann er in Wien mit der Arbeit an ›**Don Giovanni**‹, einem Auftragswerk für das Gräflich Nostitz'sche Nationaltheater (Ständetheater). Im Oktober 1787 vollendete er die Partitur in der Villa Bertramka, dem Sommersitz des Musikerehepaares Dušek. Seiner Gastgeberin, der Sängerin Josefina Dušek, widmete Mozart die Konzertarie ›**Bella mia fiamma, addio**‹ (KV. 528). Gemeinsam mit ihrem Gemahl, dem Komponisten, Pianisten und Pädagogen Franz Xaver Dušek, hatte sie Mozart für Prag entdeckt, eine Einladung des Grafen Thun folgte.

Die Prager hielten ›ihrem‹ Mozart auch über den Tod hinaus die Treue: Wiederum im Gegensatz zu Wien beging man hier wenige Tage nach seinem Hinscheiden am 5. Dezember 1791 in St. Niklas auf der Kleinseite eine würdige Totenfeier.

76 Villa Bertramka
Bertramka muzeum

Stimmungsvolle Mozart-Gedenkstätte.

Mozartova 169, Smíchov
www.bertramka.cz
Museum und Café bis auf Weiteres geschl., derzeit finden keine Konzerte statt
Metro B Anděl
Straßenbahn 4, 7, 9, 10 Bertramka

Dreimal weilte Mozart im Sommerhaus des Musikerehepaares Dušek zu Gast (1786, 1787, 1791). *Franz Xaver Dušek* war selbst Komponist und Pianist, seine Gemahlin *Josefina* eine gefeierte Konzertsängerin. Im Herbst 1787 vollendete Mozart in der Bertramka den ›Don Giovanni‹; am 29. Oktober fand die umjubelte Uraufführung im Ständetheater statt. 1791 leitete Mozart dort seine letzte Oper ›La clemenza di Tito‹ (Titus), ein Auftragswerk der böhmischen Stände zur Krönung Leopolds II.

Noch immer verströmt der gemütliche Landsitz angenehme Atmosphäre – ein zauberhafter Rahmen für Konzerte! Wertvollster Besitz sind ein Klavier und ein Cembalo, auf denen Mozart spielte, sowie die bemalte Holzdecke im Ecksalon.

77 Villa Portheim und St. Wenzel in Smíchov
Portheimka a Kostel svatého Václava

Im Schlösschen finden heute Kunstausstellungen statt.

Náměstí 14. října, Smíchov
Tel. 257 32 21 76
bei Ausstellungen Di–So 13–18 Uhr
Metro B Anděl
Straßenbahn 4, 6, 9, 10, 12, 14, 20 Anděl

Angeregt vom Werk Fischers von Erlach, erbaute Kilian Ignaz Dientzenhofer 1725 das reizvolle Barockschlösschen **Villa Portheim** für seine Familie. Wenzel Lorenz Reiner malte im ovalen Hauptsaal das *Bacchus-Fresko*. Spätere Besitzer waren die Grafen Buquoy und der Fabrikant Portheim. Heute sind in den Räumen Kunstausstellungen zu sehen, ein Café hat seine Pforten für Besucher geöffnet. Der Südflügel fiel um 1880 dem Bau der **Wenzels-Kirche** zum Opfer. Antonín Bar-

Fast wie zu Mozarts Zeiten: Klavierzimmer mit Rokoko-Mobiliar in der Villa Bertramka

vitius entwarf die eindrucksvolle Neurenaissance-Kirche nach dem Vorbild von Sangallos Kirche San Biagio in Montepulciano. Ludvík Šimek steuerte den plastischen Schmuck bei. In der Hauptapsis ist ein *Mosaik* von Josef Trenkwald zu sehen. In unmittelbarer Nähe der Kirche steht der **Bärenbrunnen**, geschaffen 1689 von Hieronymus Kohl für das einstige Lustschloss der Grafen Slavata am Moldauufer.

78 Kinský-Villa – Nationalmuseum
Letohrádek Kinských – Národní muzeum

Ethnografisches Museum in attraktivem Villenambiente.

Kinského zahrada 98, Smíchov
Tel. 257 21 48 06
www.nm.cz
Di–So 10–18 Uhr
Metro B Anděl
Straßenbahn 6, 9, 12, 20
Švandovo divadlo

Die elegante Empirevilla der Fürsten Kinský wurde 1827 durch den Wiener Architekten Heinrich Koch erbaut. Heute beherbergt sie das **Musaion**, die ethnografische Sammlung des tschechischen Nationalmuseums. Die böhmische und mährische Volkskultur, das Leben der Landbevölkerung mit der Natur, ihre Feste und Feiern werden lebendig dargestellt. Ein Hochzeitsumzug wurde originalgetreu mit lebensgroßen Puppen in landesüblichen Trachten nachgebildet.

79 Letná-Plateau
Letenské sady

Metronom, Massenveranstaltungen und Moldau-Blick.

Holešovice
Metro A Malostranská
Straßenbahn 1, 8, 12, 17 Čechův most

Schon von Ferne erblickt man das überdimensionale **Metronom** (1991) auf dem aussichtsreichen Letná-Plateau, das den Pragern den Takt vorzugeben scheint. David Černý errichtete die moderne Skulptur auf jenem Sockel, von dem 1955–62 eine pompöse Stalin-Statue über die Stadt wachte. Rundum tummeln sich Skateboarder, Radfahrer und Spaziergänger im Grünen, finden Massenevents wie Zirkus- und Sportveranstaltungen, 1.-Mai-Feiern oder Papstmessen statt.

Ein architektonisches Schmuckstück ist der **Hanauische Pavillon**. Er wurde nach einem Modell von Zdeněk Emanuel Fiala in den Eisenwerken des Fürsten Wilhelm von Hanau zur Jubiläums-Landesausstellung 1891 gegossen. Danach

Jugendstil-Juwel in einzigartiger Lage: der Hanausche Pavillon auf dem Letná-Plateau

ließ die Stadt den Jugendstilbau an die heutige Stelle übertragen und als **Restaurant** (Tel. 233 32 36 41, www.hanavsky pavilon.cz) einrichten.

Gustav Klimts Werk ›Die Mädchen‹ in der Nationalgalerie im Messepalast

Ebenfalls sehenswert ist der funktionalistische Pavillon **Praha Expo 58**, der Mitte des 20. Jh. nach Entwürfen der Architekten Josef Hrubý, František Cubr und Zdeněk Pokorný gebaut und bei der Brüsseler Weltausstellung 1958 mit einer Goldmedaille ausgezeichnet wurde.

Freunde moderner Errungenschaften kommen im nahen **Technischen Nationalmuseum** (Národní technické muzeum, Kostelní 42, Tel. 220 39 91 11, www.ntm.cz, Di–Fr 9–17.30, Sa/So 10–18 Uhr), das Exponate aus den Bereichen Technik, Verkehr, Kommunikation, Fotografie, Astonomie u. v. m. vorstellt, auf ihre Kosten.

80 Nationalgalerie im Messepalast
Národní galerie u Veletržní palác

Kunst des 19.–21. Jh. in einem Pionierwerk der tschechischen Moderne.

Dukelských hrdinů 47, Holešovice
Tel. 224 30 11 11
www.ngprague.cz
Di–So 10–18 Uhr
Metro C Vltavská
Straßenbahn 1, 12, 17, 24 Veletržní

In einem Teil des 1924–28 aus Beton, Glas und Eisen errichteten, damals größten Messegebäudes der Welt zeigt die Prager Nationalgalerie Malerei, Skulptur, Grafik, Möbel, Glas und Industriedesign des 19.–21. Jh. Tschechische Künstler sind besonders stark vertreten. Zu den Glanzpunkten aber gehören Meisterwerke von Claude Monet, Eduard Manet, Gustave Courbet, Paul Cézanne, Paul Gauguin, Vincent van Gogh, Pablo Picasso, Henri Matisse, Marc Chagall, Gustav Klimt, Henri Rousseau, Oskar Kokoschka, Edvard Munch, Joan Miró und Henry Moore.

Doch auch das Gebäude selbst, ein Paradebeispiel für den Konstruktivismus, ist unbedingt sehenswert. Die Architekten *Oldřich Tyl* und *Josef Fuchs* errichteten das monumentale Bauwerk nach den Prinzipien des Funktionalismus in klaren kubischen Formen. Um eine zentrale, bis zur Glasdecke über dem 6. Stockwerk hin offene *Halle* sind jeweils frei umlaufende Galerien angelegt, von denen man die *Schauräume* betritt. Die Transparenz des fast völlig von tragenden Wänden befreiten Baus beeindruckte selbst so namhafte Architekten wie Le Corbusier.

Messepalast – ein Meisterwerk konstruktivistischer Architektur zeigt Kunst der Moderne

81 Kultur- und Erholungs park Výstaviště
Areal Výstaviště

Anlässlich der Jubiläumsausstellung 1891 konzipiertes Messegelände.

Holešovice
Tel. 220 10 31 11
www.incheba.cz
Metro C Holešovice nádraži,
Straßenbahn 5, 12, 17 Výstaviště

Nördlich vom Messepalast erstreckt sich der Kultur- und Erholungspark Výstaviště. Das Areal mit diversen Hallen und Pavillons plante Antonín Wiehl anlässlich der Jubiläumsausstellung 1891, später diente sie als Messegelände.

Im Südosten des Geländes lohnt das **Lapidárium** (Pavillon 422, Tel. 233 37 56 36, www.nm.cz, Mai–Okt. Mi 10–16, Do–So 12–18 Uhr) einen Besuch. Die Sammlung des Nationalmuseum bewahrt neben Denkmälern des 11.–19. Jh. aus Böhmen einige Originalskulpturen der Karlsbrücke.

Sehenswert ist aber auch das **Marold-Panorama** (Tel. 220 10 32 10, April–Okt. Di–Fr 13–17, Sa/So 10–17 Uhr) des tschechischen Malers Luděk Marold aus dem Jahr 1898. Sein 11 m hohes und 95 m langes 360°-Gemälde der ›Schlacht von Lipany‹, mit der die Hussitenkriege 1434 zu Ende gingen, ist in einem 1908 von Jan Koula konzipierten Rundbau zu bewundern.

Ein beliebter Treffpunkt sind die mehrstrahligen Wasserspiele der **Křižíkova Fontana** (www.krizikovafontana.cz). Und abends bietet die Singende Fontäne einen schönen Rahmen für Konzerte.

82 Schloss Troja
Trojský zámek

Hauptwerk des böhmischen Barock und Galerie der Hauptstadt Prag.

U Trojského zámku 1, Troja
Tel. 283 85 16 14
www.ghmp.cz
April–Okt. Di–Do, Sa/So 10–18,
Fr 13–18 Uhr
Metro C Holešovice nádraži, dann
Bus 112 Zoologická zahrada

Wenzel Adalbert Graf Sternberg – aus reichstem böhmisch-mährischem Adel – ließ auf seinem Weingut am Nordrand des Prager Kessels eine ›Villa suburbana‹ erbauen, eine Vorstadtvilla zum vorübergehenden Aufenthalt, wie er sie in Italien kennengelernt hatte. Die Pläne erstellte *Jean Baptiste Mathey.*

Schloss Troja erhebt sich auf einer künstlichen Terrasse, in der Achse zum Hradschin, das Herrscherhaus im Blickfeld: eine Huldigung an den Kaiser und König, dessen Besuch man erwartete. Vom *französischen Garten* – dem ersten seiner Art in Böhmen – führt die pracht-

Muntere Wasserspiele beleben die schöne Parkanlage von Schloss Troja im Norden Prags

volle Freitreppe unmittelbar in den Großen Saal. Entwurf und Skulpturen der
Treppenanlage (1685–1703) stammen
vom Dresdner Bildhauer Johann Georg
Heermann unter Mitwirkung seines Nef-
fen Paul. Dramatisch bewegte *Figuren*
schildern den Kampf der Olympischen
Götter gegen die Giganten, die Söhne
der Erdmutter Gaia. Auf die Entstehungszeit übertragen ist das Thema als Triumph der Christen über die Türken zu
verstehen. Die *Büsten* der vier Erdteile
sowie der Elemente und Tageszeiten auf
der äußeren Balustrade ergänzten die
Brüder Brokoff, die reich verzierten *Terra-
kottavasen* der Italiener Bombelli.

Die *Fresken* (1693) im **Großen Saal**
schuf der flämische Maler Abraham Go-

Farbenfrohe Deckengemälde im Großen Saal verherrlichen das österreichische Herrscherhaus

dyn unter Mitwirkung seines Bruders Isaak. Sie verherrlichen das Haus Österreich und dessen Sieg über die Türken.

Im Zentrum des *Deckengemäldes* erstrahlt das Auge Gottes; die allegorische Gestalt des Glaubens hält Kelch und päpstliche Insignien. Am linken Bildrand knien die Apostelfürsten Petrus und Paulus, rechts Graf Sternberg (im Hermelinmantel) mit seiner Gemahlin. Markgraf Leopold III. von Babenberg (der Heilige) trägt das Modell der Stiftskirche Klosterneuburg und die Fahne Niederösterreichs, darunter ist König Jan III. Sobieski von Polen zu sehen, rechts der Vertreter Ungarns und der Markuslöwe als Anspielung auf die Heilige Liga des Reiches mit Polen und Venedig. Über den Kaminen thronen die Allegorien der Gerechtigkeit (Justitia) und des Sieges (Victoria).

In den prächtigen Schlossräumen ist eine Dependance der **Galerie der Stadt Prag** (Galerie hlavního města prahy) untergebracht. Sie zeigt die Ausstellung *Ewiger Sommer in einer römischen Villa* (Věčné léto v římské vile) mit Werken namhafter tschechischer Künstler des 19. Jh. wie z. B. František Tkadlík, František Ženíšek, Josef Navrátil, Adolf Kosárek und Julius Mařák. Tierfreunde werden sich an einer Sammlung barocker Tiermalerei erfreuen. Zusätzlich öffnet die Galerie in den Sommermonaten die Pforten zum Weinmuseum mit angeschlossener Vinothek im Keller des Schlosses.

83 Zoologischer Garten
Zoologická zahrada

Artenvielfalt am Ufer der Moldau.

U Trojského zámku 3
Tel. 296 11 21 11
www.zoopraha.cz
März tgl. 9–17, April/Mai, Sept./Okt. tgl. 9–18, Juni–Aug. tgl. 9–19, Nov.–Febr. tgl. 9–16 Uhr
Metro C Holešovice nádraži, dann Bus 112 Zoologická zahrada

Im von Bächen durchzogenen Talbecken von Troja sowie auf der darüber liegenden Anhöhe erstreckt sich der 1931 eröffnete Zoologische Garten. Auf seinem 57 ha großen Gelände leben ca. 5000 Tiere aus der ganzen Welt, darunter seltene Urwaldhunde, possierliche Erdmännchen und erhabene Greifvögel. Zu den Highlights zählen der Raubkatzen-Pavillon und das Indonesische Dschungelhaus mit Orang-Utans und Komodovaranen. Eine Besonderheit ist die erfolgreiche Zucht von Przewalski-Pferden.

84 Kloster Břevnov
Břevnovský klášter

Ältestes Männerkloster Böhmens, bedeutende Barockkirche von Christoph Dientzenhofer.

Markétská 28, Břevnov
Tel. 220 40 62 70
www.brevnov.cz
Führung: Mai–Okt. Sa/So 10, 14 und 16, sonst Sa/So 10 und 14 Uhr
Straßenbahn 22, 36 Břevnovský klášter

Adalbert (Vojtěch), der zweite Bischof von Prag und einer der böhmischen Landespatrone, gründete 993 das Benedikti-

Wunderschöne Fresken zieren die Klostertrakte der Benediktinerabtei Břevnov

nerkloster Breunau, Ausgangspunkt für zahlreiche Tochtergründungen in Böhmen und Ungarn. Die ersten Mönche brachten aus Italien Reliquien der Heiligen Alexius und Bonifatius; seit dem 13. Jh. wird Margaretha von Antiochien als Titelheilige verehrt. Ein spätbarocker **Säulenportikus** von Kilian Ignaz Dientzenhofer (1710), bekrönt von einer Statue des hl. Benedikt von Josef Hiernle aus Landshut, führt in den Klosterbezirk.

Von der frühromanischen Klosterkirche blieb die **Krypta** erhalten. Christoph Dientzenhofer plante den barocken Neubau (1709–16). Geschwungene Giebel

Sagenumwobene Libussa

Ob im Vestibül des Altstädter Rathauses als Mosaikbild, im Nationaltheater bei einer Aufführung von Smetanas Oper ›Libuše‹ oder auf dem Vyšehrad [Nr. 75], immer wieder begegnet der Besucher Prags den Spuren der sagenumwobenen Ahnherrin des **Přemysliden-Geschlechts**, das mehr als 400 Jahre lang – vom späten 9. Jh. bis 1306 – über Böhmen und Mähren gebot. Auch der Luxemburger Kaiser Karl IV. entspross mütterlicherseits diesem Herzogs- und Königshaus.

Vom Vyšehrad-Felsen soll Libussa, die jüngste der drei Töchter des weisen Fürsten Krok, die Gründung der Prager Burg prophezeit haben: »dort, wo neben dem Strahover Wald ein Mann die Schwelle seines Hauses zimmert«. Vom tschechischen Wort ›Prah‹ – Schwelle oder Stromschnelle – leitet sich angeblich der Stadtname Praha (Prag) ab, dessen Ruhm, so Libussas **Weissagung**, »die Sterne berühren wird«. Nach dem Willen des Volkes erwählte sie den Bauern **Přemysl** (den Pflüger) zum Gatten und Stammesherzog. – In der Libussa-Saga verbirgt sich der Übergang vom altslawischen Matriarchat zur Vorherrschaft der Männerwelt.

Friedrich Smetana verherrlichte den Vyšehrad in seinem sinfonischen Zyklus ›Mein Vaterland‹ (›Má vlast‹), die Stammmutter der Přemysliden in der Oper ›Libuše‹. Auch deutsche Musiker und Dichter griffen dieses Thema auf – als bekanntestes Werk ist Franz Grillparzers Drama ›Libussa‹ (1872) zu nennen.

bestimmen die West- und Südfassade. Der **Innenraum** entwickelt sich aus dem Grundriss vier verschlungener Ovale, deren Gewölbelast auf schräg gestellten Pfeilern ruht. Die *Gewölbefresken* malte Johann Jakob Stevens von Steinfels. Dargestellt sind die Erhebung des hl. Adalbert, die Kirchenpatrone Alexius, Bonifatius und Margaretha, böhmische Benediktiner und Landespatrone, Fürsten, Könige, Päpste. Künstlerisch bemerkenswert sind auch die *Plastiken* von Matthäus Wenzel Jäckel und die *Altarblätter* von Peter Brandl, u. a. ›Tod des hl. Benedikt‹ und ›Tod des seligen Günther‹, der als Einsiedler bei Břevnov lebte und an der Südseite der Kirche beigesetzt ist. Kilian Ignaz Dientzenhofer vollendete den Chor und baute die Klostertrakte. Im **Prälatensaal** (Theresianischer Saal) malte Cosmas Damian Asam 1727 das *Deckenfresko* ›Tod des seligen Günther‹.

85 Schloss Stern
Letohrádek Hvězda

Renaissanceschloss am Weißen Berg mit grandiosen Deckenstuckaturen.

Liboc 25 c, Liboc
Tel. 235 35 79 38
Mai–Sept. Di–So 10–18,
April, Okt. Di–So 10–17 Uhr
Straßenbahn 22 Malý Břevnov

Kaiser Ferdinand I. ließ 1530 hier am Weißen Berg einen Wildpark anlegen und durch eine Mauer schützen. Sein Sohn, Erzherzog Ferdinand von Tirol, erbaute 1555–58 inmitten dieses Parks das originelle Hochrenaissance-Schloss auf dem Grundriss eines sechszackigen Sterns. Hans von Tirol und Bonifaz Wolmut erstellten die Pläne; als Baumeister und Stuckateure wurden Giovanni Campione und Avostalis del Pambio gerufen. Sie schmückten 1556–60 den Saal im Erdgeschoss mit außerordentlich eleganten Stuckaturen, die zu den frühesten und besten ihrer Art in Mitteleuropa zählen. Aufgefächert in 334 Felder zeigen sie mythologische und altrömische Themen: Äneas und Anchises als Ahnherrn des Kaiserhauses, Venus als Urmutter der Römer, Gestalten aus der republikanischen Geschichte, Diana, Fortuna und andere Götter, Helden, Fabelwesen, Planeten, Kleopatra und Genreszenen, die an Fresken aus Pompeji erinnern.

Das adrette Renaissanceschloss Stern liegt im Grünen und birgt zauberhafte Stuckaturen

Das Schloss beherbergt eine *Ausstellung* zur Geschichte des Gebäudes, in der auch ein Modell der Schlacht am Weißen Berg (1620) zu sehen ist.

86 Wallfahrtskirche am Weißen Berge
Poutní kostel na bíle hore

Böhmisches Marienheiligtum mit vierteiligem Prozessions-Umgang.

Bílá hora
Tel. 220 51 32 17
www.brevnov.cz
nur mit Führung auf Anfrage
Straßenbahn 22 Bílá hora

Zwei Jahre nach der Schicksalsschlacht am Weißen Berg vom 8. November 1620 wurde hier eine Kapelle errichtet, 1628 ein Servitenkloster gegründet. Den ›**Heiligen Bezirk**‹ erbauten Italiener nach Vorbildern in ihrer Heimat. Die 1714 vollendete Kreuzkuppelkirche enthält Fresken von Wenzel Lorenz Reiner, Cosmas Damian Asam (Mariä Himmelfahrt in der Kuppel) und dessen Schüler Johann Adam Schöpf. Ziel der Pilger ist der Hochaltar mit einem wundertätigen Gnadenbild (Kopie). Es zeigt die Anbetung des Jesukindes, wird aber auch ›Maria vom Siege‹ (Maria de Victoria) genannt, denn der hoch betagte Karmeliterpater Dominicus a Jesus Maria trug es den Truppen in der Schlacht voran und soll so mithilfe der Muttergottes den Sieg herbeigeführt haben [s. Nr. 22]. Die Wandmalereien im Ambit von Johann Anton Schöpf zeigen 39 marianische Wallfahrtsstätten.

87 Schloss Zbraslav
Zámek Zbraslav

Nach Aufhebung der Zisterzienserabtei Ende des 18. Jh. wurde das Kloster zum Schloss umgebaut.

Bartoňova 2, Prag 5
derzeit nicht öffentlich zugänglich
Metro B oder Straßenbahn 12, 13, 14, 20
Smichovské nádraži, dann
Bus 129, 241, 243, 255, 360
Zbraslavske náměstí

Sagen erzählen vom Ritter Zbraslav, dem Gatten der Kascha, einer zauberkundigen Nichte der sagenhaften Ahnherrin Libussa, der an der Mündung der Berounka in die Moldau eine Burg besaß. Belegt ist an dieser Stelle allerdings erst ein Jagdschloss König Ottokars II. Sein Nachfolger Wenzel II. verwandelte es 1292 in die Zisterzienserabtei Aula Regia (Königssaal). In der Stiftskirche, heute **Pfarrkirche St. Jakob** (kostel sv. Jakuba), wurden die letzten Přemysliden beigesetzt. Mitte des 17. Jh. erfolgte der Umbau im Frühbarockstil. Die *Altarblätter* malten Giovanni Battista Piazetta (Mariä Himmelfahrt am Hochaltar), Karel Škréta und Peter Brandl.

Scheinbar abgeschlossen von der Welt thront auf hohem Felsen die Burg Karlstein

Die **Klostergebäude** brannten in den Hussitenkriegen ab und wurden durch einen eleganten barocken Neubau (1724) ersetzt. Nach der Aufhebung der Abtei unter Joseph II. wurde sie zum Schloss der Fürsten Öttingen-Wallerstein umgebaut, zu Beginn des 20. Jh. ging das Anwesen in den Besitz des Industriellen Cyril Baron von Dobenín über.

88 Burg Karlstein
Hrad Karlštejn

Einzigartige ›Sakralburg‹ mit edelsteinvertäfelten Wänden.

Karlštejn (38 km südwestl. von Prag)
Tel. 311 68 16 17
www.hradkarlstejn.cz
Juli/Aug. tgl. 9–18.30, Mai/Juni, Sept. Di–So 9.30–17.30, April Di–So 9.30–17, März/Okt. Di–So 9.30–16, Nov./Dez./Febr. Sa/So 10–15 Uhr, Besichtigung nur im Rahmen von Führungen. Tour I (Kaiserl. Palast, Teile des Marienturms), 50 Min., ohne Reservierung. Tour II (u. a. Marienkirche, Katharina- und Heilig-Kreuz-Kapelle), 90 Min., nur Mai–Okt. und mit Reservierung – telefonsich oder online. Tour III (Marienturm, 3., 4., 5. Stock ohne Heilig-Kreuz-Kapelle), nur Mai–Sept., ohne Reservierung Aufstieg zur Burg: 20 Min.

In einem Seitental der Berounka (Beraun) thront auf 320 m hohem Kalksteinfels eine der schönsten Burgen Mitteleuropas. Nach dem Willen Karls IV. sollten an diesem abgeschiedenen Ort, gehütet von Priestern und Mönchen, die Reichskleinodien aufbewahrt werden. In Verbindung mit Christusreliquien galten sie als Zeichen der göttlichen Berufung des Herrschers. 1348 legte Ernst von Pardubitz, der erste Prager Erzbischof, den Grundstein zur Burg, Dombaumeister Matthias von Arras vollendete den Bau bereits 1355. Burg Karlstein gliedert sich in drei selbstständige Komplexe: der kaiserliche *Palast* mit dem tiefer liegenden Burggrafenhaus, der mittlere *Kirch-* oder *Marienturm* für die Geistlichkeit und der fünfstöckige *Große Turm* mit der Heilig-Kreuz-Kapelle in etwa halber Höhe.

Im **Kaiserpalast** überdauerten nur Reste der gotischen Ausstattung: im Mannen-saal ein *Triptychon* (Schmerzensmann) und eine *Statue* des hl. Nikolaus (1380), im Raum des Dechants *Messgewänder*, im einstigen Schlafgemach des Kaisers eine schöne *Holzstatue* der hl. Katharina (um 1400) und ein *Diptychon* von Tomaso da Modena.

Böhmische Halbedelsteine von beachtlicher Größe schmücken die Katharina-Kapelle

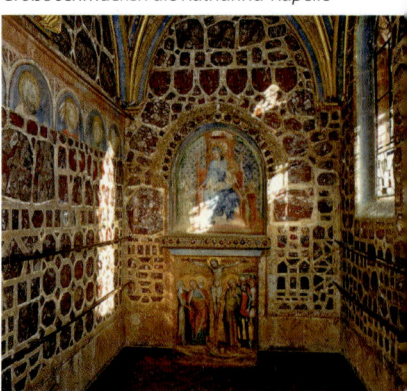

In der **Marienkirche** wurden Teile der wertvollen *Wandmalereien* freigelegt, Darstellungen aus der Johannes-Apokalypse und die ›Reliquienszenen‹: Karl IV. erhält vom französischen Dauphin und vom ungarischen König Ludwig I. Teile der Leidenswerkzeuge Christi, die er in das Reliquienkreuz einfügt. Das **Kaiserliche Oratorium**, die kleine Katharina-Kapelle, durfte nur der Kaiser betreten. Tagelang verharrte er in Gebet und Meditation. Böhmische Halbedelsteine funkeln an den Wänden, den *Schlussstein* des Gewölbes bildet eine gallo-romanische Gemme aus dem 3. Jh. *Wandmalereien* zeigen die Kreuzigung, die Belehnung Karls IV. und seiner dritten Gemahlin Anna von Schweidnitz mit der Weltherrschaft durch den Jesusknaben und die Muttergottes sowie im Türsturz ›Karl und Anna heben das Kreuz empor‹.

Unvergleichlicher Höhepunkt von Karlstein ist die **Heilig-Kreuz-Kapelle** im Großen Turm: 2451 Edelsteine, Goldstuck und Sterne aus venezianischem Glasfluss vermittelten im Kerzenschimmer den Eindruck des ›Himmlischen Jerusalem‹ aus der Offenbarung des Johannes (Apokalypse). Ursprünglich waren auch Sitzbänke, Bilderrahmen und Fußboden mit Goldstuck verkleidet.

Die 129 **Tafelbilder** von Meister Theoderich unter den Bögen zeigen ausdrucksstark Propheten, Apostel, Märtyrer, Kirchenväter, heiligen Jungfrauen, Päpste, Bischöfe, Äbte, Mönche, Ritter und Herrscher. Bedeutendstes Gemälde ist die *Kreuzigung* mit Maria und Johannes. Hinter diesen Bildern wurden die Reichskleinodien und wichtige Dokumente in Kästchen gefasst verwahrt.

Nur der Kaiser, der Erzbischof und wenige privilegierte Personen durften den Altarbereich der Heilig-Kreuz-Kapelle betreten. Adel und höhere Geistlichkeit verharrten während der Messe vor dem Gitter. Insgesamt regelten strenge Gebote Leben und Tagesablauf am Karlstein. Die Heiligkeit der Burg untersagte sogar Festmahle oder Feiern, und in der Hauptburg durften keine Frauen übernachten.

Prag aktuell A bis Z

■ Vor Reiseantritt

ADAC Info-Service:
Tel. 0800 5 10 11 12 (gebührenfrei,
Mo–Sa 8–20 Uhr)

Hier und bei den ADAC Geschäftsstellen können ADAC Mitglieder kostenloses Informationsmaterial anfordern.

ADAC Mitfahrclub, mitfahrclub. adac.de. Fahrtangebote und Mitfahrgelegenheiten im Internet, als mobile Anwendung für alle Handys mit Browser und als App für iPhone und iPad.

ADAC im Internet:
www.adac.de
www.adac.de/reisefuehrer

Prag im Internet:
www.praguewelcome.cz

Tschechische Zentrale für Tourismus (CzechTourism) im Internet:
www.czechtourism.com

Deutschland, Österreich, Schweiz
Wilhelmstr. 44, 10117 Berlin, Tel. 030/ 204 47 70, berlin@czechtourism.com

■ Allgemeine Informationen

Reisedokumente

Zur Einreise und einem Aufenthalt bis zu 90 Tagen genügen für Deutsche, Österreicher und auch Schweizer der gültige Reisepass oder Personalausweis. Kinder unter 16 Jahren brauchen einen Kinderausweis mit Lichtbild bzw. einen Kinderreisepass. Es gibt stichprobenartige Personenkontrollen an der deutsch-tschechischen Grenze.

Kfz-Papiere

Der Führerschein und die Zulassungsbescheinigung Teil 1 (früher Fahrzeugschein) müssen mitgeführt werden. Die Mitnahme der Internationalen Grünen Versicherungskarte wird empfohlen.

Krankenversicherung und Impfungen

Die Europäische Krankenversicherungskarte ist in die gängige Versicherungskarte integriert. Sie wird in der gesamten EU anerkannt und garantiert die medizinische Versorgung. Zusätzlich empfiehlt sich der Abschluss einer Reisekranken- und Rückholversicherung.

Hund und Katze

Erforderlich sind der EU-Heimtierausweis und die Kennzeichnung des Tieres durch Mikrochip, eine Tätowierung reicht nicht mehr. Zudem muss eine gültige Tollwutimpfung (Erstimpfung mindestens 21 Tage vor Grenzübertritt) eingetragen sein.

Zollbestimmungen

Innerhalb der EU sind Waren für den persönlichen Bedarf zollfrei. Es gelten folgende Richtmengen: 800 Zigaretten, 400 Zigarillos, 200 Zigarren, 1 kg Tabak, 10 l Spirituosen, 20 l Zwischenerzeugnisse (z. B. Likörwein, Wermutwein), 90 l Wein (davon max. 60 l Schaumwein) und 110 l Bier. Österreich hat Sonderregelungen in Bezug auf importierte Tabakwaren.

Für Antiquitäten und Kunstgegenstände benötigt man eine Exportgenehmigung.

Aus Nicht-EU-Staaten dürfen pro Person Waren bis zum Wert von insgesamt 300 Euro zollfrei eingeführt werden. Abgabefrei sind bis zu 200 Zigaretten oder 100 Zigarillos oder 50 Zigarren oder 250 g Tabak, 1 l Spirituosen über 22 Vol.-% oder 2 l Spirituosen und andere alkoholische Getränke bis 22 Vol.-% und 4 l Wein sowie 16 l Bier.

Zoll Informationen

Deutschland: www.zoll.de
Österreich: www.bmf.gv.at/z oll
Schweiz: www.ezv.admin.ch

Geld

Währungseinheit ist die tschechische Krone (Koruna, Kč/CZK) zu 100 Heller (Haléř, hal.). Derzeit sind folgende Münzen im Umlauf: 1, 2, 5, 10, 20 und 50 Kč sowie 50 hal. Banknoten gibt es im Wert von 20, 50, 100, 200, 500, 1000, 2000 und 5000 Kč.

Geldautomaten finden sich in der gesamten Stadt, vor allem im Zentrum.

Die meisten Geschäfte, Restaurants und Hotels sowie Autovermietungen akzeptieren die gängigen Kreditkarten.

Tourismusämter

Prager Informationsservice (PIS), im Altstädter Rathaus, Staroměstské náměstí 1, Altstadt, Tel. 221 71 44 44, www.praguewelcome.cz. Auskünfte zu Hotelzimmern, Geschäften, Restaurants, Stadtrundfahrten, Veranstaltungen etc.

Weitere Filialen des PIS: Rytířská 31, Kleinseitener Brückenturm (Juni–Okt.) sowie im Prager Flughafen.

Der Prager Informationsdienst sowie viele Hotels in der Stadt verkaufen die **Prague Card** (www.praguecitycard.com). Die 2, 3 oder 4 Tage gültige Karte (37€, 41€ bzw. 50€) beinhaltet freien Eintritt zu mehr als 40 Sehenswürdigkeiten und Rabatte bei 30 weiteren Attraktionen sowie eine 2-stündige Stadtrundfahrt. Zusätzlich freie Fahrt mit den öffentlichen Verkehrsmitteln erlaubt die Kombination **Prague Card & Prague Pass**, die aber nur online und ebenfalls für 2–4 Tage (46€, 55€, 68€) erhältlich ist.

Informationsdienst der Prager Burg, Zweiter und Dritter Burghof, Hradschin, Tel. 224 37 33 68, www.hrad.cz. Eintrittskarten, auch als Kombiticket, für Gemäldegalerie, Dom St. Veit, Alter Königspalast, St. Georgs-Basilika, Goldenes Gässchen und Pulverturm.

CzechTourism, Tschechische Zentrale für Tourismus, Staroměstské náměstí 6, Prag 1, Tel. 224 68 15 87, www.czechtourism.com. Informationen über Prag und die gesamte Tschechische Republik.

Notrufnummern

Ärztliche Versorgung

Ärztlicher Notdienst, Spálená 12, Neustadt, Tel. 222 92 42 95

Zahnärztlicher Notdienst, Spálená 12, Neustadt, Tel. 222 92 42 68

Apotheken mit Notfalldienst, Palackého 5, Neustadt, Tel. 224 94 69 82

Fundbüro

Zentralfundamt, Karolíny Světlé 5, Altstadt, Tel. 224 23 50 85

Diplomatische Vertretungen

Deutsche Botschaft, Vlašská 19, Kleinseite, Tel. 257 11 31 11, www.prag.diplo.de

Botschaft der Republik Österreich, Viktora Huga 10, Prag 5, Smíchov, Tel. 257 09 05 11, www.bmeia.gv.at/prag

Schweizerische Botschaft, Pevnostní 7, Eingang Delostrelecka uliza, Prag 6, Tel. 220 40 06 11, www.eda.admin.ch/prag

Besondere Verkehrsbestimmungen

Tempolimits (in km/h): Für Fahrzeuge bis 3,5 t innerorts 50, außerhalb geschlossener Ortschaften 90, auf Autobahnen 130. Für Fahrzeuge über 3,5 t und Gespanne außerorts und auf der Autobahn 80. Ab 50 m vor Bahnübergängen für alle Fahrzeuge 30.

In der Tschechischen Republik gilt absolutes **Alkoholverbot** am Steuer.

Tagsüber sind während der Fahrt die **Scheinwerfer** einzuschalten. Eine Ersatzglühbirne muss mitgeführt werden.

Service und Notruf

Notruf
Tel./Mobil: 112 (EU-weit:
Polizei, Unfallrettung, Feuerwehr)

ADAC Info Service
Tel. 0800 5 10 11 12
(Mo–Sa 8–20 Uhr)

ADAC Pannenhilfe Deutschland
Tel. 0 180 2 22 22 22
(dt. Festnetz 6 ct/Anruf;
dt. Mobilfunk max. 42 ct/Min.),
Mobil-Kurzwahl: 22 22 22
(Verbindungskosten je nach
Netzbetreiber/Provider)

Hilfe an Notrufsäulen
Unbedingt den ADAC verlangen

ADAC Notruf aus dem Ausland
Festnetz: +49 89 22 22 22

ADAC Notrufstation Prag
Tel. +420 261 10 43 51 (tgl. 9–19 Uhr)

UAMK Pannenhilfe: Tel. 12 30 (24 Std., Hilfe kostenpflichtig), www.uamk.cz. Partnerclub des ADAC.

ADAC Ambulanzdienst München
Festnetz: +49 89 76 76 76 (24 Std.)

ÖAMTC Schutzbrief Nothilfe
Tel. +43 1 251 20 00, www.oeamtc.at

TCS Einsatzzentrale
Tel. +41 5 88 27 22 20, www.tcs.ch

Personen unter 150 cm Größe und unter 12 Jahren brauchen einen **Sicherheitssitz**.

Abbiegende **Straßenbahnen** haben generell Vorfahrt.

Jeder Pkw muss mit mindestens einer reflektierenden Warnweste (Kontrollzeichen EN 471) ausgerüstet sein.

Unfälle sind immer sofort der Polizei zu melden, am Unfallort darf nichts verändert werden.

Beim **Parken** muss ein 3 m breiter Fahrstreifen für jede Fahrtrichtung frei bleiben. Zwischen parkendem Kfz und Straßenbahn muss zwischen 5 und 19 Uhr ein Abstand von 3,5 m eingehalten werden.

Ein **Park- und Haltverbot** besteht auf Brücken sowie bis zu 15 m vor und nach Bahnübergängen, Tunnels und Unterführungen. Gelbe durchgehende oder unterbrochene Linien am Fahrbahnrand bedeuten Parkverbot.

Die Altstadt von Prag ist als **Parklizenzbereich** ausgewiesen. Innerhalb dieses Bereichs dürfen Sie Ihr Fahrzeug nur auf den mit einem blauen ›P‹-Schild gekennzeichneten Parkplätzen abstellen. Andere Parkmöglichkeiten, z. B. entlang von Gehsteigen, sind nur für Anwohner mit entsprechender Parklizenz gestattet.

Anreise

Auto

Von Nord- und Ostdeutschland aus fährt man über die A17/D8 Dresden–Prag. Von Süd- und Westdeutschland aus wählt man die Autobahn A6/D5 Nürnberg–Pilsen–Prag. In Prag wird das **Parken** auf bewachten Parkplätzen empfohlen.

Einige der Autobahnen und vierspurigen Schnellstraßen sind gebührenpflichtig. Die **Vignette** ist an der Grenze, im Land bei Tankstellen, Postämtern und beim tschechischen Automobilclub UAMK erhältlich, vorab auch in vielen ADAC Geschäftsstellen und im ADAC Online Shop.

Bahn

Die Bahn bietet regelmäßig Verbindungen in die tschechische Hauptstadt, darunter auch Nachtzüge und ab München mehrmals täglich Busse.

Station für Bahn- und Busreisende aus den Nachbarländern ist in der Regel der Prager **Hauptbahnhof** (Hlavní nádraží, Wilsonova 8, Metro A und C, Straßenbahn 5, 9, 26), dessen ältester Teil ein schöner Jugendstilbau (1901–09) des Architekten Josef Fanta ist.

Deutsche Bahn, Tel. 0180 6 99 66 33 (20 ct/Anruf dt. Festnetz; max. 60 ct/Anruf dt. Mobilfunknetz), Tel. 0800 1 50 70 90 (automatische Fahrplanansage), www.bahn.de

Deutsche Bahn Autozug, www.dbautozug.de

City Night Line, www.citynightline.de

Österreichische Bundesbahn, Tel. 05 17 17, www.oebb.at

Schweizerische Bundesbahnen, Tel. 0900 300 300 (CHF 1,19/Min. Schweizer Festnetz), www.sbb.ch

Bus

Busse der Deutschen Touring – Eurolines fahren von zahlreichen deutschen Städten nach Prag. Mit Eurolines gelangt man auch von Wien und mehreren Schweizer Städten aus dorthin.

Deutsche Touring, Am Römerhof 17, Frankfurt/Main, Tel. 069/790 35 01, www.eurolines.de

Eurolines Österreich, Erdbergstr. 200 a, Wien, Tel. 01/798 29 00, www.eurolines.at

Eurolines Schweiz, Rue du Mont-Blanc 14, Genf, Tel. 09 00 57 37 47, www.eurolines.ch

Flugzeug

Letiště Ruzyně Praha (PRG), Tel. 220 11 18 88, www.csl.cz

Aus ganz Europa gibt es viele Linienflüge nach Prag. Der Flughafen liegt 10 km nordwestlich der Innenstadt. Pendelbusse verkehren vom Airport zu den Metro-Stationen bzw. zum Hauptbahnhof:

Bus 100 – Metro B Zličín
Bus 119 – Metro A Dejvická
Airport Express (AE) – Hauptbahnhof (Anschluss an Metro A und C)

Bank, Post, Telefon

Bank

Öffnungszeiten der Banken sind in der Regel Mo–Fr 9–17 Uhr, einige Filialen öffnen jedoch nur vormittags.

Am einfachsten und preisgünstigsten ist es tschechische Kronen per Karte aus den Geldautomaten zu beziehen. Wer

Bargeld tauschen möchte, findet **Wechselbüros** in der Prager Innenstadt. Auch Hotels und Banken tauschen Devisen. Wechselkurse und Komissionsraten variieren mitunter erheblich, darum sollte man vorab den offiziellen Wechselkurs der Tschechischen Nationalbank (www.cnb.cz) als seriösen Richtwert in Erfahrung bringen. Vor dem Umtausch sollte man sich am Schalter erkundigen, wie viele Kronen man de facto für den umzutauschenden Betrag erhält. Ratsam ist der Vergleich mehrerer Wechselbüros. Vor dem Geldwechsel auf der Straße wird gewarnt.

Post

Filialen der Tschechischen Post (Česká Pošta, www.cpost.cz) haben meist Mo–Fr 8–19 und Sa 8–12 Uhr geöffnet.

Hauptpostamt, Hlavní pošta, Jindřišská 14, Neustadt, Tel. 221 13 11 11, tgl. 2–24 Uhr

Briefmarken (známky) sind auch in Tabakläden und Kiosken erhältlich.

Telefon

Internationale Vorwahlen
Tschechische Republik 00420
Deutschland 0049
Österreich 0043
Schweiz 0041

In Tschechien folgt die Rufnummer, Ortsvorwahlen gibt es nicht.

Bei Mobiltelefonen schaltet der Netzbetreiber bzw. Provider automatisch auf ein tschechisches Netz um. Wer viel telefoniert sollte sich vorab über günstige Europa-Tarife informieren.

■ Einkaufen

Öffnungszeiten: In Tschechien gibt es kein Ladenschlussgesetz. Kleinere Geschäfte sind in der Regel Mo–Fr 9–18, Sa 9–12 Uhr und zuweilen auch So vormittags geöffnet. Kaufhäuser schließen oft erst um 22 Uhr, Supermärkte mitunter erst um 24 Uhr, manche Kioske sind sogar rund um die Uhr geöffnet.

Die für Besucher interessanten Geschäfte liegen an der Karlsgasse, **Karlova**, und Zeltnergasse, **Celetná**, am Wenzelsplatz **Václavské náměstí** und Am Graben, **Na Příkopě**, in der Galli-Stadt, **Havelské mesto**, an der Nationalstraße, **Národní**, ferner auf der Kleinseite an der Brückengasse **Mostecká** und der Nerudagasse

Nerudova. Es gibt Geschäfte mit böhmischem Glas und Kristall, böhmischen Edelsteinen, den Granaten, Marionetten und Schnitzfiguren, Lederwaren und vielen anderen Souvenirs zu finden.

Prags edelste Einkaufsmeile mit Boutiquen internationaler Modeschöpfer ist die Pariser Straße **Pařížská** zwischen Josefstadt und Altstadt.

Antiquariate

Antikvariát Martin Krajiček, Široká 7, Josefstadt, Tel. 222 31 88 76. Vornehmlich Grafik sowie alte jüdische Bücher und deutsche Ausgaben von Kafka. Auch Reise und Naturwissenschaften.

Galerie Můstek, Národní 40, Neustadt, Tel. 224 94 95 87. Grafik und Karten.

Galerie Ztichlá klika, Betlémská 10–14, Altstadt, Tel. 222 22 20 79, www.ztichla klika.cz. Tschechische Bücher des 15.–21. Jh. und fremdsprachige Literatur.

Globe Bookstore, Pštrossova 6, Neustadt, Tel. 224 93 42 03, www.globebook store.cz. 10 000 alte und neue Bücher, internationale Zeitschriften. Mit Café.

Karel Křenek, Národní 20, Neustadt, Tel. 222 31 47 34, www.karelkrenek.com. Landkarten, Grafik und Bücher, vieles in deutscher Sprache.

Antiquitäten

Alma, Valentinská 7, Altstadt, Tel. 224 81 39 91. Trödel, Kitsch, Gemälde und altes Glas.

Antique V. Andrle, Platnéřská 6, Altstadt, Tel. 222 31 16 25, www.antique andrle.cz. Uhren, Schmuck, Gemälde, Glas, Keramik, Porzellan und Möbel.

Bric & Brac, Týnská 7, Altstadt, Tel. 224 81 57 63. Mutet an wie ein Trödelladen, innen verstecken sich jedoch teils kostbare und teure Stücke.

Starožitnosti Jan Huněk, V Celnici 10, Neustadt, Tel. 221 03 34 90, www.antikhunek.cz. Ein Antiquitätenladen des hohen Stils mit wertvollen Stücken.

Auktionen

Dorotheum, Ovocný trh 2, Altstadt, Tel. 224 22 20 01, www.dorotheum.cz. Dependance des berühmten Wiener Auktionshauses.

Glas, Kristall, Porzellan

Blue, Pařížská 3, Altstadt, Tel. 222 32 58 06, www.bluepraha.cz. Farbenprächtige

Glasblumen und Glaswaren in fantasie-vollen Formen. Mit weiteren Filialen in der Altstadt.

Dana Bohemia, Národní 43, Neustadt, Tel. 224 21 46 55, www.danabohemia.cz. Sehr große Auswahl an böhmischem Glas und Gebrauchsporzellan.

TOP TIPP **Erpet Bohemia Crystal**, Staro-městské náměstí 27, Altstadt, Tel. 224 22 97 55, www.erpetcrystal.cz. Riesiges Geschäft, das den Beinamen ›The Glass Empire‹ wirklich verdient.

Josh Glass, Náměstí Republiky 8, Neustadt, Tel. 224 21 15 26, www.josh-glass.cz. Gläser und edle Service.

Moser, Staroměstské náměstí 603, Altstadt, Tel. 221 89 08 91 und Na Příkopě 12, Neustadt, Tel. 224 21 12 93, www.moser-glass.com. Altes Traditionsgeschäft, das neben den bekannten Glaswaren aus Karlsbad auch andere Hersteller führt.

Kaufhäuser

Černá růže, Na Příkopě 12, Neustadt, Tel. 221 01 41 11, www.cernaruze.cz. Mode, Schuhe, Schmuck und Möbel in einem Gebäude aus den 1840er-Jahren.

Debenhams, Václavské náměstí 21, Neustadt, Tel. 221 01 50 47, www.debenhams. cz. Mode, Schuhe und Accessoires.

Kotva, Náměstí Republiky 8, Altstadt, Tel. 224 80 11 11, www.od-kotva.cz. Großes Kaufhaus mit kleinem Supermarkt im Untergeschoss. Bei schönem Wetter lohnt der Blick von der Dachterrasse des Restaurants über die Stadt.

Myslbek, Na Příkopě 19–21, Neustadt, Tel. 224 23 95 50, www.ngmyslbek.com. Dieses Einkaufszentrum bietet eine breite Palette von Geschäften.

Nový Smíchov, Plzenská 8, Prag 5, Tel. 251 51 11 51, www.novysmichov.eu. Shopping Center mit über 150 Geschäften sowie Kino und Bowlingbahn.

Palác Flóra, Vinohradská 151, Prag 3, Tel. 255 74 17 12, www.palac-flora.cz. Vierstöckiges Einkaufszentrum mit Multiplexkino.

TOP TIPP **Palladium**, Náměstí Republiky 1, Neustadt, Tel. 225 77 02 50, www.palladiumpraha.cz. Hinter der Fassade einer früheren Kaserne gibt es über 200 Geschäfte, zahlreiche Restaurants und ein Kasino.

Slovanský Dům, Na Příkopě 22, Neustadt, Tel. 221 45 14 00, www.slovanskydum.com. Mode, Schuhe und Parfüm.

Tesco, Národní 26, Neustadt, www.itesco. cz/en. Kleidung, Kosmetik, Haushaltswaren und ein großer Supermarkt.

Vinohradský Pavilon, Vinohradská 50, Prag 2, Tel. 222 09 71 00, www.pavilon.cz. Hübsches Einkaufszentrum in einem historischen Gebäude von 1902.

Kunsthandwerk

Botanicus, Týn 3, Altstadt, Tel. 234 76 74 46, www.botanicus.cz. Holzprodukte, Gewürze, parfümierte Blumen, nach alten Rezepten hergestellte Seifen und Pflanzenöle.

Manufaktura, Mostecká 17, Kleinseite, Melantrichova 17, Altstadt sowie weitere Dependancen, Tel. 221 63 24 80, www. manufaktura.cz. Holzspielzeug, Trockenblumen, Keramik, Kosmetik, bemalte Ostereier, uvm.

Marionetten

TOP TIPP **Truhlář Marionety**, Shop, U Lužického semináře 5, Kleinseite, Tel. 602 68 99 18, sowie Workshop & Office, Boleslavská 16, Vinohrady, Tel. 606 92 43 92, www.marionety.com. Einmalige Charaktere aus Holz und Stoff. Auch Workshops zum Selberbasteln werden angeboten.

Märkte

Bleši trhy (Flohmarkt), Park auf dem früheren Messegelände, Kolbenova, Prag 9, www.blesitrhy.cz. Sa/So 6–13.30 Uhr, Eintritt 20 Kronen.

Havelské Tržiste (Havelmarkt), Havelská 13, Altstadt, Tel. 224 23 93 31, tgl. 8–18 Uhr. Werktags gibt es auf dem größten Markt Prags Obst und Gemüse, am Wochenende auch Souvenirs, Lederwaren und Kunsthandwerk.

Pražská Tržnice (Prager Markt), Bubenské nábřeží 306, Prag 7, Tel. 220 80 09 45, www.rivertownprague.cz, tgl. 9–14 Uhr. Markt mit mehr als 110 Ständen auf über 110 000 m². Obst, Gemüse, Kleidung.

Schmuck

Ceský Granát, Celetná 4, Altstadt, Tel. 224 228 281. Edelsteine, vor allem böhmische Granaten.

Halada, Pařížská 7, Josefstadt, Tel. 222 31 18 68, sowie Na Příkopě 16, Neu-

stadt, Tel. 224 21 86 43, www.halada.cz.
Gold- und Silberschmuck, Perlen und
Diamanten.

JK Jitka Kudlácková, Vinohradská 149
(im Palác Florá), Prag 3, Tel. 242 48 39 11,
www.jk.cz. Gold- und Silberschmuck,
Hochzeitsringe, Perlen und Edelsteine.

■ Essen und Trinken

Ob deftige böhmische Küche in einem
rustikalen Gasthaus, edle Speisen im
Feinschmeckerrestaurant oder exotische
Gaumenfreuden im entsprechenden
Ambiente – Prag hat für jeden Geschmack etwas zu bieten. Tischreservie-
rung ist unbedingt ratsam.

Die Auswahl und Bestellung einer Mahl-
zeit von der Speisekarte bietet in der Regel keine Schwierigkeiten. Die meisten
Kellner und Kellnerinnen sprechen Englisch oder Deutsch, und es gibt Speise-
karten mit Übersetzung.

Bedienungsgeld ist im Rechnungsbetrag
in aller Regel enthalten, zuzüglich wird
ein Trinkgeld von ca. 5–10 % der Summe
erwartet bzw. auf die Rechnung aufge-
schlagen. Einige Restaurants erheben
Zuschläge für das Gedeck.

Offiziell darf in Lokalen nur noch in abge-
trennten Raucherräumen geraucht werden. Viele Gaststätten handhaben das
Gesetz jedoch sehr liberal.

Tschechische Küche

Lví dvůr, U prašného mostu 6, Hradschin,
Tel. 224 37 23 61, www.lvidvur.cz. Regionale
Speisen sowie leichte Küche der Saison
unter bemaltem Gewölbe oder im Hof
mit Blick auf den Königlichen Garten.
Eine Spezialität ist Spanferkel.

TOP TIPP **Mlejnice**, Kožná 14, Altstadt, Tel.
224 22 86 35. Herzhafte Küche, z.B.
Gulasch im Brotlaib, in üppigen
Portionen nahe dem Altstädter Ring.

TOP TIPP **Nebozízek**, Petřínské sady 411,
Kleinseite, Tel. 257 31 53 29, www.
nebozizek.cz. Hotelrestaurant mit
Sommerterrasse auf dem Laurenziberg,
(Mittelstation der Standseilbahn). Böh-
mische und Altprager Spezialitäten und
Wildbret. Herrliche Aussicht.

Olympia, Vítězná 7, Kleinseite, Tel.
251 51 10 80, www.kolkovna.cz. Köstliche
Fleischgerichte und frisch gezapftes Bier
zu moderaten Preisen.

Posezení U Čiriny, Navratilova 6, Altstadt,
Tel. 222 23 17 09. Die erklärte Lieblingskö-
chin von Václav Havel bietet tschechischen Klassiker, bereichert um ungari-
sche und slowakische Spezialitäten.

Restaurace Stoleti, Karolíny Světlé 21,
Altstadt, Tel. 222 22 00 08. Das gemütliche
Lokal erfreut mit Prager Spezialitäten,
Salatbüffet und freundlichem Service.

Vojanův dvůr, U Lužického semináře 21,
Kleinseite, Tel. 257 53 26 60, www.sivek
hotels.com. Deftige böhmische Speisen
in rustikalem Ambiente.

Gourmetrestaurants

Bellevue, Smetanovo nábřeží 18,
Altstadt, Tel. 222 22 14 43,
www.bellevuerestaurant.cz.
Feine internationale und traditionelle
tschechische Küche in erlesenem
Ambiente. Von der Terrasse hat man
einen schönen Blick auf die Burg.

Kampa Park, Na Kampě 8 b, Kleinseite,
Tel. 296 82 61 12, www.kampagroup.com.
Luxusrestaurant mit Wintergarten direkt
an der Moldau. Blick auf die Karlsbrücke.

TOP TIPP **Rybí trh**, Týnský dvůr 5, Altstadt,
Tel. 224 89 54 47, www.rybitrh.cz.
In dem Nobelrestaurant des Un-
gelthofes werden an mehreren ›Markt-
ständen‹ Speisen zubereitet, Sushi, Muscheln, Heilbutt, Hummer. Große Auswahl an Weinen.

Sarah Bernhardt, U Obecního domu 1,
Altstadt, Tel. 222 19 51 95, www.hotel-
paris.cz. Ausgesprochen schönes Restaurant im Jugendstil mit tschechischer,
französischer und internationaler Küche.

U Malířů, Maltézské náměstí 11, Kleinseite, Tel. 257 53 03 18, www.umaliru.cz.
Eines der luxuriösesten Restaurants der
Stadt. Französische Haute Cuisine unter
freskierten Gewölben.

Internationale Küche

Noodles, Politických vězňů 12, Neustadt,
Tel. 234 10 01 10, www.noodles.cz. Pasta-
spezialitäten aus aller Welt kann man im
durchgestylten Erdgeschoss des Hotel
Yasmin kosten.

Pod křídlem noci, Národní 10, Neustadt,
Tel. 224 95 17 41, www.podkridlemnoci.cz.
Der Name ›Unter dem Flügel der Nacht‹
ist Programm: Hier werden feine Menüs
im Dunkeln serviert. Für weniger Experi-
mentierfreudige gibt es aber auch einen
beleuchteten Raum.

Touch, Jakubská 4, Altstadt, Tel. 222 32 26 85, www.touchrestaurace.cz. Modern gestylt ist das Restaurant. In entspannter Loungeatmosphäre werden die Gäste mit internationalen, mediterran inspirierten Speisen verwöhnt.

U Císařů, Loretánská 175/5, Hradschin, Tel. 220 51 84 84, www.ucisaru.cz. Das Restaurant mit Weinstube lädt im feierlich-gediegenen Ambiente des Erdgeschosses zu tschechischer und internationaler Küche ein, im Keller sorgen gotische Steingewölbe für eine heimelige Stimmung. In den Sommermonaten bezaubert der schöne Blick von der Terrasse auf die Prager Burg.

U Knihovny, Veleslavínova 10, Altstadt, Tel. 732 83 58 76, www.uknihovny.cz. Kleines, beliebtes Restaurant mit einer guten Auswahl an günstigen Gerichten.

U maltézských rytířů, Prokopská 10, Kleinseite, Tel. 257 53 00 75, www.umaltezskychrytiru.cz. Romantisches Restaurant, in dem feines Essen, Klaviermusik und Kerzenschein die Sinne betören.

U Svatého Jana Nepomuckého, Hradčanské náměstí 12, Hradschin, Tel. 257 53 17 59, www.inepomuk.cz. Fisch- und Wildspezialitäten in rustikal-gediegenem Ambiente. Mit Sommergarten.

U Zlaté Konvice, Staroměstské náměstí 26, Altstadt, Tel. 224 22 52 93, www.ukonvice.cz. Gediegene Atmosphäre im Keller mit gotischem Gewölbe. Einst kamen die königlichen Beamten durch einen unterirdischen Geheimgang, um hier Wein zu kosten.

Nationalitäten-Restaurants

Französisch

La Truffe, Týnská 12, Altstadt, Tel. 608 30 85 74, www.latruffe.cz. Gehobenes französisches Restaurant, das – wie der Name andeutet – auch köstliche Trüffelgerichte kreiert.

Le Terroir, Vejvodova 1, Altstadt, Tel. 222 22 02 60, www.leterroir.cz. In urigem Gewölbe genießt man traditionelle französische Küche und exzellente Weine.

Indisch

Lal Qila, Halska 30, Vinohrady, Tel. 774 31 07 74. Köstliche indische Gerichte in stimmungsvollen Kellergewölben.

Italienisch

Grosseto Marina, Alšovo nábřeží, Altstadt, Tel. 605 45 40 20, www.grosseto.cz. Schickes Restaurant auf einem Moldaudampfer unweit des Rudolfinums. Exzellente Pasta, Fisch und üppige Pizzen.

Kogo, Havelská 27, Tel. 224 21 02 59 und im Slovanský Dům, Na Příkopě 22, Neustadt, Tel. 221 45 12 58, www.kogo.cz. Elegante Restaurants mit Pizza, Pasta, frischem Fisch und Fleischgerichten.

Pizzeria Donna, Veleslavínova 10, Altstadt, Tel. 222 32 19 37, www.pizzadonna.cz. Hier lassen sich auch Studenten und Dozenten der nahen Uni günstige Holzofenpizza und Pasta schmecken.

Pizzeria Kmotra, V Jirchářích 12, Neustadt, Tel. 224 93 41 00, www.kmotra.cz. Holzofenpizza in angenehmem Kellerambiente.

Japanisch

Sushi Bar, Zborovská 49, Kleinseite, Tel. 603 24 48 82, www.sushi.cz. Nette kleine Sushi Bar, Ahleger des benachbarten Fischhändlers. Das ist die Garantie für stets frische, köstliche Sashimi, Maki oder Nigiri Sushi. Die Getränkeauswahl beinhaltet Sake, Mogi-shochu und Kirin-Bier.

Jüdisch

King Solomon, Široká 8, Josefstadt, Tel. 224 81 87 52, www.kosher.cz. Das in mittelalterlichem Stil eingerichtete Restaurant bietet strikt koschere Küche.

Vegetarisch

Beas, Týnská 19 (im Hof), Altstadt, Tel. 608 03 57 27, www.beas-dhaba.cz. Vegetarische indische Küche (Mo–Sa 11–20, So 11–18 Uhr).

Country Life, Melanchtrichova 15, Altstadt, Tel. 224 21 33 66, www.countrylife.cz. Vegetarisches und veganes ›Fastfood‹ von Sonnenblumenkern-Burgern bis zu Sojagulasch, Sandwiches und Pizza. Angegliedert ist ein Supermarkt.

Lehká Hlava, Borsov 2, Altstadt, Tel. 222 22 06 65, www.lehkahlava.cz. Internationale vegetarische Küche in fantasievoll gestalten Räumen unweit des Bethlehemspalztzes.

Weinlokale

Die Südhänge Prags waren einst mit Weinreben bepflanzt. Während das Stadtviertel Vinohrady (Weinberge) oberhalb des Wenzelsplatzes nur noch mit seinem Namen daran erinnert, wachsen seit 2006 auf dem St.-Wenzels-Weinberg auf dem Burgberg wieder die Trauben. In den Prager Weinstuben gibt es heute vornehmlich inländischen Wein (Víno), besonders aus dem Elbetal (Mělník, žernoseky) und aus Südmähren (Bzenec, Mikulov, Valtice, Hodonín, Znojmo) zu trinken.

Blatnička, Michalská 6–8, Altstadt, Tel. 224 22 58 36, www.blatnice.com. Schlicht eingerichtetes Lokal mit Wein vom Fass, dazu gibt's böhmische Küche.

Divinis, Týnská 21, Altstadt, Tel. 222 32 54 40, www.divinis.cz. Kleines gemütlich-modernes Lokal mit italienischer Wein- und Speisekarte.

U Mecenáše, Malostranské náměstí 10, Kleinseite, Tel. 257 53 16 31, www.umecena se.cz. Luxuriös-gediegene Ausstattung und gemütliche Atmosphäre in altem Weinkeller aus dem 15. Jh. Zu essen gibt es leichte Kleinigkeiten wie flambierte Spieße oder Heidelbeer-Tarte.

U Sudu, Vodičkova 10, Neustadt, Tel. 222 23 22 07, www.usudu.cz. Weinstube in mehreren sehr schönen Räumen in einem Labyrinth aus Kellergewölben.

Bierlokale

Bier (Pivní) ist das tschechische Nationalgetränk. Weltberühmt sind das Pilsener und das Budweiser. Dunkles Bier ist ebenfalls eine beliebte Spezialität in Prager Lokalen. Dort trifft sich traditionsgemäß das Volk, Arbeiter wie Intellektuelle, ähnlich den britischen Pubs. Zum Bier wird meist auch Wurst, Schinken und Käse oder Gulasch geboten – in Gasthäusern zusätzlich landestypische Spezialitäten.

Klášterní Pivovar Strahov, Strahovské nádvoři 301, Kleinseite, Tel. 233 35 31 55, www.klasterni-pivovar.cz. Die Brauerei in der Klosteranlage von Strahov schließt an eine 1140 begründete Brautradition an. Zum Bier gibt es böhmische Küche.

Kolkovna, V Kolkovně 8, Altstadt, Tel. 224 81 97 01, www.kolkovna.cz. Gemütliches Bierlokal, das tschechische Gerichte und großartiges Bier serviert.

Novoměstský pivovar, Vodičkova 20, Neustadt, Tel. 222 23 24 48, www.npivo var.cz. Große Brauerei-Gaststätte mit deftigem Essen und Sommerterrasse.

U Kalicha, Na Bojišti 12, Neustadt, Tel. 296 18 96 00, www.ukalicha.cz. Einst Stammlokal des Schriftstellers Jaroslav Hašek. Hier wollte sein Romanheld, der

›Brave Soldat Schwejk‹, nach dem Krieg die Freunde wieder treffen.

U Medvídků, Na Perštýně 7, Altstadt, Tel. 224 21 19 16, www.umedvidku.cz. Seit 1466 geht es hier hoch her, denn Ente, Schweinebraten und Bier aus eigener Brauerei munden ausgezeichnet.

U Parlamentu, Valentinská 8, Altstadt, Tel. 721 41 57 47, www.uparlamentu.cz. Stets gut besuchte Bierschenke mit günstigem tschechischen Essen.

 U Zlatého Tygra, Husova 17, Altstadt, Tel. 222 22 11 11, www.uzlateho tygra.cz. Das traditionsreiche Bier-

Knödeleien süß und salzig

Was den meisten zuerst als landestypische Speise einfällt, sind natürlich die **Böhmischen Knödel** (Knedlík), die in Scheiben geschnitten als Beilage zu Braten oder Gulasch überall und jederzeit auf den Teller kommen. Doch damit fängt die tschechische Spezialitätenküche erst richtig an.

Lieblingsgericht vieler Prager und in ganz Böhmen und Mähren verbreitet ist der **Schweinebraten** (Vepřová pečeně) mit Knödel und Kraut. Bevorzugtes Geflügel ist die Gans, zu der natürlich obiger Knödel, knusprig braun gebraten, sowie in der Regel Rotkohl serviert werden.

Der **Prager Schinken** (Šunka) – der beste kommt aus dem mährische Znojmo – besitzt in der Regel eine vorzügliche Qualität. Meistens wird er mit Meerrettich und Gewürzgurken garniert.

Schon im Mittelalter galten böhmische **Karpfen** (Kapr) – besonders aus den weit verzweigten Teichanlagen der Herren von Rosenberg in Südböhmen – als Leckerbissen.

Geradezu unerschöpflich scheint in der ehemaligen Donaumonarchie die Vielfalt der süßen **Mehlspeisen** (Moučník), die – vor allem dank böhmischer Köchinnen – auch einen festen Platz in der Wiener Küche einnehmen. Buchteln, üppig gefüllt mit Powidl (Zwetschgenmus), Mohn oder Zwetschgen und serviert mit Vanillesauce oder Weinchadeau, Germknödel (Hefeklöße) mit Mohn, Zucker und zerlassener Butter und andere Köstlichkeiten sollte man sich keinesfalls entgehen lassen.

lokal Zum Goldenen Tiger zählt auch Politiker, Künstler und Spieler von Sparta Prag zu seinen Gästen.

Cafés

Anfang des 18. Jh. gründete der Armenier Deodatus Damajan das erste Prager Kaffeehaus. Vom 19. Jh. an bis zum Ausbruch des Zweiten Weltkriegs waren die Kaffeehäuser Treffpunkt von Literaten, Künstlern, Studenten und Politikern. Heutzutage erfreuen sich Prager und Touristen gleichermaßen an den köstlichen Kaffee- und Gebäckspezialitäten. Viele der Lokale haben bis spät abends geöffnet und bieten auch kalte und warme Speisen an.

Café Barocco Veneziano, Alchymist Grand Hotel, Tříště 19, Kleinseite, Tel. 604 66 67 67, www.alchymisthotel.com. Hausgemachte Kuchen, Törtchen und Pralinen in romantischer Kulisse.

Cafe-Cafe, Rytířská 10, Altstadt, Tel. 224 21 05 97, www.cafecafe.cz. Cooles Ambiente und Tische im Freien. Dazu Kaffee und köstlicher Kuchen.

Café Imperial, Na Poříčí 15, Neustadt, Tel. 246 01 14 40, www.cafeimperial.cz. In gediegener Jugendstil-Atmosphäre genießt man herrliches Gebäck und auch feine internationale Gerichte.

Café Louvre, Národní 22, Neustadt, Tel. 224 93 09 49, www.cafelouvre.cz. Café in schönen Räumen mit Jugendstildekor. Opulente Frühstücksauswahl.

Café Savoy, Vítězná 5, Kleinseite, Tel. 257 31 15 62, www.ambi.cz. Stimmungsvolles Kaffeehaus des 19. Jh. mit feinem Restaurant und gut sortierter Bar.

Café Slavia, Smetanovo nábřeží 2, Neustadt, Tel. 224 21 84 93, www.cafeslavia.cz. Legendäres Literatencafé und Restaurant unweit des Moldau-Ufers [s. S. 71].

Grand Café Orient, Ovocný trh 19, Altstadt, Tel. 224 22 42 40, www.grandcafeorient.cz. Kubistisches Kaffeehaus im Haus ›Zur Schwarzen Muttergottes‹.

Grand Café Praha, Staroměstské náměstí 22, Altstadt, Tel. 221 63 25 22, www.grandcafe.cz. Schickes Jugendstilcafé im 1. Stock des Grand Hotel Praha, direkt gegenüber dem Altstädter Rathausturm mit Blick auf den Apostelzug.

Kavárna Obecní Dům, Náměstí Republiky 5, Neustadt, Tel. 222 00 27 63, www.kavarnaod.cz.

Große Kronleuchter und ein plätschernder Brunnen gehören zu der Ausstattung des eleganten Jugendstilcafés im Gemeindehaus [Nr. 61].

Feiertage

Neujahr (1. Januar), Ostern (So/Mo), Tag der Arbeit (1. Mai), Befreiungstag (8. Mai), Gedenktag der Slavenmissionare Kyrill und Method (5. Juli), Gedenktag für Jan Hus (6. Juli), Tag der tschechischen Staatlichkeit/St. Wenzels Tag (28. September), Unabhängigkeitstag (28. Oktober), Tag des Kampfes um Demokratie und Freiheit (17. November), Weihnachten (24.–26. Dezember).

Festivals und Events

Januar/Februar

Pražské Zima, (Prager Winter), Náměstí Míru 15, Prag 2, Tel. 602 61 86 11, www.praguewinter.cz. Diese kulturelle Festwoche mit Theater- und Konzertaufführungen findet in den ersten Tagen des Januars statt.

März/April

Dny evropského filmu (Europäische Filmtage), Národní 28, Neustadt, Tel. 604 60 74 77, www.eurofilmfest.cz. Festival mit aktuellen europäischen Filmen.

Febiofest (Schmetterlingsfest), Růžová 13, Neustadt, Tel. 221 10 11 11, www.febiofest.cz. Internationales Film- und Videofestival mit über 300 Filmen.

Jeden Svět (Eine Welt), Sokolská 18, Prag 2, Tel. 226 20 04 34, www.jedensvet.cz. Internationales Dokumentarfilmfestival zu den Menschenrechten unter der Schirmherrschaft von Václav Havel.

Mai

Khamoro – World Roma Festival, Francouzská 2, Prag 2, Tel. 222 51 85 54, www.khamoro.cz. Kulturfestival der Roma mit viel Musik an verschiedenen Orten, z. B. im Jazzclub Reduta.

Prague International Marathon, Záhořanského 3, Prag 2, Tel. 224 91 92 09, www.praguemarathon.com. Prag als wunderschöne Kulisse für den Lauf. Start und Ziel ist der Altstädter Ring.

Pražské Jaro (Prager Frühling), Hellichova 18, Kleinseite, Tel. 257 31 25 47, www.festival.cz. Musikfestival von

Weltrang in den großen Konzertsälen der Stadt sowie in ausgewählten Kirchen, Klöstern, Palais und Villen. Den Prager Frühling gibt es seit 1946. Traditionellerweise beginnt er an Friedrich Smetanas Todestag (12. Mai) mit seiner sinfonischen Dichtung ›Mein Vaterland‹.

Juni–September

Tanec Praha (Prager Tanzfestival), Jirsíkova 4, Prag 8, Tel. 224 81 78 86, www.tanecpraha.cz. Internationales Festival für zeitgenössischen Tanz und Tanztheater (Juni).

United Islands – Prague International Music Festival, www.unitedislands.cz. Das Musikfestival auf den Moldauinseln zählt zu den beliebtesten Veranstaltungen im Jahr. Über 150 Bands aus aller Welt waren 2011 zu Gast (Juni).

Letní Shakespearovské Slavnosti (Shakespeare Sommerfestival), Anenské náměstí 2, Altstadt, Tel. 220 51 42 75, www.shakespeare.cz. Shakespeare-Stücke unter freiem Himmel im Hof der Prager Burg (Mitte Juni–Mitte Sept.).

Letní Slavnosti Staré Hudby (Sommerfestival für Alte Musik), Melantrichova 19, Altstadt, Tel. 224 22 94 62, www.letnislav nosti.cz. Das renommierte Collegium Marianum lädt ein (Juli/Aug.).

Prague Proms, Wielova 2/1144, Prag 10, Tel. 267 21 53 88, www.pragueproms.cz. Internationale Musikstars geben Klassik, Jazz, Chanson u.v.m. zum Besten, verschiedene Veranstaltungsorte (Juli/Aug.)

Mezinárodní Varhanní Festival (Internationales Orgelfestival), Bazilika sv. Jakuba, Malá Štupartská 6, Altstadt, Tel. 604 20 84 90, www.auditeorganum.cz. Orgelkonzerte in der St. Jakobskirche [Nr. 48] (Aug.–Sept.).

Mlada Praha (Young Prague), Rytířská 25, Altstadt (Infocenter während Festival), Tel. 224 22 24 25, www.mladapraha.cz. Internationales Festival für junge Musiker (Aug./Sept.).

Oktober/November

Struny podzimu (Herbstsaiten), Tickets an der Kasse des Nationaltheaters, Národní 2, Neustadt, Tel. 224 90 12 47, www.strunypodzimu.cz. Internationales Festival für Streichinstrumente mit einer Mischung aus klassischer, Alter und Avantgardemusik (Ende Sept.–Mitte Nov.).

International Jazz Festival, U Bulhara 3, Neustadt, Tel. 224 93 34 87, www.jazz festivalpraha.cz. Jazzkonzerte mit Bands aus aller Welt im renommierten Club Reduta [s. S. 128] und in weiteren *Locations* (Nov.).

Pražský Divadelní Festival Německého jazyka (Prager Theaterfestival Deutscher Sprache), Karlovo náměstí 28, Neustadt, Tel. 222 23 23 03, www.theater. cz. Goethe & Co zu Gast in Prag (Nov.).

Alternativa Festival, Tel. 222 24 09 01, www.unijazz.cz. Internationales Festival für Alternative Music von Rock, Jazz und ›moderner Klassik‹ bis hin zu experimentellen elektronischen Klängen (Nov.).

Dezember

Pražské Vánoce (Prager Weihnachten), Na Hájku 367, Prag 8, Tel. 284 82 66 08, www.choirs.cz. Internationales Festival für Advents- und Weihnachtsmusik, verschiedene Veranstaltungsorte.

◼ Kultur live

Ein **Veranstaltungsprogramm** in deutscher und englischer Sprache ist bei der Touristeninformation im Altstädter Rathaus [s.S. 116] erhältlich. Über kulturelle Veranstaltungen auf der Burg informiert der Informationsdienst der Prager Burg [s.S. 116].

Kartenvorverkauf

Bohemia Ticket, Malé náměstí 13, Altstadt, Tel. 224 22 78 32 oder Na Prikopě 16, Altstadt, Tel. 224 21 50 31, www.bohemia ticket.cz. Mit weiteren Dependancen in der Stadt.

Ticketpro, Staroměstské náměstí 1 (Altstädter Rathaus), Altstadt oder Rytířská 12, Altstadt, www.ticketpro.cz (Online-Ticketverkauf). Mit weiteren Dependancen in der Stadt.

Theater, Oper, Ballett

Divadlo ABC, Vodičkova 28, Neustadt, Tel. 224 21 59 43, www.mestskadivadla prazska.cz. Komödien.

Divadlo Archa, Na Poříčí 26, Neustadt, Tel. 221 71 63 33, www.archatheatre.cz. Modernes Theater.

Divadlo DISK, Karlova 26, Altstadt, Tel. 234 24 42 54, www.divadlodisk.cz. Junge Künstler der Schauspielschule.

Divadlo na Vinohradech, Náměstí Míru 7, Prag 2, Tel. 296 55 01 11, www.dnv-praha. cz. Klassische und moderne Stücke in einem schönen Jugendstilbau (1905–07) im Viertel Vinohrady.

Divadlo na zábradlí, Anenské náměstí 5, Altstadt, Tel. 222 86 88 68, www.nazabradli.cz. Moderne Pantomime.

 Laterna Magika, Národní 4, Neustadt, Tel. 224 90 14 17, www.laterna.cz. Faszinierendes Theater ohne Worte in einer multimedialen Bühnenwelt. Geboten wird eine unterhaltsame Mischung aus Pantomime, Theater, Ballett, Film und Musik [s. S. 97].

Národní divadlo (Nationaltheater), Ostrovní 1, Neustadt, Tel. 224 90 14 48, www.narodni-divadlo.cz. Schauspiel, Oper und Ballett im prunkvollen Neorenaissancebau [Nr. 66].

Státní Opera Praha (Prager Staatsoper), Legerova 75, Neustadt, Tel. 224 22 72 66, www.opera.cz. Oper und Ballett in reizvollem Neorokkoko-Gebäude von Ferdinand Fellner und Hermann Helmer, 1888 im Auftrag des Deutschen Theatervereins eröffnet.

Stavovské divadlo (Ständetheater), Ovocný trh 1, Altstadt, Tel. 224 90 14 48, www.narodni-divadlo.cz. Das einstige Nostitz-Theater ist Prags traditionsreichste Bühne für Schauspiel, Oper, Ballett und Konzerte [Nr. 41].

Švandovo Divadlo na Smíchově, Štefánikova 57, Prag 5, Smíchov, Tel. 257 31 86 66, www.svandovodivadlo.cz. Moderne Theaterproduktionen, meist mit englischer Übersetzung; außerdem Konzerte unterschiedlicher Stilrichtungen von Klassik über Jazz bis Ethno.

Musik- und Tanztheater

Divadlo Broadway, Na Příkopě 31, Neustadt, Tel. 225 11 33 11, www.divadlo-broadway.cz. Musicals.

Divadlo Hybernia, Náměstí Republiky 4, Neustadt, Tel. 221 41 94 16, www.hybernia.eu. Prags neueste Musicalbühne [s. S. 94].

Hudební Divadlo Karlín, Křižíkova 10, Karlín, Tel. 221 86 81 11, www.hdk.cz. 1891 im Stil des Neobarock erbaute Operetten- und Musicalbühne.

Puppentheater

Divadlo Spejbla a Hurvínka, Dejvická 38, Prag 6, Tel. 224 31 67 84, www.spejbl-hurvinek.cz. Die amüsanten Abenteuer der Marionetten Speijbl, Hurvinek und Mánička erfreuen Groß und Klein. Es kommen Stücke für Kinder und ebenso für Erwachsene zur Aufführung.

Národní divadlo marionet, Žatecká 1, Altstadt, Tel. 224 81 93 22, www.mozart.cz. Das Nationale Marionettentheater zeigt beliebte Mozart-Opern im Marionetten-Format.

Schwarzes Theater

Beim Schwarzen Theater (Černe divadlo) ist die Bühne mit schwarzem Samt ausgeschlagen, vor dem schwarz gekleidete Akteure Gegenstände in einem Lichtkorridor bewegen. Bei dieser Mischung aus Drama, Pantomime und Puppenspiel sind erstaunliche, fluoreszierende und mitunter zauberhaft wirkende Effekte möglich.

All Colours Theatre, Rytířská 31, Altstadt, Tel. 221 61 01 14, www.blacktheatre.cz

Animato, Na Příkopě 10, Palais Savarin, Neustadt, Tel. 281 93 26 65, www.blacklighttheatreprague.cz

Divadlo Image, Pařížská 4, Josefstadt, Tel. 222 32 91 91, www.imagetheatre.cz

Divadlo Metro, Národní 25, Neustadt, Tel. 221 08 52 76, www.divadlometro.cz. Das schwarze Theater von František Kratochvíl.

Divadlo Palace, Václavské náměstí 43, Neustadt, Tel. 224 22 88 14, www.divadlopalace.cz

Jiři Srnec, U Lékárny 597, Prag 5, Tel. 257 92 18 35, www.blacktheatresrnec.cz

Reduta, Národní 20, Neustadt, Tel. 224 93 34 87, www.redutajazzclub.cz. Theater neben dem bekannten Jazzklub.

Ta Fantastika, Karlova 8, Altstadt, Tel. 222 22 13 66, www.tafantastika.cz. Vornehmlich Schwarzes Theater, aber auch Dramen und Musicals.

Konzerte

In zahlreichen historischen Gebäuden des Prager Stadtzentrums finden regelmäßig klassische Konzerte statt. Flyer zu den Veranstaltungen werden auf der Straße ausgeteilt und liegen bei den Touristeninformationen sowie an den Hotelrezeptionen aus. In den weiter unten aufgeführten Stadien geben zudem internationale Superstars der Rock- und Popmusikszene Konzerte.

Klementinum, in der Spiegelkapelle, Klementinum 190, Altstadt, Tel. 222 22 08 79, www.klementinum.cz [Nr. 32]

Kongresové centrum Praha (Kongresszentrum Prag), 5. května 65, Prag 4, Tel. 261 17 11 11, www.kcp.cz

Křižíkova Fontána, U Výstaviště LDS 1/20, Holešovice, Tel. 220 10 32 24, www.krizikovafontana.cz. Wasserspiele und Musik auf dem früheren Messegelände [s. S. 107].

Lichtenstejnský Palác (Liechtenstein-Palais), Martin-Saal, Malostranské náměstí 13, Kleinseite, Tel. 257 53 42 06

Obecni dům (Gemeindehaus), Smetana-Saal, Náměstí Republiky 5, Neustadt, Tel. 222 00 21 01, www.obecnidum.cz. Heimat des ausgezeichneten Prager Sinfonieorchesters, www.fok.cz [Nr. 61].

TOP TIPP **Rudolfinum**, Dvořák-Saal, Alšovo nábřeží 12, Altstadt, Tel. 227 05 92 27, www.ceskafilharmonie.cz. Heimstätte der Tschechischen Philharmonie (Česká filharmonie). Das im Jahr 1896 gegründete, landesweit älteste Orchester seiner Art genießt weltweit einen hervorragenden Ruf [Nr. 51].

O2 Arena, Ocelářská 460/2, Prag 9, Vysočany, Tel. 266 12 11 22, www.o2arena.cz

Pražský hrad (Prager Burg), Spanischer Saal, Hradschin, Tel. 224 37 24 35, www.kulturanahrade.cz, www.jazznahrade.cz [Nr. 1]

Synot Tip Aréna, U Slavie 1540/2a, Prag 10, Tel. 272 118 100, www.synottip arena.cz.

Tesla Arena, Za Elektrárnou 419, Prag 7, www.tesla-arena.cz. Eishockeyspiele und Konzerte.

Kino

Kinofilme werden in Prag oft auch in den Originalsprachen gezeigt. Sie sind dann z.B. mit dem Vermerk ›Anglicka verze‹, ›englische Fassung‹, gekennzeichnet.

Aero, Biskupcova 31, Prag 3, Tel. 608 33 00 88, www.kinoaero.cz. Alternatives Programmkino für Europäische Filme, Retrospektiven und Festivals.

Bio Konvikt Ponrepo, Bartolomejská 11, Altstadt, Tel. 226 21 18 66, www.bio-ponre po.cz. Kinosaal des Nationalen Filmarchivs.

Cinema City Flora, Vinohradská 151, Prag 3, Tel. 255 74 20 21, www.cinemacity.cz. Multiplexkino mit acht Sälen.

Cinema City Slovanský Dům, Na Příkopě 22, Neustadt, Tel. 840 20 02 40, www.cinemacity.cz. Multiplexkino.

Evald, Národní 28, Neustadt, Tel. 221 10 52 25, www.evald.cz. Programmkino. Europäische und amerikanische Filme sowie tschechische Produktionen mit englischen Untertiteln. Benannt nach dem tschechischen Regisseur Evald Schorm (1931–88).

Francouzský institut – Institut Français de Prague, Stepánská 35, Neustadt, Tel. 221 40 10 11, www.ifp.cz. Lust auf einen französischen Film in Prag? Voilà!

Imax, Vinohradská 151, Prag 3, Tel. 255 74 20 21, www.imaxpraha.cz. 3D-Kino im Cinema City Flora.

Lucerna, Vodičkova 36/Stepánská 61 (in der Lucerna Passage), Neustadt, Tel. 224 21 69 72, www.lucerna.cz. Wunderschöner großer Kinosaal von 1906.

MAT, Karlovo náměstí 19, Neustadt, Tel. 224 91 57 65, www.mat.cz. Kleines Programmkino für gehobene Filmkunst.

Světozor, Vodičkova 41, Neustadt, Tel. 224 94 68 24, www.kinosvetozor.cz. Doku, Kunstfilme und Videokunst.

▮ Klima und Reisezeit

Der Berühmtheit und Fülle seiner Sehenswürdigkeiten entsprechend zieht Prag das ganze Jahr über Touristen an. Besonders viele Gäste besuchen die ›Goldene Stadt‹ im Frühjahr während der *Oster-* und *Pfingstferien* sowie in den Sommermonaten *Juli/August*. Empfehlenswerte Reisezeiten sind daher die Monate *Mai*, *Juni* und *September*, weil man dann dem größten Besucheransturm entgehen kann und zugleich ein zumeist mildes trockenes Klima genießt.

Klimadaten Prag

Monat	Luft (l°C) min./max.	Sonnen-std./Tag	Regen-tage
Januar	-5/0	2	6
Februar	-4/1	3	6
März	-1/7	4	6
April	3/12	6	7
Mai	8/18	7	9
Juni	11/21	8	9
Juli	13/23	8	10
August	13/22	7	9
September	9/18	6	6
Oktober	5/12	4	7
November	1/5	2	5
Dezember	-3/1	2	6

Museen und Galerien

Museen

Neben den im Hauptteil des Reiseführers beschriebenen Museen bietet Prag eine Vielzahl weiterer sehenswerter Museen und Sammlungen, z.B.:

Museum der Hauptstadt Prag (Muzeum Hlavního Města Prahy), Na Poříčí 52, Prag 8, Tel. 224 81 67 72, www.muzeumprahy.cz, Di–So 9–18 Uhr. In einem Neorenaissance-Bau (1898) im Stadtteil Karlín werden Exponate zur Stadtgeschichte und -kultur, darunter Trachten, Mobiliar und Hauszeichen, gezeigt. Neben dem Hauptsitz gehören zum Stadtmuseum u.a. Turm und Spiegellabyrinth auf dem Laurenziberg und die Brückentürme an der Karlsbrücke, sowie die:

Villa Müller (Müllerova Vila), Nad Hradím Vodojemen 14, Střešovice, Tel. 224 31 20 12, www.mullerovavila.cz, nur mit Führung nach Voranmeldung zu besichtigen, max. 8 Pers., April–Okt. Di, Do, Sa/So 9, 11, 13, 15 und 17, Nov. März Di, Do, Sa/So 10, 12, 14 und 16 Uhr. Der Wiener Architekt Adolf Loos schuf das funktionalistische Haus (»mein schönstes«) 1930 für den Unternehmer František Müller.

Galerien

Informationen über die jeweiligen Ausstellungen erhält man beim Prager Informationsservice [s. S. 116].

Futura, Holečkova 49, Smíchov, Tel. 251 51 18 04, www.futuraprojekt.cz, Mi–So 11–18 Uhr. Galerie für junge Kunst: Fotografie, Video, Installationen, Performances auf 10 000 m^2 Ausstellungsfläche. Im Garten ist eine umstrittene Installation von David Černy zu sehen, dem *Enfant terrible* der Prager Kunstszene.

Galerie Art Praha, Staroměstské náměstí 20, Altstadt, Tel. 224 21 10 87, www.galerie-art-praha.cz, Mo–Fr 10.30–18.30, Sa 10.30–17 Uhr. Gemälde und Plastiken tschechischer Künstler des 20./21. Jh.

Galerie Hollar, Smetanovo nábřeží 6, Altstadt, Tel. 224 23 52 43, www.hollar.cz, Di–So 10–13 und 14–18 Uhr. Malerei, Grafik und Plastik.

Galerie Lazarská, Lazarská 7, Neustadt, Tel. 222 52 37 39, www.galerie-lazarska.cz, Mo–Fr 10–12 und 13–18, Sa 10–12 und 13–16 Uhr. Malerei, Grafik, Plastik, Schmuck.

Galerie Mánes, Masarykovo nábřeží 250, Neustadt, Tel. 224 93 07 54, www.ncvu.cz/manes, Di–So 10–18 Uhr. Die in den 1920er-Jahren von Josef Mánes selbst gegründete Galerie zeigt und verkauft noch heute interessante zeitgenössische Kunst. Die Ausstellungshalle befindet sich in dem 1927–30 erbauten funktionalistischen Mánes-Haus, das eine Sehenswürdigkeit an sich ist.

Galerie Miro, St.-Rochus-Kirche, Strahovské nádvoří 1, Hradschin, Tel. 233 35 40 66, www.galeriemiro.cz, tgl. 10–17 Uhr. Europäische Moderne.

Jaroslava Frágnera, Betlémské náměstí 5 a, Altstadt, Tel. 222 22 21 57, www.gjf.cz, Di–So 10–18 Uhr. Architekturprojekte der Tschechischen Republik. Retrospektiven und Themenausstellungen.

Josef Sudek, Úvoz 24, Hradschin, Tel. 257 53 14 89, www.upm.cz, April–Sept. Mi–So 11–19, Okt.–März Mi–So 11–17 Uhr. Präsentation des Werkes von Josef Sudek und anderer moderner tschechischer Fotografen in der Wohnung, wo Josef Sudek 1959–76 gelebt hat.

Kodl Galerie, Vítězná 11, Kleinseite, Tel. 251 51 27 28, www.galeriekodl.cz, Mo–Fr 10–13 und 14–18 Uhr. Dauerausstellung tschechischer Künstler des 19.–21. Jh.

Peithner-Lichtenfels & Čubrda, Michalská 12, Altstadt, Tel. 224 22 76 80, www.gplc.cz, tgl. 10–19 Uhr. Tschechische und österreichische Kunst ab 1895.

Nachtleben

Bars und Klubs

TOP TIPP **AghaRTA Jazz Centrum**, Železná 16, Altstadt, Tel. 222 21 12 75, www.agharta.cz, Klub tgl. 19–1 Uhr, Livemusik tgl. 21–24 Uhr. Viel besuchter Jazzklub in stimmungsvollem Gewölbekeller-Ambiente.

Café-Bar Duende, Karoliny Světlé 30, Altstadt, Tel. 775 18 60 77, www.barduende.cz. Alternativ angehauchte Bar mit internationalem Publikum.

Cloud 9 Sky Bar & Lounge, Pobřežní 1, Prag 8, Tel. 224 84 29 99, www.cloud9.cz, Mo–Sa 18–2 Uhr. Im obersten Stock des noblen Hilton Hotels genießt man Cockails, Lounge-Musik und einen spektakulären Ausblick.

TOP TIPP **James Joyce**, U Obecního dvora 4, Altstadt, Tel. 224 81 88 51, www.jamesjoyceprague.cz. Irish Pub, skurril und musikalisch original: Am offenen Kamin sitzen, ein frisch gezapftes Pint of Guinness vor sich, gegen den Hunger ein *boxty* (irischer Kartoffel-puffer) und dazu *real Irish music*.

Palác Akropolis, Kubelíkova 27, Prag 3, Tel. 296 33 09 11, www.palacakropolis.cz. Kulturzentrum mit Theater, Konzertsaal, Ausstellungsräumen und Disko.

 Reduta Jazz Club, Národní třída 20, Neustadt, Tel. 224 93 34 87, www.redutajazzclub.cz. Die Grande Dame der Jazzkeller, stets gut besuchter Musiktempel alter Tradition mit täglich wechselnden Live-Veranstaltungen.

Roxy, Dlouhá 33, Altstadt, Tel. 602 69 10 15, www.roxy.cz. Experimentierfreudiger Klub mit Live-Konzerten und DJ-Musik.

U Malého Glena, Karmelitská 23, Klein-seite, Tel. 257 53 17 17, www.malyglen.cz. Gemütliche Bar mit Musikkeller, in dem regelmäßig Jam-Sessions stattfinden.

Ungelt Jazz & Blues Club, Týn 2/640, Altstadt, Tel. 224 89 57 48, www.jazzungelt.cz. Jazz, Blues, Rock, Fusion, Funk.

Vagon, Národní 25, Neustadt, Tel. 733 73 73 01, www.vagon.cz. Rockklub im Palác Metro.

Diskotheken

Chapeau Rouge, Jakubská 2, Altstadt, Tel. 222 31 63 28, www.chapeaurouge.cz. Klub mit Bar und einer Mischung aus Soul, R'n'B, House, HipHop, Latino, Oldies und 1980er-Jahre Musik.

Diskotéka Hany Bany, U Kongresového centra, 5. května 1640, Prag 4, Tel. 261 17 42 41, www.discohanybany.cz. Großraumdiskothek mit Themenveranstaltungen.

Double Trouble, Melantrichova 17, Altstadt, Tel. 221 63 24 14, www.doubletrouble.cz. Hier darf man auf den Tischen tanzen.

Duplex, Václavské náměstí 21, Neustadt, Tel. 732 22 11 11, www.duplex.cz. Musikklub und Restaurant.

Futurum Music Bar, Zborovská 7, Prag 5, Smíchov, Tel. 257 32 85 71, http://futurum.musicbar.cz. Party mit beschwingter Musik ab den 1980er-Jahren.

Gong, Sokolovská 191, Prag 9, Tel. 266 311 629, www.kultura9.cz. Musikveranstaltungen von Rock bis Jazz.

Karlovy lázne, Smetanovo nábrezí 198, Altstadt, Tel. 222 22 05 02, www.karlovylazne.cz. Vier Stockwerke für tanzwütige Diskofans.

 Klub Lávka, Novotného lávka 1, Altstadt, Tel. 221 08 22 99, www.lavka.cz. Café und Klub nahe

der Karlsbrücke direkt an der Moldau. Musik von den 1960ern bis heute. Sieben Bars, zwei Tanzflächen (Indoor und Out-door) sowie ein Theater.

Lucerna Music Bar, Vodičkova 36, Neustadt, Tel. 224 21 71 08, www.musicbar.cz. Konzerte, Fr/Sa beliebte 1980er-/90er-Jahre-Party.

Mecca, U Pruhonu 3, Prag 7, Holešovice, Tel. 283 87 05 22, www.mecca.cz. Techno und andere elektronische Musik.

Misch Masch, Veletržní 61, Prag 7, Tel. 603 27 22 27, www.mischmasch.cz. Oldies, Black Music und Dancefloor.

Music Club Zlatý Strom, Karlova 6, Alt-stadt, Tel. 222 22 04 41, http://musicclub.zlatystrom.com. Zwei Tanzflächen und fünf Cocktailbars sorgen für allabendliches Vergnügen.

Radost FX Club, Bělehradská 120, Vinoh-rady, Tel. 224 25 47 76, www.radostfx.cz. House, R&B/Soul, Hip Hop.

Rock Café, Národní 20, Neustadt, Tel. 224 93 39 47, www.rockcafe.cz. Café und Diskothek, die erste Adresse für Liebhaber von Rock, Rauch und heißen Rhythmen.

U Bukanýra, Nábřeží L. Svobody, pod Štefánikovým mostem, Altstadt, www.bukanyr.cz. House Boat Music Bar, das östlich der Brücke Štefánikův most vor Anker liegt.

Kasinos

Einige Hotels in Prag unterhalten eigene Kasinos, z.B. Ambassador, Hilton, Jalta oder President. Sie sind für Gäste in ent-sprechender Garderobe ebenso frei zu-gänglich wie folgende Etablissements:

Casino Happy Day, Václavské náměstí 35, Neustadt, Tel. 224 23 35 06, www.casinohappyday.cz, rund um die Uhr geöffnet.

Palais Savarin Casino Kartáč, Na Příkopě 10, Neustadt, Tel. 224 21 68 88, www.casinokartac.cz, tgl. 19–4 Uhr. Kasino im baro-cken Palais Sylva-Tarouccca.

Sport

Bowling

Sportcentrum im Hotel Duo, Teplická 492/19, Prag 9, Tel. 266 13 38 15, www.bowlingduo.cz. Sport- und Freizeit-zentrum mit 12 Bowlingbahnen, Swim-mingpool, Sauna und Solarium.

Eishockey

HC Slavia Praha, O2 Arena, Ocelářská 460/20, Prag 9, Vysočany, www.hc-slavia. cz. Tickets über Sazka Ticket, Tel. 266 12 11 22, www.sazkaticket.cz

HC Sparta, Tesla Arena, Za Elektrárnou 419, Prag 7, www.hcsparta.cz. Tickets im Kundencenter der Tesla Arena, Tel. 266 72 74 43, Mo–Fr 13–18.30, bei Spielen am Sonntag auch So 13–17.30 Uhr

Fitness

Apollo Day Spa, in den obersten Etagen des Corinthia Hotel Prague, Kongresová 1, Prag 4, Tel. 261 19 13 26, www.corinthia. com. Workout, Schwimmbad, Sauna, Dampfbad und Massage im Luxushotel.

Fußball

AC Sparta Prag, Axa Arena, Milady Horákové 1066/98, Prag 7, Letná, Tel. 220 57 03 23, www.sparta.cz. Kundencenter: Milady Horákové 1066, Eingang 1, Prag 7, Letná, Tel. 296 11 14 00, Ticketverkauf ab 13 Uhr (Spiele Mo–Fr) bzw. 3 Std. vor Spielbeginn (Spiele Sa/So)

SK Slavia Prag, Synot Tip Aréna, Vladivostocká 1460/10, Prag 10, www.slavia.cz. Ticketoffice: Vladivostoká 1620, Prag 10, Mo–Fr 9–12 und 13–16 Uhr

Golf

Erpet Golf Centrum, Strakonická 2860/4, Prag 5, Tel. 296 37 31 11, www.erpetgolfcen trum.cz. Indoor-Golfanlage.

Golf Club Praha, Plzeňská 401/2, Prag 5, Tel. 257 21 65 84, www.gcp.cz. Golftradition seit 1925.

Pferderennen

Dostihové závodiště Praha-Velká Chuchle (Rennbahn Chuchle), Radotínská 69, Prag 5, Velka Chuchle, Tel. 242 44 70 31, www.velka-chuchle.cz. Die Rennen finden von April bis November an den Wochenenden statt.

Schwimmbäder

Aquapalace, Pražská 138, Čestlice, Tel. 271 10 41 11, www.aquapalace.cz. Größter Aquapark Tschechiens mit Pools und Riesenrutschen sowie Sauna und Spa.

Podolí, Podolská 74, Prag 4, Tel. 241 43 39 52, www.pspodoli.cz. Große Schwimmhalle, Freibad mit Riesenrutsche und Sauna.

Slavia, Vladivostocká 2, Prag 10, Tel. 267 31 10 62, www.psslavia.cz. Großes Schwimmstadion unter freiem Himmel.

Squash

Clubhotel Praha Průhonice, Průhonice 400 (an der D1 Richtung Brno), Tel. 273 13 06 86, www.club-hotel-praha.cz. Badminton- und Squashcourts, Tennisplätze, Schwimmbad und Bowlingbahnen.

Squashcentrum Strahov, Spartakiádní stadion, Vaníčkova 2 b, Prag 6, Strahov, Tel. 233 10 93 01, www.squashstrahov.cz

Tennis

Česky Lawn-Tennis Klub Praha, Štvanice 38, Prag 7, Holešovice, Tel. 222 31 63 17, www.cltk.cz. Traditionsreicher Klub.

Sportcentrum Hotel Čechie Praha, U Sluncové 618, Karlín, Tel. 266 19 41 11, www.hotelcechie.cz. Angenehmes Hotel mit zahlreichen Sportmöglichkeiten, Tennis, Squash, Golf, Bowling und Sauna.

Stadtbesichtigung

Die Sehenswürdigkeiten Prags besichtigt man am besten zu Fuß. Altstadt, Teile der Kleinseite und der Burgberg sind weitgehend autofrei – ideal für Fußgänger.

Großartig ist das Ablaufen des alten Krönungs- oder Königsweges vom Pulverturm in der Altstadt zur Prager Burg: Zeltnergasse (Celetná), Altstädter Ring (Staroměstské náměstí), Karlsgasse (Karlova), Karlsbrücke, Brückengasse (Mostecká), Kleinseitener Ring (Malostranské náměstí), Nerudagasse (Nerudova), Hradschin.

Aussichtspunkte

Altstädter Brückenturm (Staroměstská mostecká věž), Karlsbrücke, Altstadt, Tel. 224 22 05 69, www.prazskeveze.eu, April–Sept. tgl. 10–22, Okt., März tgl. 10–20, Nov.–Febr. tgl. 10–18 Uhr [Nr. 30]

Altstädter Rathausturm (Staroměstská radnice věž), Staroměstské náměstí 3, Altstadt, Mobil 724 91 15 56, Mo 11–22, Di–So 9–22 Uhr [Nr. 45]

Fernsehturm (Žižkovská televizní věž), Mahlerovy sady 1, Prag 3, Mobil 774 85 04 41, www.towerpark.cz, tgl. 8–24 Uhr. In 95 m Höhe bietet sich ein schöner Blick über die Stadt. Mit Restaurant (www.oblaca.cz) und Sechs-Sterne-Hotel (www.oneroomhotel.cz). in 66 m Höhe.

Glockenturm des Domes St. Veit, Prager Burg, Hradschin, Tel. 224 37 33 68, www.hrad.cz, April–Okt. tgl. 10–18, sonst bis 16 Uhr [Nr. 1]

Kleinseitener Brückentürme (Malostranské mostecké věže), Karlsbrücke, Kleinseite, Mobil 724 91 15 88, www.prazs keveze.eu, April–Sept. Fr/Sa 10–22, So–Do 10–20, Okt., März tgl. 10–20, Nov.–Febr. tgl. 10–18 Uhr [Nr. 28]

Petřín Aussichtsturm (Petřínská rozhledna), Petřínské sady, Kleinseite, Mobil 725 83 16 33, www.prazskeveze.eu, April–Sept. tgl. 10–22, Okt., März tgl. 10–20, Nov.–Febr. tgl. 10–18 Uhr [Nr. 20]

Pulverturm (Prasná brána), Na Příkopě, Neustadt, Mobil 724 91 15 56, www.prazs keveze.eu, April–Sept. Fr/Sa 10–22, So–Do 10–20, Okt., März tgl. 10–20, Nov.–Febr. tgl. 10–18 Uhr [Nr. 60]

Turm der Kirche St. Niklas (Věž chrámu sv. Mikuláse), Malostranské náměstí, Kleinseite, www.prazskeveze.eu, April–Sept. tgl. 10–22, März, Okt. tgl. 10–20, Nov–Febr. tgl. 10–18 Uhr [Nr. 12]

Schöne Ausblicke bieten sich auch von der Prager Burg, vom Kloster Strahov und vom Letná-Plateau, von den Palastgärten auf der Kleinseite, vom Smetana-Kai am Moldau-Ufer und vom Vyšehrad.

Ballonfahrt

Ballooning CZ, Na Vrcholu 7, Prag 3, Tel. 222 78 39 95, www.ballooning.cz. Ausflüge mit dem Heißluftballon.

Führungen

Meran Tourist, Václavské náměstí 27, Neustadt, Tel. 222 24 70 00, Mobil 602 27 28 71, www.guide-meran.cz. Führungen durch Prag, auch zu speziellen Themen; Führer stehen kurzfristig zur Verfügung.

Informationsdienst der Prager Burg, im Dritten Burghof, Hradschin, Tel. 224 37 33 68, www.hrad.cz. Buchung von Führungen speziell für die Burg.

Prague Walks, Na Bělidle 4, Prag 5, Mobil 608 33 90 99, www.praguewalks.com. Stadt-Spaziergänge mit Schwerpunkten Prager Burg, Jüdisches Viertel, Altstadt-Pubs und Geistertour.

Prager Informationsservice (PIS), im Altstädter Rathaus, Staroměstské náměstí 1, Altstadt, Tel. 221 71 44 44, www.praguewelcome.cz. Thematische Führungen können vorab gebucht werden: eshop.praguewelcome.cz/en.

Precious Legacy Tours, Kaprova 13 (Klingel am Haus Maiselova 1), Josefstadt, Tel. 222 32 19 54, www.legacytours.cz. Mit jüdischen Führern auf den Spuren Franz Kafkas, Rabbi Löws und Mordechai Maisels durch das ehem. jüdische Viertel.

Stadtrundfahrten und Ausflüge

Gray Line Prague/Bohemia Travel Service, Národní 38, Neustadt, Tel. 224 82 62 62, www.citytours.cz. Stadtrundfahrten und -spaziergänge, Schiffsrundfahrten, Prag bei Nacht, Ausflüge zur Burg Karlstein und in die Umgebung. Auf Wunsch Abholung vom Hotel.

Prague Sightseeing Tours, Info und Tickets: Náměstí Republiky 3, Neustadt, Tel. 222 31 46 61, www.pstours.cz. Große Stadtrundfahrt (3,5 Std.), Bootsfahrten und Ausflüge zur Burg Karlstein, nach Karlovy Vary (Karlsbad) sowie Prag bei Nacht.

Čedok, Na Příkopě 18, Neustadt, Tel. 221 44 72 42, www.cedok.de. Rundfahrten, Konzert- und Theaterkarten, Flugtickets und Fahrkarten.

EVD, Evropská vodní doprava, Tickets und Abfahrt: Na Františku (gegenüber Hotel Continental), Čechuv-Most, Altstadt, Tel. 224 81 00 30, www.evd.cz. Dampferfahrten auf der Moldau, Abendkreuzfahrten mit Büffet und Livemusik.

History Trip, Tel. 776 82 98 97, www. praguehistorytrip.com. Stadtrundfahrt im Oldtimer. Abfahrt Malé náměstí, Altstadt, Ende März–Nov.

Pony Travel, Tel. 224 93 11 12, www.pony travelsro.cz. Kutschfahrten. Abfahrt Staroměstské náměstí, Altstadt, April–Dez.

Praha Bike, Dlouhá 24, Altstadt, Tel. 732 38 88 80, www.prahabike.cz. Geführte Radtouren sowie Fahrradverleih, ganzjährig, Mitte Nov.–Mitte März nur nach telefonischer Anmeldung.

Premiant City Tour, Info und Tickets: Na Příkopě 23, Neustadt, Tel. 606 60 01 23, www.premiant.cz. Stadtrundfahrten, kombinierte Bustouren und Spaziergänge durch die Josefstadt, Prag bei Nacht, Ausflüge zur Burg Karlstein, zur Kristallfabrik und zur Minenstadt Kutná Hora, Schiffsausflüge.

■ Statistik

Bedeutung: Hauptstadt der Tschechischen Republik, Regierungssitz, Verwaltungssitz des Mittelböhmischen Gebiets.

Lage: 50° 05' 19" nördlicher Breite, 14° 25' 17" östlicher Länge.

Fläche des Stadtgebietes: 496 km^2

Einwohnerzahl: 1, 3 Mio.

Höhe: 177–397 m ü. d. M.

Verwaltung: 22 Verwaltungseinheiten und 57 Stadtviertel, von Stadträten verwaltet.

Bildung: seit 1348 Sitz der Universität, seit 1707 der Technischen Hochschule.

Wirtschaft: Der Großraum Prag ist der bedeutendste Industriestandort der Tschechischen Republik. Dominant sind Maschinen- und Fahrzeugbau, Erdölraffinerie, Elektro-, Bekleidungs-, Druck- und chemische Industrie. Daneben zählen der Tourismus und die Filmindustrie zu den wichtigsten Wirtschaftsfaktoren.

◼ Unterkunft

Hotels

*****Ambassador – Zlatá Husa**, Václavské náměstí 5–7, Neustadt, Tel. 224 19 31 11, www.ambassador.cz. Hotel in zwei historischen Gebäuden direkt am Wenzelsplatz mit zwei Restaurants, Pub, Weinstube, Kasino und Wellnessangeboten.

*****Aria**, Tržiště 9, Kleinseite, Tel. 225 33 41 11, www.ariahotel.net. Luxuriöse Unterkunft im Zeichen der Musik: Alle Zimmer sind Musikern gewidmet, es gibt eine Musikbibliothek sowie einen Musiksalon.

*****Corinthia Hotel Prague**, Kongresová 1, Prag 4, Tel. 261 19 11 11, www.corinthia.cz. Hotelhochhaus am Innenstadtrand mit breitem Unterhaltungsangebot, u.a. Bowlingbahn. Neben Kongresszentrum.

TOP TIPP *****Hilton Praha**, Pobřežní 1, Prag 8, Tel. 224 84 11 11, www.prague.hilton.com. Eines der größten Hotels der Tschechischen Republik bietet Luxus und Komfort in modernster Architektur aus Glas und Stahlbeton. Hinter dem futuristischen Gebäudekubus verbergen sich 788 Zimmer, diverse Restaurants, Fitness- und Wellnessbereiche.

*****InterContinental Prague**, Pařížská 30, Josefstadt, Tel. 296 63 11 11, www.icprague.com. Großes, modernes Gebäude am Moldau-Ufer nahe der Čech-Brücke mit Restaurant, Café und Bierstube sowie Geschäften und Fitnessstudio. Das Restaurant Zlatá Praha im

9. Stock bietet ein schönes Altstadt-Panorama.

TOP TIPP *****Jalta Hotel**, Václavské náměstí 45, Neustadt, Tel. 222 82 28 88, www.hoteljalta.com. Direkt am Wenzelsplatz gelegenes Hotel mit 94 stilvoll eingerichteten Zimmern und einem Restaurant mit Gartenterrasse.

*****Mandarin Oriental Prague**, Nebovidska 459/1, Kleinseite, Tel. 233 08 88 88, www.mandarinoriental.com/prague. Einst Dominikanerkloster, heute gediegene Luxusherberge mit 99 Zimmern und Suiten sowie Spa.

TOP TIPP *****Palace Praha**, Panská 12, Neustadt, Tel. 224 09 31 11, www.palacehotel.cz. Eines der schönsten Prager Hotels in einem traditionsreichen Jugendstilgebäude von 1909 mit allem modernen Komfort und stilvoller Einrichtung.

*****Paříž**, U Obecního domu 1, Altstadt, Tel. 222 19 51 95, www.hotel-pariz.cz. Jugendstilhotel (seit 1904) in der Nähe des Pulverturms mit Restaurant und Café im Erdgeschoss.

*****U Zlaté Studně**, U Zlaté studne 166/4, Kleinseite, Tel. 233 92 01 18, www.hotelgoldenwell.cz. Kleines feines Boutiquehotel in einem spätbarocken Gebäude in malerischer Lage. Gourmetrestaurant mit Aussichtsterrasse.

****987 Prague Hotel**, Senovazne náměstí 15, Josefstadt, Tel. 255 73 72 00, www.987hotels.com. Schickes Designhotel in zentraler Lage.

****Aquapalace Hotel**, Pražská 137, Čestlice (Prag-Ost), Tel. 225 10 88 88, www.aquapalacehotel.cz. Großes, modernes Hotel mit international ausgerichtetem Restaurant und direktem Zugang zum riesigen Aquapark mit Wellness- und Fitness-Center.

****Belvedere**, Milady Horákové 19, Prag 7, Tel. 220 10 61 11, www.hotelbelvedereprague.cz. Im Stadtteil Holešovice gelegenes Hotel, das mit einem japanischen Restaurant aufwartet.

****Diplomat**, Evropská 15, Prag 6, Tel. 296 55 91 11, www.diplomathotel.cz. Ehem. Regierungshotel mit viel Komfort.

****Domus Henrici**, Loretánská 11, Hradschin, Tel. 220 51 13 69, www.domus-henrici.cz. Charmantes Boutiquehotel mit sieben weitläufigen Zimmern und einer Suite. Von den beiden lauschigen Dachterrassen genießt man einen herrlichen Blick auf die Gärten des Laurenziberges.

Dorint Hotel Don Giovanni Praha, Vinohradská 157 a, Prag 3, Tel. 267 03 11 11, www.dorint.com. Hotel mit 397 Zimmern 3 km vom Stadtzentrum entfernt.

Jewel Hotel U Klenotníka, Rytířská 3, Altstadt, Tel. 224 21 16 99, www. hoteljewelprague.com. Designhotel mit elf kleinen, reizvoll gestylten Zimmern in einem restaurierten Bürgerhaus mit Mauern aus dem 13. Jh.

Sax, Jánský vršek 328/3, Kleinseite, Tel. 257 53 12 68, www.sax.cz. Psychedelische Tapeten, groß gepunktete Bettwäsche, Hänge-Sessel: Wer den Look der 1950er bis 1970er-Jahre mag, wird sich in diesem Vintage Design Hotel rundum wohlfühlen.

Top Hotel Praha, Blažimská 1781/4, Prag 4, Chodov, Tel. 267 28 41 11, www.tophotel.cz. Riesige Hotelanlage mit 1020 durchweg angenehmen Zimmern. Diverse Fitnessangebote und japanischer Garten.

Ungelt, Stupartska 7, Josefstadt, Tel. 221 77 10 11, www.ungelt.cz. In dem schönen Altbau schläft man unter bemalten Holzdecken in großzügigen Apartments mit Wohn- und Schlafzimmer sowie kleiner Küche.

U Páva, U Lužického semináře 32, Kleinseite, Tel. 257 53 33 60, www.hotel-upava.cz. Kleines Haus mit gemütlicher Einrichtung und freundlichem Personal.

U Raka, Černínská 10, Hradschin, Tel. 220 51 11 00, www.romantikhotel-uraka.cz. Sechs exklusive, individuelle Gästezimmer in stimmungsvollem kleinem Landhaus auf einer Anhöhe nahe dem Loreto-Heiligtum.

U Tří Pštrosů, Dražického náměstí 12, Kleinseite, Tel. 257 28 88 88, www.utri pstrosu.cz. Eines der ältesten Hotels Prags direkt an der Karlsbrücke. Wem seine Nachtruhe lieb ist, sollte allerdings um ein Zimmer im hinteren Teil des Gebäudes bitten. Restaurant mit internationalen Gerichten.

***/*Jelení Dvůr**, Jelení 197, Hradschin, Tel. 233 02 83 33, www.hotel-jeleni-dvur.info. Familiäres Hotel mit 30 komfortablen Zimmern nahe der Prager Burg, gute Straßenbahnanbindung.

***Albatros**, Nábřeží L. Svobody/Kai Ludvíka, Neustadt, Tel. 224 81 05 47, www.botelalbatros.cz. Mal etwas anderes: Botel, also ein Hotel in einem Boot, am Ufer der Moldau mit rustikalem Charme, komfortablen Kajüten und Restaurant auf dem Oberdeck.

***Central Hotel**, Rybná 8, Altstadt, Tel. 222 31 72 20, www.central-prague.com. Hotel in zentraler Lage mit 51 komfortablen Zimmern und Restaurant.

***Hotel Museum**, Mezibranská 15, Neustadt, Tel. 296 32 51 86, www.pension-museum.cz. Zeitgemäß eingerichtete Zimmer bietet das Hotel garni nahe dem Wenzelsplatz. Kleiner Garten.

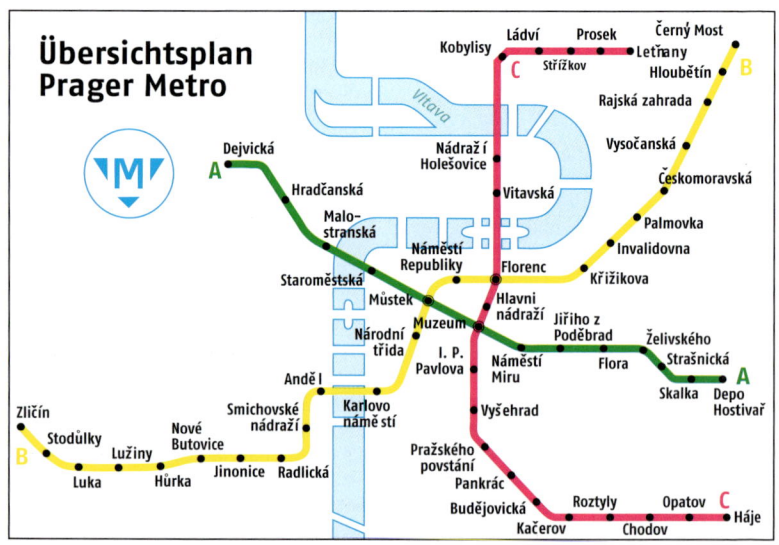

Übersichtsplan Prager Metro

/*Extol Inn**, Pristavni 2, Holešovice, Tel. 220 80 25 49, www.extolinn.cz. Freundliches und zentrumsnahes Hotel. Es gibt ein einfacheres Haus und eines mit etwas mehr Komfort, wie Fitness-raum, Sauna und Whirlpool.

Hostels und Jugendherbergen
www.german.hostelworld.com

TOP TIPP **Czech Inn**, Francouzská 76, Prag 2, Tel. 267 26 76 00, www.czech-inn. com. Vom 12er-Schlafsaal über das Einzelzimmer bis hin zur Café-Bar: Hier ist alles modern durchgestylt. Das Früh-stück kostet extra.

Old Prague Hostel, Benediktská 2, Altstadt, Tel. 224 82 90 58, www.oldprague hostel.com. Günstige, gut ausgestattete Unterkunft mit Doppel- und Mehrbett-Zimmern, direkt in der Altstadt gelegen.

Podolí, Na Lysině 12, Blok B, Prag 4, Tel. 233 35 37 39, www.podoli.prague-hostels. cz, Mai–Ende Sept. geöffnet. Schlichte Unterkunft in einem Wohnviertel nahe der Vyšehrad Burg: Gemeinschaftsbad, kein Frühstück, dafür aber sehr günstig.

Youth Hostel Týn, Týnská 19, Altstadt, Tel. 224 82 85 19, www.hosteltyn.com. Schlich-te, sehr ordentliche 2- bis 6-Bett-Zimmer in einem reizenden Hinterhof nahe dem historischen Teynhof. Kein Frühstück, aber in der Nähe gibt es eine gute Aus-wahl an Restaurants.

Privatzimmer
Private Unterkünfte, die zumeist sehr gut sind, vermitteln der *Prager Informations-service (PIS)* [s. S. 116] sowie private Reise-büros am Hauptbahnhof, Flughafen und im Zentrum [s. S.116].
www.airbnb.de
www.friendlyrentals.com

◼ Verkehrsmittel

Öffentliche Verkehrsmittel
DPP (Dopravní podnik hlavního města Prahy), Tel. 296 19 18 17, www.dpp.cz

Täglich von 5 bis 24 Uhr sind in Prag die Metro sowie Trambahnen und Busse im Einsatz. **Informationszentren** der Prager Verkehrsbetriebe befinden sich in fol-genden Metro-Stationen: Muzeum (Met-ro A und C), Můstek (Metro B, Unterführ-rung Jungmannovo náměstí), Nádraží Holešovice (Metro C, Ausgang Plynární) und Anděl (Metro B) sowie am Prager Flughafen Ruzyně.

Fahrscheine für die Benutzung aller öf-fentlichen Verkehrsmittel mit Umsteige-berechtigung gibt es an den Automaten in den Metro-Stationen und Bahnhöfen, per SMS, aber auch in Kiosken, Tabaklä-den und an den meisten Hotelrezeptio-nen. Die Tickets sind bei Fahrtantritt zu entwerten und gelten ab dann auf allen Strecken 90 Minuten. Kurzstreckentickets gelten tagsüber für 30 Minuten und bis zu maximal fünf Metro-Stationen. Für häufige Fahrten sind **24-Stunden-Tickets** und 72-Stunden-Tickets erhältlich. Außer-dem können Touristen den 2, 3 oder 4 Tage gültigen **Prague Pass** bei der Pra-ger Touristeninformation (s.S. 116) zusätz-lich zur oder online in Kombination mit der Prague Card (s.S. 116) erwerben.

Alle Tickets (außer die Kurzstrecken-Kar-ten) gelten auch für die **Seilbahn** auf den Laurenziberg sowie für die **Moldaufäh-ren** (Mitte April–Mitte Okt. tgl 8–20 Uhr):

Moldaufähre, Route 1: Smetanovo nábřeží – Střelecký ostrov – Slovanský ostrov – Dětský

Moldaufähre, Route 2: Jiráskova ná-městí – Výtoň – Smíchovská náplavka – Císařská louka

Mietwagen
ADAC-Mitglieder können über die Ge-schäftsstellen oder die ADAC Autover-mietung (Tel. 089/76 76 20 99) einen Wa-gen buchen.

Avis, Praha City Center, Klimentská 46, Neustadt, Tel. 221 85 12 25, www.avis.cz

Budget, im Hauptbahnhof, Wilsonova 8, Tel. 222 31 95 95 und am Flughafen, Tel. 220 56 04 43, www.budget.cz

Europcar, Elišky Krásnohorské 9, Prag 1, Tel. 224 81 12 90, www.europcar.cz/en

Hertz, Evropska 15, Prag 6, Tel. 225 345 041 und am Flughafen, Tel. 225 345 021, www.hertz.cz

Taxi
Für die Prager Taxis gelten Festpreise pro gefahrenem Kilometer zusätzlich zum Grundpreis. Zum Schutz vor unehrlichen Fahrern hat die Stadt kontrollierte **Taxi Fair Place** Standplätze eingerichtet, Fra-gen und Beschwerden unter taxi@cityof prague.cz oder Tel. 221 102 222 (24 Std.) Es ist sonst ratsam, den Preis vor Abfahrt zu klären oder ein Funktaxi zu rufen, z.B.:

AAA Radiotaxi, Tel. 140 14, www.aaataxi.cz

Sprachführer

Tschechisch für die Reise

■ Das Wichtigste in Kürze

Ja/Nein	*Ano/Ne*
Bitte/Danke	*Prosím/Děkuji*
In Ordnung!/	*V pořádku!*
Einverstanden!	*Souhlasím!*
Entschuldigung!	*Promiňte!*
Wie bitte?	*Jak prosím?*
Ich verstehe Sie nicht.	*Já Vám nerozumím.*
Ich spreche nur	*Já mluvím jenom*
wenig Tschechisch.	*trochu česky.*
Können Sie mir	*Můžete mi,*
bitte helfen?	*prosím, pomoci?*
Das gefällt mir (nicht).	*To se mi líbí (nelíbí).*
Ich möchte …	*Rád bych …*
Haben Sie …?	*Máte …?*
Wie viel kostet das?	*Kolik to stojí?*
Kann ich mit Kredit-	*Mohu platit*
karte bezahlen?	*kreditní kartou?*
Wie viel Uhr ist es?	*Kolik je hodin?*
Guten Morgen!	*Dobré ráno!*
Guten Tag!	*Dobrý den!*
Guten Abend!	*Dobrý večer!*
Gute Nacht!	*Dobrou noc!*
Hallo!/Grüß dich!	*Haló!/Ahoj!*
Mein Name ist …	*Jmenuji se …*
Wie ist Ihr Name,	*Jak se jmenujete,*
bitte?	*prosím?*
Wie geht es Ihnen?	*Jak se Vám daří?*
Auf Wiedersehen!	*Nashledanou!*
Tschüs!	*Ahoj!*
gestern/heute/morgen	*včera/dnes/zítra*

■ Zahlen

0	*nula*	19	*devatenáct*
1	*jeden, jedna,*	20	*dvacet*
	jedno	21	*dvacetjeden/*
2	*dva, dvě*		*jedna / jedno*
3	*tři*	22	*dvacetdva /dvě*
4	*čtyři*	30	*třicet*
5	*pět*	40	*čtyřicet*
6	*šest*	50	*padesát*
7	*sedm*	60	*šedesát*
8	*osm*	70	*sedmdesát*
9	*devět*	80	*osmdesát*
10	*deset*	90	*devadesát*
11	*jedenáct*	100	*sto*
12	*dvanáct*	200	*dvěstě*
13	*třináct*	1 000	*tisíc*
14	*čtrnáct*	2 000	*dva tisíce*
15	*patnáct*	10 000	*deset tisíc*
16	*šestnáct*	100 000	*sto tisíc*
17	*sedmnáct*	¹/₄	*čtvrtina*
18	*osmnáct*	¹/₂	*polovina*

am Vormittag/	*dopoledne/*
am Nachmittag	*odpoledne*
am Abend/	*večer/*
in der Nacht	*v noci*
um 1 Uhr/	*v jednu hodinu/*
um 2 Uhr …	*ve dvě hodiny …*
um Viertel vor/	*ve třičtvrtě na/*
um Viertel nach …	*ve čtvrt na …*
um … Uhr 30	*v půl …*
Minute(n)/	*minuta (minuty)/*
Stunde(n)	*hodina (hodiny)*
Tag(e)/	*den (dny)/*
Woche(n)	*týden (týdny)*
Monat(e)/Jahr(e)	*měsíc(e)/rok(y)*

■ Wochentage

Montag	*pondělí*
Dienstag	*úterý*
Mittwoch	*středa*
Donnerstag	*čtvrtek*
Freitag	*pátek*
Samstag	*sobota*
Sonntag	*neděle*

■ Monate

Januar	*leden*
Februar	*únor*
März	*březen*
April	*duben*
Mai	*květen*
Juni	*červen*
Juli	*červenec*
August	*srpen*
September	*září*
Oktober	*říjen*
November	*listopad*
Dezember	*prosinec*

■ Maße

Kilometer	*kilometr*
Meter	*metr*
Zentimeter	*centimetr*
Kilogramm	*kilogram*
Pfund	*pfund*
Gramm	*gram*
Liter	*litr*

■ Unterwegs

Nord/Süd/West/	*sever/jih/západ/*
Ost	*východ*
oben/unten	*nahoře/dole*
geöffnet/geschlossen	*otevřeno/zavřeno*

geradeaus/links/	přímo/vlevo/
rechts/zurück	napravo/zpátky
nah/weit	blízko/daleko
Wie weit ist …?	Jak daleko je …?
Wo sind die Toiletten?	Kde jsou záchody?
Wo ist die (der)	Kde je nejbližší
nächste Telefonzelle/	telefonní budka/
Bank/	banka/
Polizei/	policie/
Geldautomat?	bankomat?
Bitte, wo ist …	Prosím Vás, kde je …
der Hauptbahnhof/	hlavní nádraží/
der Busbahnhof/	autobusové nádraží/
die U-Bahn/	metro/
der Flughafen?	letiště?
Wo finde ich …	Kde najdu …
eine Apotheke/	lékárnu/
eine Bäckerei/	pekárnu/
Fotoartikel/	obchod s foto-
	grafickými přístroji/
ein Kaufhaus/	obchodní dům/
ein Lebensmittel-	obchod s
geschäft/	potravinami/
den Markt?	trh?
Ist das der Weg/	Vede tato cesta/
die Straße nach …?	ulice do … ?
Ich mochte mit dem	Chtěl(a) bych jet
Zug/dem Bus	vlakem/autobusem
dem Schiff/der Fähre/	lodí/ trajektem/
dem Flugzeug	letadlem
nach … fahren.	do …
Gilt dieser Preis für	Platí tato cena
Hin- und Rückfahrt?	tam i zpět?
Wo ist das Fremden-	Kde je
verkehrsamt/	turistická centrála/
ein Reisebüro?	cestovní kancelář?
Ich benötige eine	Rád bych se ubytoval
Hotelunterkunft.	v hotelu.
Wo kann ich mein	Kde mohu nechat moje
Gepäck lassen?	zavazadlo?

Zoll, Polizei

Ich habe etwas (nichts)	Mám (nemám)
zu verzollen.	nic k proclení.
Ich habe nur per-	Mám jenom
sönliche Dinge.	osobní věci.
Hier ist die Kauf-	Zde máte potvrzení
bescheinigung.	o nákupu.
Hier ist mein(e) …	Zde je (jsou) …
Geld/	moje peníze/
Pass/	můj pas/
Personalausweis/	osobní průkaz/
Kfz-Schein/	technický průkaz/
Versicherungskarte.	pojištění.
Ich fahre nach …	Jedu do …
und bleibe … Tage/	a zůstanu … dní/
Wochen.	týdnů.
Ich möchte eine	Chtěl bych
Anzeige erstatten.	podat oznámení.
Man hat mir …	Byly mi …
Geld/	ukradeny peníze/

die Tasche/	ukradena taška/
die Papiere/	ukradeny papíry/
die Schlüssel/	ukradeny klíče/
den Fotoapparat/	ukraden fotoaparát/
den Koffer/	ukraden kufr/
das Fahrrad gestohlen.	ukradeno kolo.
Verständigen Sie bitte	Vyrozumte, prosím,
das Deutsche	německý konsulát.
Konsulat.	

Freizeit

Ich möchte ein …	Chtěl(a) bych si
	pronajmout …
Fahrrad/	kolo/
Motorrad/	motorku/
Surfbrett/	prkno na serfování/
Mountainbike/	horské kolo/
Pferd mieten.	koně.
Gibt es ein(en) …	Je zde v blízkosti …
Freizeitpark/	zábavní park/
Freibad/	plovárna/
Golfplatz	golfové hřiště?
in der Nähe?	
Wo ist die (der)	Kde je nejbližší
nächste Bademög-	možnost koupání?
lichkeit?	
Wann hat … geöffnet?	Kdy otvírá …?

Hinweise zur Aussprache

á	wie ›ah‹, Bsp.: dálnice [dahlnjitse]
e	wie ›ä‹, Bsp.: deset [däsät]
é	wie ›äh‹, Bsp.: dobré ráno
	[dobräh rahno]
ě	wie ›jä‹, Bsp: děkuji! [djäkuji!]
í	wie ›ih‹, Bsp.: prosím [prossihm]
ó	wie ›oh‹, Bsp.: gól [gohl]
ú ů	wie ›uh‹, Bsp.: můj [muhj],
	působí [puhsobih]
ý	wie ›ih‹, Bsp.: týden [tihden]
c	wie ›tz‹, Bsp.: dvacet [dwatzet],
	am Wortende wie ›ts‹,
	Bsp.: pomoc [pomots]
č	wie ›tsch‹, Bsp.: číst [tschihst]
ch	wie ›ch‹, Bsp.: chodit
ň	wie ›nj‹ wie in ›Kognak‹,
	Bsp.: promiňte [prominjte]
ř	etwa wie ›rsch‹, Bsp.: říkat [rschihkat]
š	wie ›sch‹, Bsp.: šest [schest]
v	wie ›w‹, Bsp.: devět [däwjet]
y	wie ›i‹, Bsp.: ryby [ribi]
z	wie ›s‹, Bsp.: rozumím [rosumihm],
	am Wortende wie ›ss‹,
	Bsp.: vaz [wass]
ž	stimmhaftes ›sch‹ wie in ›Genie‹,
	Bsp.: žádost [schahdost]

Die Betonung liegt im Tschechischen stets
auf der ersten Silbe.

Bank, Post, Telefon

Ich möchte Geld wechseln. — Chtěl bych vyměnit peníze.
Brauchen Sie meinen Ausweis? — Potřebujete můj průkaz?
Wo soll ich unterschreiben? — Kde se mám podepsat?
Ich möchte eine Telefonverbindung. — Chtěl(a) bych telefonovat.
Wie lautet die Vorwahl für …? — Jaké je směrovací číslo do …?
Wo gibt es … — Kde dostanu …
Münzen für — drobné
den Fernsprecher/ — na telefon/
Telefonkarten/ — telefonní karty/
Briefmarken? — známky?

Tankstelle

Wo ist die nächste Tankstelle? — Kde je nejbližší benzinová pumpa?
Ich möchte … Liter … — Chtěl(a) bych … litrů …
Super/Diesel/ — super/nafty/
bleifrei/ — naturálu (bez olova)/
verbleit/ — olovnatého
mit … Oktan. — oktanového … benzínu.
Volltanken, bitte! — Plnou nádrž, prosím!
Bitte prüfen Sie … — Prosím, přezkoušejte …
den Reifendruck/ — tlak v kolech/
den Ölstand/ — stav oleje/
den Wasserstand/ — stav vody/
das Wasser für die Scheibenwischanlage/ — stav vody v nádrži na stěrače/
die Batterie. — baterii.
Würden Sie bitte … — Bylo by možné …
den Ölwechsel/ — vyměnit olej/
den Radwechsel vornehmen/ — vyměnit kolo/
die Sicherung austauschen/ — vyměnit pojistku/
die Zündkerzen erneuern (nachstellen)/ — vyměnit svíčky dát nové (seřídit)/
den Wagen waschen? — umýt auto?

Panne

Ich habe eine Panne. — Mám poruchu.
Der Motor startet nicht. — Motor nestartuje.
Ich habe die Schlüssel im Wagen gelassen. — Zapomněl jsem klíče v autě.
Ich habe kein Benzin/ Diesel. — Nemám benzín/ naftu.
Gibt es hier in der Nähe eine Werkstatt? — Je zde v blízkosti autoopravna?
Können Sie meinen Wagen abschleppen? — Můžete odtáhnou moje auto?
Können Sie mir einen Abschleppwagen schicken? — Můžete mi poslat odtahový vůz?

Können Sie den Wagen reparieren? — Můžete to auto opravit?
Bis wann? — Kdy to bude hotové?
Ich möchte ein Auto mieten. — Rád bych si pronajal auto.
Was kostet die Miete? — Kolik stojí pronájem?
pro Tag/pro Woche/ — na den/na týden/
mit unbegrenzter Kilometer-Zahl/ — s neomezenými kilometry/
mit Kaskoversicherung/ Kaution? — s povinným ručením s kaucí?
Wo kann ich den Wagen zurückgeben? — Kde mohu auto vrátit?

Unfall

Hilfe! — Pomoc!
Achtung!/Vorsicht! — Pozor!
Rufen Sie bitte schnell … — Zavolejte, prosím, rychle …
einen Krankenwagen/ — sanitku /
die Polizei/ — policii/
die Feuerwehr. — hasiče.
Es war (nicht) meine Schuld. — Byla (nebyla) to moje vina.
Geben Sie mir bitte Ihren Namen und Ihre Adresse. — Dejte mi, prosím, Vaše jméno a Vaši adresu.
Ich brauche die Angaben zu Ihrer Autoversicherung. — Potřebuji údaje o Vaší pojišťovně.

Krankheit

Können Sie mir einen guten Deutsch sprechenden Arzt/ Zahnarzt empfehlen? — Můžete mi doporučit dobrého, německy mluvícího, lékaře/ zubaře?
Wo ist die nächste Apotheke? — Kde je nejbližší lékárna?
Ich brauche ein Mittel gegen … — Potřebuji léky proti …
Durchfall/ — průjmu/
Halsschmerzen/ — bolení v krku/
Fieber/ — horečce/
Verstopfung/ — zácpě/
Zahnschmerzen. — bolení zubů.

Hotel

Können Sie mir ein Hotel/eine Pension empfehlen? — Můžete mi doporučit hotel/pension?
Ich habe bei Ihnen ein Zimmer reserviert. — Reservoval jsem u Vás pokoj.
Haben Sie … — Máte …
ein Einzel-/ Doppelzimmer … — jednolůžkový/ dvoulůžkový pokoj …
mit Bad/ — s koupelnou/
Dusche/ — s prchou/
für eine Nacht/ — na jednu noc/
für eine Woche? — na týden?

Was kostet das Zimmer	Kolik stojí pokoj
mit Frühstück/	se snídaní/
mit Halbpension/	s poloviční pensí/
mit Vollpension?	s plnou pensí?
Wie lange gibt es	Do kolika hodin se
Frühstück?	podává snídaně?
Ich möchte um …	Chtěl bych být v …
geweckt werden.	hodin vzbuzen.
Ich reise heute Abend/	Odjíždím dnes večer/
morgen früh ab.	zítra ráno.
Haben Sie ein(en)	Máte fax/
Faxgerät/Hotelsafe?	hotelový tresor?
Nehmen Sie	Akceptujete
Kreditkarten an?	kreditní karty?
Kann ich Geld	Můžete mi vyměnit
wechseln?	peníze?

🟨 Restaurant

Wo gibt es ein gutes/	Kde najdu dobrou/
ein günstiges	levnou
Restaurant?	restauraci?
Die Speisekarte/	Podejte mi, prosím,
Getränkekarte,	jídelní lístek/
bitte.	nápojový lístek!
Welches Gericht	Které jídlo mi můžete
können Sie besonders	obzvlášť doporučit?
empfehlen?	
Ich möchte das	Dal bych si jídlo
Tagesgericht/	z denní nabídky/
Menü (zu …)	menu (v ceně ...)
Ich möchte nur eine	Dal bych si jen
Kleinigkeit essen.	maličkost.
Gibt es vegetarische	Máte zeleninová
Gerichte?	jídla?
Haben Sie offenen	Máte rozlévaná vína?
Wein?	
Welche alkoholfreien	Jaké nealkoholické
Getränke haben Sie?	nápoje máte?
Haben Sie	Máte
Mineralwasser mit/	minerálku s/
ohne Kohlensäure?	bez bublinek?
Das Steak bitte …	Ten biftek, prosím, …
englisch/	anglicky/
medium/	medium/
durchgebraten.	dobře propečený.
Können Sie mir bitte …	Můžete mi dát,
ein Messer/	prosím, ... nůž/
eine Gabel/	vidličku/
einen Löffel geben?	lžíci?
Darf man rauchen?	Může se zde kouřit?
Die Rechnung, bitte/	Účet, prosím/
Bezahlen, bitte!	Zaplatím, prosím!

🟨 Essen und Trinken

Abendessen	večeře
Apfel	jablko
Apfelsine	pomeranč
Aubergine	jilek
Banane	banán
Bier	pivo
Birne	hruška
Braten	pečeně
Brot/ Brötchen	chleba/rohlíky
Butter	máslo
Ei	vejce
Eiscreme	zmrzlina
Erdbeere	jahoda
Essig	ocet
Fisch	ryba
Flasche	flaška
Fleisch	maso
Fruchtsaft	džus
Frühstück	snídaně
Geflügel	drůbež
Gemüse	zelenina
Glas	sklenice
Gurke	okurka
Hörnchen	rohlík
Huhn	kuře
Hummer	humr
Kaffee	kafe
(schwarzer Kaffee,	(černá káva,
Kaffee mit Milch)	bílá káva)
Kalbfleisch	telecí maso
Kartoffeln	brambory
Kartoffelknödel	bramborové knedlíky
Käse	sýr
Kirschen	třešně
Krug/Karaffe	džbánek/karafa
Marmelade	džem
Meeresfrüchte	mořský salát
Milch	mléko
Milchkaffee	kafe s mlékem
Mineralwasser	minerálka
Mittagessen	oběd
Nachspeisen	moučník
Obstknödel	ovocné knedlíky
Öl	olej
Orangensaft	pomerančový džus
Pfeffer	pepř
Pflaumen	švestky
Pilze	houby
Reis	rýže
Rindfleisch	hovězí maso
Salat	salát
(gemischter Salat)	(míchaný)
Salz	sůl
Schinken	šunka
Schweinefleisch	vepřové maso
Suppe	polévka
Süßigkeiten	sladkosti
Tee	čaj
Thunfisch	tučnák
Vorspeisen	předkrm
Wassermelone	meloun
Wein	víno
Weiß-/	bílé/
Rot-/	červené/
Rosé-Wein	růžové
Weintrauben	hroznové víno
Wiener Schnitzel	smažený řízek
Wurst	salám
Zucker	cukr

ADAC

Berlin · **Südtirol**

Mehr erleben, besser reisen!

Titel	ADAC Reiseführer	ADAC Reiseführer plus
Ägypten	■	■
Algarve	■	■
Allgäu	■	■
Alpen – Freizeitparadies	■	
Amsterdam	■*	■*
Andalusien	■*	■*
Australien	■	■
Bali & Lombok	■	■
Baltikum	■	■
Barcelona	■*	■*
Bayerischer Wald	■	■
Berlin	■*	■*
Bodensee	■	■
Brandenburg	■	■
Brasilien	■	
Bretagne	■	■
Budapest	■*	■*
Bulgarische Schwarzmeerküste	■	■
Burgund	■	
City Guide Germany	■	
Costa Brava und Costa Daurada	■	
Côte d'Azur	■	■
Dänemark	■	■
Dalmatien	■	■
Deutschland – Die schönsten Autotouren		■
Deutschland – Die schönsten Orte und Regionen	■	
Deutschland – Die schönsten Städtetouren	■	
Dresden	■*	■*
Dubai, Vereinigte Arab. Emirate, Oman	■	■
Elsass	■*	■*
Emilia Romagna	■*	■*
Florenz	■	■
Florida	■	■
Franz. Atlantikküste	■	■
Fuerteventura	■	■
Gardasee	■	■
Golf von Neapel	■	■
Gran Canaria	■	■
Hamburg	■	■
Harz	■*	■*
Hongkong & Macau	■	
Ibiza & Formentera	■	■
Irland	■	■
Israel	■	■
Istanbul	■	■
Istrien und Kvarner Bucht	■	■
Italien – Die schönsten Orte und Regionen	■	■
Italienische Adria	■	■
Italienische Riviera	■	■*
Jamaika	■	
Kalifornien	■	■
Kanada – Der Osten	■	■
Kanada – Der Westen	■	■
Karibik	■	■
Kenia	■	■
Korfu & Ionische Inseln	■	■
Kreta	■	■
Kuba	■	■
Kykladen	■	
Lanzarote	■	■
Leipzig	■	■*
Lissabon	■	■*
London	■	■
Madeira	■	■
Mallorca	■	■
Malta	■	■
Marokko	■	■
Mauritius & Rodrigues	■	■
Mecklenburg-Vorpommern	■	■*
München	■	■*
Neuengland	■	■
Neuseeland	■	■
New York	■	■*
Niederlande	■	■
Norwegen	■	
Oberbayern	■	■
Paris	■	■
Peloponnes	■	
Piemont, Lombardei, Valle d'Aosta	■	■*
Polen	■	■
Portugal	■	■*
Prag	■	■*
Provence	■	■
Rhodos	■	■
Rom	■	■
Rügen, Hiddensee, Stralsund	■	■
Salzburg	■	■*
St. Petersburg	■	■
Sardinien	■	■
Schleswig-Holstein	■	■
Schottland	■	■
Schwarzwald	■	■*
Schweden	■	■
Schweiz	■*	■*
Sizilien	■	■
Spanien	■	■
Südafrika	■	■
Südengland	■	■
Südtirol	■	■*
Sylt	■	■
Teneriffa	■	■
Tessin	■	■
Thailand	■	■
Thüringen	■	■
Toskana	■*	■*
Trentino	■	■
Tunesien	■	■
Türkei – Südküste	■	■
Türkei – Westküste	■	■
Umbrien	■	
Ungarn	■	
USA – Südstaaten	■	
USA – Südwest	■	■
Usedom	■	■
Venedig	■	■
Wien	■	■*
Zypern	■	■

* mit Reise-Videos oder Audio-Features (abrufbar über QR-Code)

■ **ADAC Reiseführer**
144 bzw. 192 Seiten

■ **ADAC Reiseführer plus** (mit Extraplan)
144 bzw. 192 Seiten

Mehr erleben, besser reisen … mit ADAC Reiseführern!

Register

Bildnachweis

Titel:
Über der blauen Moldau thront die Prager
Burg mit dem herausragenden St.-Veits-Dom.
Foto: Schapowalow/Sime/Pietro Canali

Titel plus-Karte:
Pulverturm und Gemeindehaus am
Platz der Republik. Foto: Franz Marc Frei

Impressum

Chefredakteur: Dr. Hans-Joachim Völse
Textchefin,: Dr. Dagmar Walden
Chef vom Dienst: Bernhard Scheller
Lektorat: Cornelia Hübler
Aktualisierung: Renate Nöldeke
Bildredaktion: Cornelia Hübler,
Astrid Rohmfeld
Kartographie: ADAC e.V. Kartographie/KAR,
Huber Kartographie
Layout: Martina Baur
Herstellung: Barbara Thoma
Druck, Bindung: Rasch Druckerei und Verlag

Printed in Germany

Ansprechpartner für den Anzeigenverkauf:
KV Kommunalverlag GmbH & Co KG,
München, Tel. 089/92 80 96 53

ISBN 978-3-89905-073-2

Neu bearbeitete Auflage 2014
© ADAC Verlag GmbH & Co. KG, München

1 Tag in Prag

Zu Beginn natürlich auf den **Hradschin**, zunächst wegen der großartigen Aussicht auf die Kleinseite sowie jenseits der Moldau auf die Alt- und Neustadt. Vom **Hradschiner Platz** zu Fuß durch den Ersten und Zweiten Burghof zum **Dom St.**

Veit mit der edelsteinschimmernden **Wenzelskapelle**. Neben der Kapelle durch das Südtor des Domes zum **Alten Königspalast** mit dem schönen Wladislaw-Saal. Über die Reiterstiege vorbei an der romanischen **St.-Georgs-Kirche** zum pittoresken **Goldenen Gässchen**. Über die Alte Schlossstiege zum Stadtteil Kleinseite, durch die von Adelspalästen gesäumte Waldsteingasse zum **Kleinseitener Ring**. Dann über die **Karlsbrücke** mit ihren prächtigen Barockplastiken zum **Kreuzherren-Platz**. Weiter durch die schöne **Karlsgasse** zum **Altstädter Rathaus** mit der berühmten Astronomischen Uhr. Zum Abschluss der überwältigende **Altstädter Ring**, eventuell **St. Niklas in der Altstadt** als Beispiel des Prager Barock. Für Unermüdliche noch ins ehemalige **Jüdische Getto**. Am Abend Oper oder Ballett in **Ständetheater**, **Staatsoper** oder **Nationaltheater**, in die **Laterna Magika** oder einfach Bummel über den Wenzelsplatz.

1 Wochenende in Prag

Freitag: Ein Tag ›Königliches Prag‹, beginnend mit dem Königlichen Garten und dem Lustschloss **Belvedere**, dann auf die Prager Burg, den **Veitsdom**, die **Wenzelskapelle** und den **Alten Königspalast** mit Wladislaw- und Statthalter-Saal. Dann in die romanische Kirche **St. Georg**. Abstecher zum **Goldenen Gässchen**, zurück durch die Burghöfe auf den **Hradschiner Platz**, wo sich nochmals ein herrlicher Blick auf Kleinseite und Altstadt bietet. Besichtigung der Sammlung ›Barock in Böhmen‹ im **Palais Schwarzenberg**. Anschließend in das zauberhafte **Loreto-Heiligtum** und die Schatzkammer. Weiterer Höhepunkt: **Kloster Strahov** mit der grandiosen Bibliothek!

Samstag: Der heutige Tag ist Prag als Stadt der Vielfalt gewidmet. Zunächst zum **Altstädter Rathaus** mit der Astronomischen Uhr. Die gotische **Teyn-Kirche**, die Barockkirche **St. Jakob** und das gotische **Agnes-Kloster** mit der hervorragenden mittelalterlichen Sammlung stehen nun auf dem Programm. Durch die **Zeltnergasse** zum **Pulverturm** und Gemein-

dehaus, einem Hauptwerk der Prager Sezession. Nun über den Graben zum **Wenzelsplatz**. Am Nachmittag geht es zur gotischen Kirche **Maria im Schnee**, abschließend über die **Nationalstra-**

ße mit bedeutenden Jugendstil- und Gründerzeitbauten bis zum **Nationaltheater** am Moldau-Ufer.

Sonntag: Jüdisches Prag, Adelspaläste und Bürgerhäuser. Im ehemaligen Getto Besuch der **Altneu-Syn-**

agoge und des **Jüdischen Museums**. Spaziergang über den Pariser Boulevard zum **Kleinen Ring** und durch die **Karlsgasse**, vorbei an der **Welschen Kapelle** zum **Kreuzherren-Platz** an der Moldau, wo man das überwältigende Panorama bewundert! Über die **Karlsbrücke** zur malerischen Kleinseite. Am Nachmittag **St. Niklas-Kirche** mit der prächtigen Kuppel, durch die zauberhafte **Nerudagasse**. Zum Abschluss **Palais Waldstein** mit **Garten** – Ruhe, Kunstgenuss und ein prachtvoller Blick zum Hradschin! Für Unermüdliche: die Kirche **Maria de Victoria** mit dem berühmten Prager Jesulein, das Viertel um die **Malteser-Kirche** und über die Moldauinsel **Kampa** zurück zur Karlsbrücke.